商务数据分析技术

主 编 李 富 沈雪龙 周 婕
副主编 张小文 胡宜瓯
参 编 曹紫荆 何 岳 李卓然

SHANGWU SHUJU FENXI JISHU

中国人民大学出版社
· 北京 ·

图书在版编目（CIP）数据

商务数据分析技术 / 李富，沈雪龙，周婕主编.
北京：中国人民大学出版社，2025. 9. -- (新编21世纪高等职业教育精品教材). -- ISBN 978-7-300-34185-9

Ⅰ. F712.3

中国国家版本馆CIP数据核字第2025MX1302号

新编 21 世纪高等职业教育精品教材·经贸类通用系列

商务数据分析技术

主　　编　李　富　沈雪龙　周　婕

副 主 编　张小文　胡宜瓯

参　　编　曹紫荆　何　岳　李卓然

Shangwu Shuju Fenxi Jishu

出版发行	中国人民大学出版社		
社　　址	北京中关村大街 31 号	**邮政编码**	100080
电　　话	010-62511242（总编室）		010-62511770（质管部）
	010-82501766（邮购部）		010-62514148（门市部）
	010-62511173（发行公司）		010-62515275（盗版举报）
网　　址	http://www.crup.com.cn		
经　　销	新华书店		
印　　刷	北京七色印务有限公司		
开　　本	787 mm × 1092 mm　1/16	**版　　次**	2025 年 9 月第 1 版
印　　张	14.75	**印　　次**	2025 年 9 月第 1 次印刷
字　　数	318 000	**定　　价**	48.00 元

前言 Preface

随着数字经济的迅猛发展，数据已成为驱动社会发展的核心要素。在海量数据涌现的时代，数据分析与应用的重要性日益凸显，而掌握数据分析技术则是开展数据分析工作的核心能力之一。本书旨在系统介绍数据分析技术，以及如何使用这些数据分析技术。

本书内容包括数据分析概述、数据分析指标与模型、数据采集技术、Excel 数据分析、Python 数据分析、数据分析报告撰写六个项目，全面覆盖了数据分析的常见环节与流程。本书编写分工如下：项目一由张小文编写，项目二由曹紫荆编写，项目三由何岳编写，项目四由周婕编写，项目五由李富编写，项目六由胡宜瓯编写；沈雪龙主要负责提供数据，以及参照实际对项目五和项目六数据分析部分进行修改；李卓然负责调试和运行书中的程序代码。本书在编写时得到安徽商贸职业技术学院徐诗瑶女士的悉心指导，在此表示感谢！

本书的主要特色如下：

（1）采用校企合作模式，书中数据和分析案例得到无锡优奇时刻科技发展有限公司的支持和帮助，同时也得到浙江宇视科技有限公司产品经理丁强的指导和支持，这使得本书的数据和分析经得住实践检验，具有真实性。

（2）兼顾传统数据分析工具 Excel、SPSS 的应用，同时也引入 Python 数据分析的编程实现方式，这不仅可以保障不同学习者的需求，还可以确保对思维方式的正确引导和对数字经济时代的适应性。

（3）编者来自不同院校，其中参与编写院校有 3 所，参与审核院校有 2 所。编写团队中有从事商务数据分析赛项裁判工作和 1+X 考证指导的教师，他们具有丰富的理论和实践经验，可以确保教材编写符合赛证融通的要求。

（4）编写体系较为完备，从基本概念切入，逐步深入技术应用，最后落脚于报告撰写，形成闭环，可以确保学习者理解和掌握所学内容，并熟悉数据分析的基本流程和实现路径，做到学以致用。

本书既可供高职院校、本科院校相关专业的人士教学使用，也可供社会学习者和计划从事数据分析行业的人士自学参考。由于时间仓促、编者水平有限，书中难免存在疏漏和不足，敬请广大读者不吝指正。

编者

2025 年 7 月

目录 Contents

项目一

数据分析概述

随着信息技术的高速发展和大数据时代的到来，数据已成为一种可以被反复利用的生产资料。数据的形式多样，相应的分析方法也各异。在实际应用中，常常需要通过一系列合理的处理和分析，才能把数据中蕴含的信息提取出来，进而产生实际的应用价值。本项目主要介绍各种常见的数据形式和分析方法、数据分析的步骤，数据分析软件，以及数据分析在电商、交通、文化传媒、能源、金融等领域的典型应用案例。

学习目标

★**知识目标：**熟悉数据分析的概念及分类；熟悉数据分析的步骤，了解数据分析的应用。

★**技能目标：**掌握数据分析的基本软件。

★**素质目标：**具备数据分析思维，具备较好的计算机素养，具备较高的知识综合运用能力。

学习导图

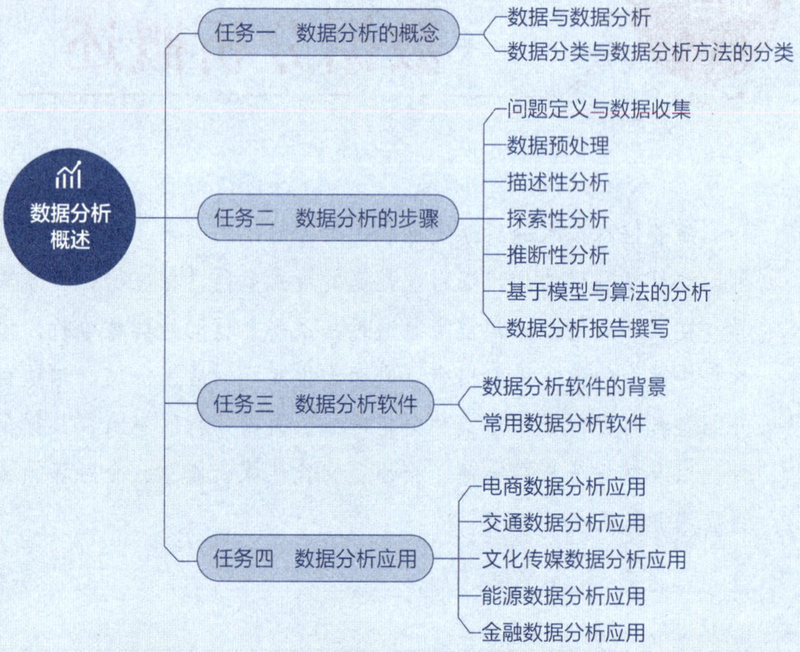
数据分析概述
任务一　数据分析的概念
数据与数据分析
数据分类与数据分析方法的分类
任务二　数据分析的步骤
问题定义与数据收集
数据预处理
描述性分析
探索性分析
推断性分析
基于模型与算法的分析
数据分析报告撰写
任务三　数据分析软件
数据分析软件的背景
常用数据分析软件
任务四　数据分析应用
电商数据分析应用
交通数据分析应用
文化传媒数据分析应用
能源数据分析应用
金融数据分析应用

任务一 数据分析的概念

任务描述

大数据时代背景下，数据无处不在，同时又形式多样，成为推动社会前进的动力之一。了解数据的相关知识是运用数据分析的基础。本任务通过介绍数据与数据分析的概念、数据分类、数据分析方法的分类，使学生熟悉数据的相关知识，为学习数据分析做好准备。

任务目标

1. 熟悉数据分析的概念。
2. 熟悉数据分类与数据分析方法的分类。

知识准备

1. 具备数据的基本知识。
2. 具备信息的基本知识。

一、数据与数据分析

（一）数据的概念

数据是指对客观事物的符号表示，是构成信息和知识的原材料。数据的形式多种多样，除了数字，还可以是具有一定意义的文字、图像、声音、影像等。随着信息技术的高速发展和大数据时代的到来，数据不再是社会生产的副产品，而是可以被二次乃至多次加工利用的生产资料。实际生活、学习和工作中，数据已无处不在。例如，用户想买某家居产品时，在购物平台上搜索了相关的关键词，这些行为数据会被系统记录下来。系统后台会对这些行为数据进行分析，并结合用户个人和相关人群的历史行为为用户画像，进而得出个性化的推荐结果，帮助用户快速地从海量商品中找到自己需要且喜欢的商品。数据的收集和使用正在各个领域不断地改善我们的日常生活。例如，智慧城市平台可以利用城市的实时交通信息、社交网络信息和天气预报数据来优化交通管理和调度。

数据既是构成信息和知识的原材料，也是信息和知识的表现形式和载体。原始的数据通常是杂乱无章、毫无规律的。为了从数据（Data）中挖掘出有价值的信息（Information），进而形成知识（Knowledge），并在特定的场景下依靠智慧（Wisdom）做出合理的决策，我们需要进行相应的数据分析。这四者的关系可以用 DIKW 金字塔结构表示，如图 1-1 所示。为了传递和利用通过数据分析得到的结果（信息和知识），还需要通过数据进行表达和记录。

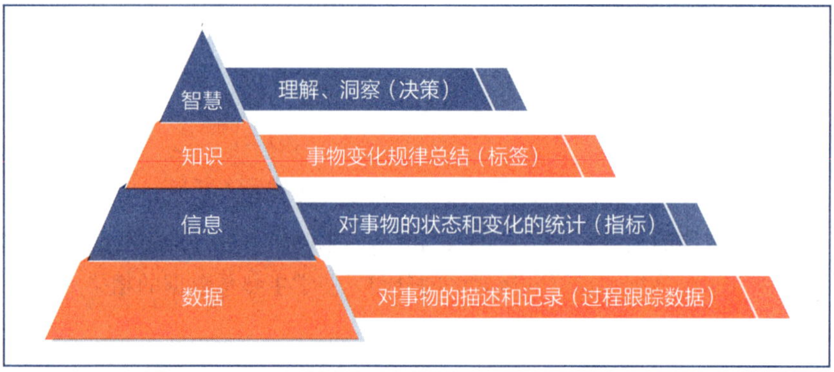

图 1-1 DIKW 金字塔结构

（二）数据分析的概念

数据分析是指采用适当的方法和技术对收集到的数据进行探索和分析以提取有价值的信息并形成结论或知识的一系列过程。其目的是将隐藏在杂乱无章的数据中的信息萃取和提炼出来，以找出所研究对象的内在特性或规律。在实践中，数据分析可帮助我们定量地做出判断，以便做出适当的决策、采取适应的行动。

数据分析这一概念涵盖多种技术，并已广泛应用于商业、科学、社会学等不同领域。例如，数据挖掘（Data Mining）关注数据建模与知识发现的过程。商务智能（Business Intelligence）聚焦商业信息的提取与利用，通过将企业现有的数据转化为信息和知识，帮助企业做出明智的业务经营决策，以实现商业价值。文本分析（Text Analysis）关注非结构化的文本数据，综合应用统计学、语言学和结构化分析等技术对文本数据进行分析。概括而言，数据分析是系统地应用统计、逻辑等技术来描述、说明、浓缩、概括、评价和利用数据的过程。不同类型的数据分析技术具有不同的侧重点。

二、数据分类与数据分析方法的分类

（一）数据分类

1. 数据分类的定义

数据分类是将具有某种共同属性或特征的数据归并在一起，通过其类别的属性或特征来对数据进行区分。为了实现数据共享和提高处理效率，必须遵循约定的分类原则和方法，按照数据的内涵、性质及管理的要求，将系统内所有数据按一定的结构体系分为不同的集合，使得每个数据在相应的分类体系中都有一个对应的位置。换句话说，就是将相同内容、相同性质的数据以及要求统一管理的数据集合在一起，而把相异的和需要分开管理的数据区分开来，然后确定各个集合之间的关系，形成一个有条理的分类系统。

2. 数据分类的原则

数据分类的基本原则主要有以下五项：

（1）稳定性。依据分类的目的，选择分类对象最稳定的本质特征作为分类的基础和依据，以确保由此产生的分类结果最稳定。因此在分类过程中，首先应明确界定分类对象最稳定的本质特征。

（2）系统性。将选定的分类对象的特征按其内在规律进行系统化排列，形成一个逻辑层次清晰、结构合理、类目明确的分类体系。

（3）可扩充性。在类目的设置或层级的划分上，留有适当的余地，以保证分类对象增加时，不会打乱已经建立的分类体系。

（4）综合实用性。从实际需求出发，综合各种因素来确定具体的分类原则，使得由此产生的分类结果总体是最优、符合需求、综合实用和便于操作的。

（5）兼容性。有相关的国家标准则应执行国家标准；若没有相关的国家标准，则执行相关的行业标准；若二者均不存在，则应参照相关的国际标准。只有这样才能尽可能保证不同分类体系间的协调一致和转换。

3. 数据分类的方法

数据分类的方法主要有按照计量尺度分类、按照时间特征分类、按照收集方法分类和按照数据来源分类，如图 1–2 所示。

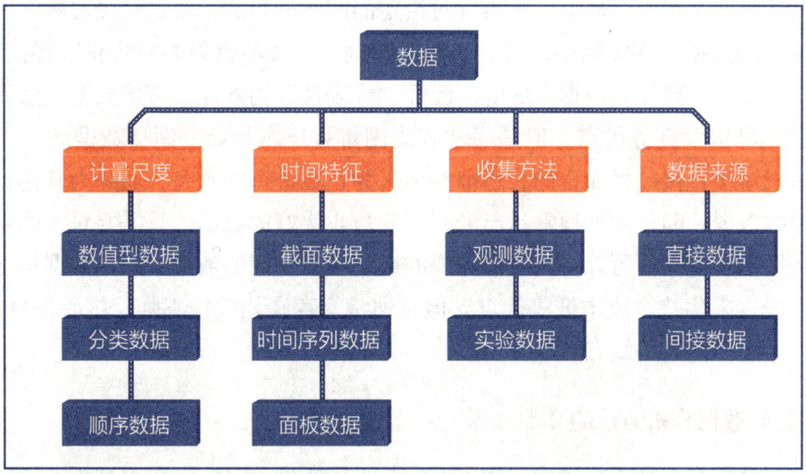

图 1–2　数据分类的方法

（1）按照计量尺度分类。按照计量尺度的不同，可以将数据分为数值型数据、分类数据和顺序数据。数值型数据是指按定距或定比尺度计量形成的数据，例如身高、体重、人均收入等，一般用数字表示。数值型数据又称定量数据，可以进行数值运算，例如加、减、乘、除等。分类数据又称类别数据，是指按定类尺度计量形成的数据，即按照事物的某种属性进行分类或分组而得到的反映事物类型的数据。分类数据一般用文字表示，不能进行数值运算，因为数据中每一类的地位是平等的，类别之间是可换序的，例如人群按照性别可以分为男性和女性两类。顺序数据是指按定序尺度计量形成的数据，是一种有序类别的非数值型数据，一般用文字表示。顺序数据虽然表示类别，但是这些类别是有序的、可比较的，例如成绩评定中的优、良、中、差。分类数据和顺序数据都是定性数据，一般用文字表示，不便于处理和分析，所以通常需要通过数据预处理将之转化为数字代码。例如，用数字 1 表示“男性”、0 表示“女性”，用数字 1 表示“优”、2 表示“良”、3 表示“中”、4 表示“差”。

（2）按照时间特征分类。按照被描述对象与时间的关系，数据可以分为截面数据、时间序列数据和面板数据。截面数据是指在同一时间（时期或时点）截面上反映一个总体的一批或全部个体的特征变量的观测值。时间序列数据是指按照时间顺序记录的同一个（或一组）变量的一系列观测值。时间序列数据可以是时点数据，也可以是时期数据。面板数据是将截面数据和时间序列数据综合起来的一种数据类型，具有时间序列和截面两个维度。

（3）按照收集方法分类。按照收集方法的不同，数据可以分为观测数据和实验数据。观测数据是指在自然的未被控制的条件下通过调查或观测而收集得到的数据。例如，GDP、降水量等有关社会经济或自然现象的统计数据基本上都是观测数据。实验数据是指通过在实验中控制实验对象及所处的实验环境而收集得到的数据，例如医药实验数据、化学实验数据等。

（4）按照数据来源分类。按照来源的不同，数据可以分为直接数据和间接数据。直接数据又称一手数据，是指针对给定的问题或目的，通过直接观测、调查或实验得到的数据。在实际中，通常采用问卷调查、实验收集等方式获取直接数据。在收集数据时需要注意数据来源的广泛性、代表性和均衡性。直接数据虽然具有相关性强、可信度高等优点，但是通常收集困难且成本较高。间接数据又称二手数据，是相对于直接数据而言的，指那些不是为正在进行的研究，而是为其他目的收集得到的数据。间接数据通常是已经存在并被收集好的数据，只需要对这些数据进行重新加工和整理便可以得到我们需要的或是可以使用的数据。间接数据虽然具有收集方便、采集快、成本低等优点，但是通常会存在相关性不强、核心信息缺失、包含大量无关信息等缺点。

（二）数据分析方法的分类

数据分析有多种不同的形式和方法。从不同角度，可以对数据分析方法进行不同的划分。常用的数据分析方法大多是以数理统计为基础的，可以分为描述性分析、探索性分析和推断性分析三大类。

描述性分析是借助各种描述指标对数据进行概要分析，以获得反映客观现象整体的各种定量特征，主要包括集中趋势分析、离中趋势分析和分布形状分析。描述性分析的目的是提供一套简单有效的概括和表征数据的方法。

探索性分析是一种数据驱动的分析方法，不依赖于任何分布假设和复杂理论，完全从客观数据出发，通过图、表等可视化方式探索数据内在的规律和模式，主要包括直方图、箱形图、时间序列图等。探索性分析能够帮助我们检查数据预处理的结果，理解数据，并提出合理的数据分布和模型假设。

推断性分析是指根据带有随机性的（样本）观测数据，基于合理的（模型）假设，对未知事物（总体）做出推断，主要包括参数估计、假设检验、方差分析等。推断性分析的基本思想是根据（少量）样本数据推断（大量）总体的特征。

根据分析目的的不同，数据分析分法还可以分为回顾性分析和预测性分析。

回顾性分析是以现在为结果，回溯过去的分析方法。回顾性分析是医学和心理学常用的数据分析方法。

预测性分析的本质是根据事物的过去和现在预测未来，即根据已知预测未知，从而减少对未来事物认识的不确定性，以指导我们的决策行动，减少决策的盲目性。常用的预测性分析方法有回归分析、分类分析、时间序列预测等。

根据数据类型和特性的不同，数据分析方法还可以分为数值型数据分析、分类型数据分析、顺序型数据分析；横截面数据分析、时间序列分析、面板数据分析；文本分析、语音分析、图像分析、视频分析等。

课堂思考

数据、信息、知识和智慧之间的关系是什么？

课堂讨论

数据分析的作用是什么？

工匠精神

专注和耐心：工匠精神强调集中精力、耐心地劳动，并追求高质量的结果。这一要求对于任何领域都是至关重要的。只有全神贯注地投入工作中，不断地琢磨，才能取得真正出色的成果。

精确性：工匠精神强调对细节的关注和追求完美。认识数据是数据分析的前提。在这一环节中，我们应当充分发挥工匠精神，精益求精，认识到每一个数据的重要性。

精雕细琢的精神：海量的数据需要数据分析人员耐心、细心，像工匠对待自己的作品那样去雕琢每一个数据。

任务二 数据分析的步骤

任务描述

在产品研发、设计、推广和售后的整个生命周期中的各个环节都需要进行数据分析，以实现对用户群体和市场的全面刻画。通过本任务的学习，学生可以掌握数据分析的步骤及流程，并认识到在数据分析中问题定义与数据收集是前提，数据预处理、描述性分析和探索性分析是基础，推断性分析和基于模型与算法的分析是核心，数据分析报告是结果。

任务目标

1. 熟悉数据分析的步骤。
2. 熟悉数据分析的具体方法。

知识准备

1. 具备数据分析的相关知识。
2. 具备数据分类与数据分析方法的分类的相关知识。

一、问题定义与数据收集

（一）问题定义概述

问题定义是确保数据分析过程有效性的一个基础环节，主要包含两部分内容：确定目标和划定边界。数据分析师和实际决策者应根据具体应用和实际决策的需求，确定数据分析的目标，这是数据分析流程顺利进行的先决条件。若分析目标不明确，陷入“为了分析而分析”的误区，后续的分析流程将无法正常或有效进行。

错误的问题定义将导致毫无意义或错误的分析结果。例如，一家跨境电商企业决定开展一个消费者消费需求的分析项目，为期 6 个月。项目结束后，该企业将分析结果运用到跨境电商选品上，但是所得出的结果最终被证明是错误的。后来发现，项目失败的主要原因是项目团队没有花足够的时间去了解消费者所处国家的文化和习俗，未能真正了解消费目标国消费者的需求，从而导致分析结果毫无价值。

实际中的问题往往是目标与现实之间存在的差距或矛盾所导致的。在定义问题时，首先需要结合现实情况，明确差距或矛盾所在，从而挖掘出有意义、有价值的问题。但矛盾是普遍存在的，世间万物也是普遍联系的，在解决一个具体问题时，无法考虑到所有可能的影响因素。因此，在定义问题时需要做出取舍，通过划定边界确定需要考虑的主要相关因素，而忽略那些我们认为（或假设）不重要的因素。此外，要对问题进行明确的、可量化的描述，需要将非量化的描述词汇转化为具有确定标准的可量化指标，例如将“手机销量高”转化为“手机销量超过 100 万台”。只有将问题定义清楚，才能有针对性地开展后续的数据分析工作，从而得出合理的结论。

（二）数据收集概述

数据收集能够帮助数据分析师和实际决策者更好地定义问题，并为后续的数据分析工作提供数据资料。实际应用中，数据可以从各种不同的来源获取，既可以从指定的内部数据库中采集，又可以采用爬虫技术从互联网上爬取，也可以利用环境中的传感器（例如摄像机、GPS 等）收集，还可以通过访谈和问卷调查获取。除了获取所需的数据，还需要了解数据的原始面貌，包括数据产生的时间、条件、格式、内容、限制条件等。这些信息能够帮助我们更有针对性地控制数据生产和采集的过程，避免出现违反数据采集规则所导致的数据问题。

对数据收集逻辑的认识能够提高我们对数据的理解程度，尤其是数据中的异常变化。在数据收集阶段，数据分析师需要更多地了解数据生产和收集过程中的异常情况，如此才能更好地追本溯源，避免“无用数据进、无用数据出”的无效劳动。

（三）问题定义与数据收集的关系

问题定义和数据收集二者密不可分，互相依赖。实际应用中的问题来源于物理世界。问题定义能够指导我们进行数据收集，采用实验与观测等方法从物理世界中获取问题分析与求解所需的数据。同时，数据收集可以帮助我们理解业务、验证问题定义的合理性，并帮助我们修正和完善问题定义。问题定义、数据收集与物理世界之间的关系如图 1-3 所示。

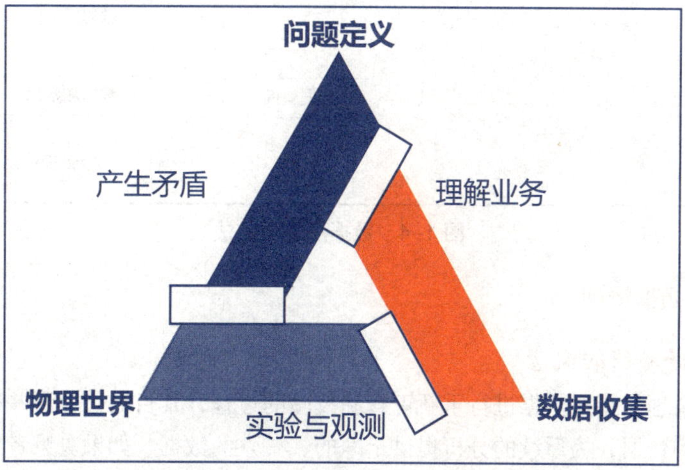

图 1-3　问题定义、数据收集与物理世界之间的关系

二、数据预处理

数据预处理是指综合运用数据清理、数据集成、数据归约、数据变换等多种处理方法，将各种原始数据加工成我们需要的标准的、干净的数据的过程。现实世界中的数据有结构化的数值表格，也有非结构化的文本和图像，而且大多是不完整、不一致的脏数据，包含噪声和异常数据，且存在数据缺失、量纲不统一等问题。

面对类型不同、质量各异的数据，数据分析师难以或无法直接进行数据分析，需要通过数据预处理检测并纠正数据中损坏的或不准确的数据，并对数据进行变换以达到适应或匹配模型需求的目的。数据预处理能大大提高数据的质量，进而提高后续数据分析的效率。

数据预处理主要包括数据清理、数据集成、数据归约和数据变换等处理方法，如图 1-4 所示。

图 1-4　数据预处理方法

（一）数据清理

1. 数据清理的概念

数据清理是指对数据进行重新审查和校验的过程，其目的是检测并纠正损坏的或不准确的数据，为后续的分析提供干净的、一致的数据。如果决策者认为数据是脏乱的，则他们很难相信基于这些数据所分析或挖掘出来的结果，即会认为输出的结果是不可靠的。数据清理主要包括缺失值处理、异常值处理、不一致性纠正等。

2. 数据清理的方法

数据缺失是指在信息和数据的获取过程中，由于各种原因产生的数据空缺或丢失。数据缺失是一种常见现象。针对数据的缺失值，通常会根据变量的分布特性和变量的重要性（信息量和预测能力）采用不同的处理方法。常用的缺失值处理方法包括变量删除、样本删除、定值填充、统计量填充、插值法填充、模型填充、哑变量填充等。

处于特定分布区域或范围之外的数据的值称作异常值。异常值分为两种：伪异常和真异常。伪异常是由特定的业务运营动作而产生的，是正常反映业务状态的数据，而不是数据本身的异常。真异常是指操作、测量、记录、处理等环节中出现错误而导致的数据本身的异常。异常值处理的目的是对异常数据进行检测并去除或修正。常用的异常值检测方法有简单统计法、基于距离的方法、基于密度的方法和基于聚类的方法等。常用的异常值处理方法有简单删除、对数变换、平均值替换、中位数替换等。

不一致性是指原始数据中包含矛盾的或不相容的数据或信息。造成数据不一致性的主要原因有数据冗余、并发控制不当、各种故障或错误等。可以通过定义一致性约束来检测数据中的不一致性，也可以根据每个变量的合理取值范围和相互关系来检查数据是否符合要求，进而找出那些超出正常范围、逻辑不合理或者相互矛盾的数据。逻辑不一致的数据可能以多种形式出现。例如，调查对象称自己开车上班，又报告自己没有汽车；或者调查对象称自己是某品牌的重度购买者和使用者，但同时又在该品牌的熟悉度上给了很低的分值。针对不一致数据，可以根据关联数据并结合领域知识进行纠正，也可以把不一致数据当作缺失数据，采用缺失值处理方法进行处理。

（二）数据集成

1. 数据集成的概念

数据集成是指将不同来源的数据进行合并，以得到一个完整的、一致的数据集。数据集成是后续数据分析和数据挖掘的基础。数据集成过程中可能会出现冗余数据或不一致数据，需要采用数据清理中的相应方法进行处理，否则可能会降低后续数据分析的效率或误导数据分析的进程。数据集成主要包括模式映射和实体对齐。

2. 数据集成的方法

模式映射是指将来自不同数据源的表示相同含义的字段或属性映射为同字段。在数据库中，模式（Schema）是描述数据库结构的一组元数据，包括表、字段（列）、关系等。描述同一个概念的字段或属性在不同数据库中的取名可能不同，例如学生编号，有的数据库用“学号”，而有的则用“学生 ID”。直接通过字段拼接对这些数据进行集成会导致数据冗余，进而影响后续的数据分析。模式映射可以采用基于专家知识的手工映射，也可以采用基于内容匹配的自动映射。

实体对齐的目标是把不同数据源中同一实体的不同记录进行匹配和对齐。当存在统一的唯一标识时，例如身份证号，可以通过标识匹配进行实体对齐；否则需要借助其他可用信息（例如实体属性值）进行实体对齐。在实体对齐过程中可能会出现数据冲突或不一致，例如针对同一用户的学历属性，一个数据源中的记录为本科，而另一个数据源中的记录则为研究生，此时需要采用数据清理中相应的方法对不一致数据进行修正。

（三）数据归约

1. 数据归约的概念

数据归约是指在尽可能保留数据所包含的有用信息的前提下，最大限度地精简数据量。数据归约主要包括特征归约和样本归约，分别针对原始数据集中的属性和记录进行归约。

2. 数据归约的方法

特征归约，又称维度归约，是指从原有的特征集中删除冗余的或不相关的特征，或是通过对特征进行重组来减少特征的个数，进而降低数据维度。常用的特征归约方法可以分为两大类：特征选择和特征构造。前者是直接从原始特征集中筛选出一个子集，而后者则是根据原始特征集信息构造出一组新的特征。

样本归约是指从数据集中选出一个具有代表性的样本子集。子集大小的确定需要综合考虑计算成本、存储要求、空间覆盖以及其他一些与算法和数据特性有关的因素。常用的样本归约方法包括随机抽样、分层抽样、系统抽样等。

（四）数据变换

1. 数据变换的概念

数据变换是指对数据进行变形和转换，使之适用于后续的数据分析和数据挖掘。数据变换主要包括数据规范化、数据离散化和类别编码。

2. 数据变换的方法

数据规范化是指将数据平移并按比例进行缩放，以使之落入一个特定的范围或区域。数据中各个特征的量纲不一致会导致数值间的差异较大，进而影响数据分析的结果。通过数据规范化可以去除数据的量纲限制，将之转化为无量纲的纯数值，以实现对不同量纲的特征或指标进行综合比较和分析。常用的数据规范化方法包括最小－最大归一化和 Z-Score 标准化，前者根据特征数据的极值将之归一化到 [0, 1] 范围，后者则根据特征数据的均值和标准差将之分布标准化成均值为 0 和标准差为 1 的分布。

数据离散化是指通过数据分段将数值型数据转化为分类数据或顺序数据的过程。其基本思想是通过对连续的数值区间进行分段，以得到少量的子区间，并将每个子区间内的数值映射到一个离散符号，进而将连续数值型特征的取值离散化。

例如，根据年龄将用户分为儿童、少年、青年、中年和老年。常用的数据离散化方法有等宽法、等频法、聚类法和有监督学习法。有效的数据离散化不仅能够降低后续分析算法的计算时间和空间开销，还能提高模型对样本的区分能力和抗噪能力。

类别编码是指通过编码变换将离散的分类数据转化为数值。常用的类别编码方法有虚拟变量编码（Dummy Variable Encoding）和独热编码（One-Hot Encoding）。虚拟变量又称哑变量，是用来反映类别属性的人工变量，通常为二值变量，取值为 0 或 1。例如，针对类别型变量“性别”，可以构造一个虚拟变量“is_ 男性”进行表示，相应的“男性”取值为 1，“女性”取值为 0。独热编码又称一位有效编码，其基本思想是使用 n 位状态寄存器对 n 个可能状态进行编码，每个状态都有独立的寄存器位，并且在任意时刻其中只有一位有效。例如，针对类别型变量“性别”，可以构造一个二维的二进制向量进行表示，第一位表示“is_ 男性”，第二位表示“is_ 女性”，相应的“男性”取值为 (1,0)，而“女性”取值则为 (0,1)。可以看出，虚拟变量编码和独热编码的思想类似，唯一的差别在于针对有 n 个不同可能取值的类别型变量，虚拟变量编码采用 n–1 维的二进制向量进行表示，而独热编码则采用 n 维的二进制向量进行表示。若类别型变量的可能取值数量较多，则可根据频数将出现次数较少的取值统一归为一类“rare”。这种稀疏化处理既有利于后续分析模型的快速收敛，又能提升模型的抗噪能力。

三、描述性分析

（一）描述性分析的概念

描述性分析是一种利用少量的综合性描述指标来概括大量原始数据的统计分析方法。描述性分析的目的是用简洁有效的方式描述复杂烦琐的数据，以此来帮助用户快速了解数据的整体情况和特征，例如最大值、最小值、中位数、均值和方差等。常用的描述性分析方法有集中趋势分析、离中趋势分析和分布形状分析。

（二）描述性分析的方法

集中趋势是指变量观测值向中心集中的趋势，即在中心附近的观测值数目较多，而在远离中心位置的观测值数目较少，如图 1–5 所示。通过测定集中趋势可以反映现象总体的客观规律性，例如全国的人均 GDP、城市居民的平均工资等。按计算方法的不同，可将集中趋势指标分为两大类：数值平均数和位置平均数。数值平均数是根据样本数据中的所有观测值计算得到的，其特点是样本中任何一个观测值的变动都会在一定程度上影响数值平均数的计算结果。常用的数值平均数包括算术平均数、调和平均数和几何平均数，这些指标都容易受极端值的影响。位置平均数是根据样本数据中处于特殊位置上的个别或部分观测值来确定的，不易受极端值的影响。常用的位置平均数包括众数、中位数和四分位数。

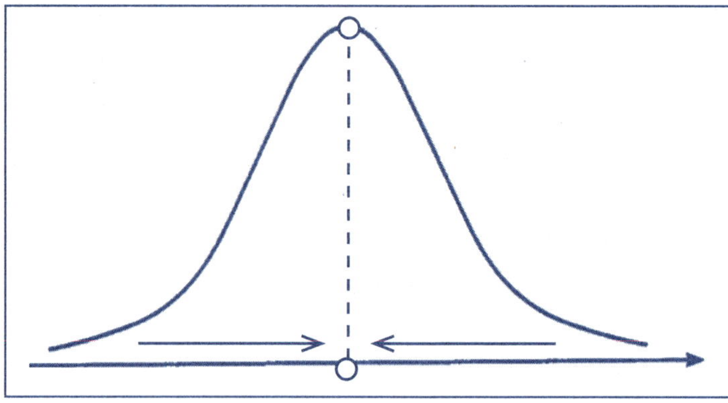

图 1-5 集中趋势示意图

离中趋势是指一组数据中各观测值以不同程度偏离其中心（平均数）的趋势，如图 1-6 所示。离中趋势指标主要反映变量的观测值远离其中心值的程度，即离散程度。离散程度越大，表示变量观测值与集中趋势指标的偏差越大。离中趋势指标可以看成对集中趋势指标的补充说明，它从侧面说明了集中趋势指标值的代表程度。常用的离中趋势指标有极差、平均差、方差、标准差、异众比率、四分位差等。

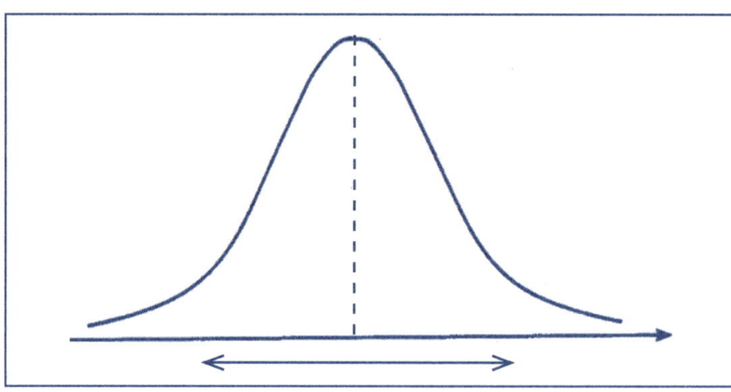

图 1-6 离中趋势示意图

常用的集中趋势指标和离中趋势指标大多隐含假设：数据服从对称分布。“集中”和“离中”的“中”隐含着中心对称位置。当采用标准差进行离中趋势度量时，还会进一步隐含假设——数据服从正态分布。但在实际应用中，这些假设可能并不满足，因此需要一些描述性指标来概括数据的分布形状。偏度和峰度是两种常用的描述数据分布形状的统计指标。

四、探索性分析

（一）探索性分析的概念

传统的统计分析，包括描述性分析和推断性分析，通常需要先假设数据服从某种分布或是具有某种特性，然后再采用适合的指标或数学模型进行分析和预测。如果假设不合理，将导致指标和模型不适用，以致结果出现偏差或错误。当对数据不够了解或是缺乏足够的先验知识时，我们很难提出合理的假设。

探索性分析是一种数据驱动的分析方法，它不依赖于任何分布假设和复杂理论，完全从客观数据出发，通过可视化方法探索数据内在的规律和特性。这里的探索性是指对问题的理解会随着研究的深入不断变化。探索性分析的基本思想是让数据自身“说话”，并通过可视化方式展示出来，同时借助一些交互式技术来帮助我们理解数据。这类方法假设人类是最好的模式识别者，能够识别出数据中的规律和特性，进而提出一些合理的假设或有价值的结论，为后续的推断性分析和基于模型与算法的分析奠定基础。

（二）探索性分析的目标

探索性分析主要有以下三个目标。

1. 检验数据预处理结果

帮助检查数据预处理的结果，发现错误、缺失和异常的数据，以便进行数据预处理。后续的数据分析，包括推断性分析、基于模型与算法的分析等，大多假设数据已经进行了较好的预处理，不存在错误、缺失和异常数据。但在实际应用中，通过调查、观测等方法所得到的数据大多杂乱无章，很难一次性处理好，因此需要通过探索性分析发现数据预处理中的不足，反复迭代，方可避免数据预处理中的错误和不足。

2. 理解数据的内在规律

帮助理解数据，以获得对数据的直观感受。通过各种可视化的图表展示数据的底层结构，帮助了解数据的内在规律，进而了解业务场景和业务特性。

3. 确定有效的指标及模型

帮助确定数据中的重要变量，提出合理的数据分布和模型假设，进而为后续的数学建模和推断性分析奠定基础。现有的各种数学模型和推断性分析方法，都显式或隐式地依赖于对数据分布和特性的一些假设。因此，在选择或构建数学模型和推断性分析方法之前，需要进行充分的探索性分析，以提出合理的假设。

五、推断性分析

（一）推断性分析的概念

推断性分析是指根据已知的（少量）样本观测数据对未知的（大量）总体特征做出科学判断的分析方法，其推断结果通常以概率形式表示。在实际应用中，组成研究对象总体的个体可能是大量的甚至是无限多的，或是单个个体的观测成本较高，导致客观上难以或无法对全部个体进行观测。推断性分析的目标是在只能获取研究对象部分个体信息的情况下，推断总体的特征或规律。例如，要检测一批商品总体的质量或使用寿命，不可能通过直接使用完所有商品再统计其质量或寿命，所以只能利用抽样数据进行推断性分析以得到相应的参数。

常见的推断性分析方法包括参数估计、假设检验和方差分析，如图 1-7 所示。

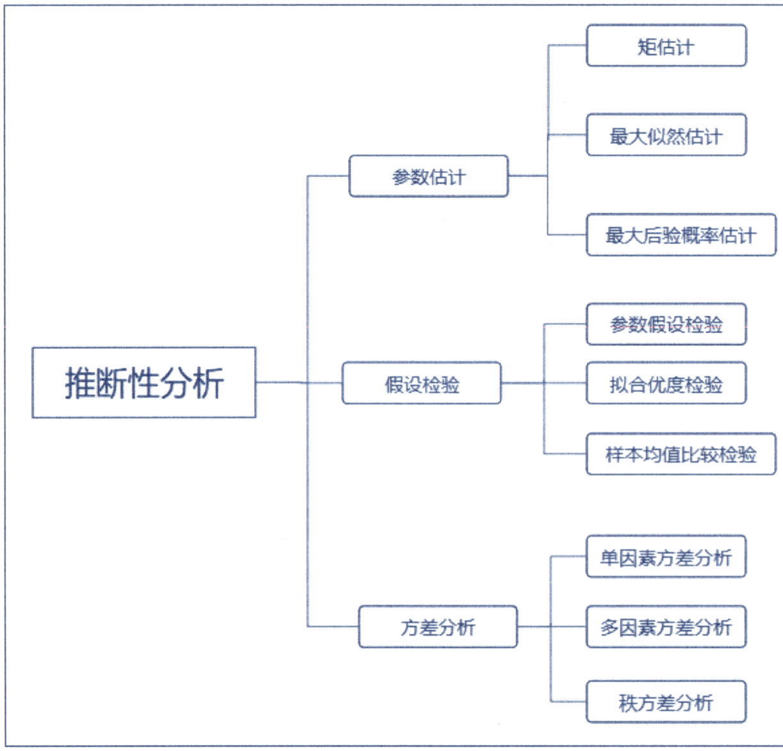

图 1-7　常见的推断性分析方法

（二）推断性分析的方法

参数估计是指通过已观测到的样本数据估计未观测到或无法观测到的总体的参数。除了可以估计总体分布的参数，例如总体期望、总体方差等，还可以对各种（机器学习）模型的参数进行估计。常用的参数估计方法包括矩估计、最大似然估计、最大后验概率估计等。

假设检验是指根据样本数据检验关于总体的某个命题在统计上（即在一定的概率下）是否成立。假设检验的基本思想是根据样本数据的信息，利用反证法来检验关于总体的某个命题是否正确。在逻辑上运用反证法，在统计上依据的是小概率原理。假设检验常用于对产品参数、方法效果、总体间差异、总体分布的论断和假设进行检验。例如，针对一个产品的质量参数声明，可以通过参数检验对其真实性进行验证；针对一种方法（例如医疗诊断、营销策略等）的效果，可以通过样本均值比较进行显著性检验；针对待分析的一组数据是否服从某种分布，可以通过分布拟合进行检验。常用的假设检验方法包括参数假设检验、拟合优度检验和样本均值比较检验。

方差分析是指通过分析数据中差异的来源，找出对待研究问题或对象有显著影响的因素、各因素之间的交互作用以及显著影响因素的最佳水平。一个复杂的问题或研究对象往往存在许多相关的影响因素，且这些影响因素之间可能会互相制约又相互依存。为了对问题做出科学的判断，需要了解各种影响因素。方差分析的基本思想是采用离差平方和来度量差异，并尝试把总差异按照各种指定的差异来源进行分解，即从总离差平方和中分解出可追溯到指定来源的部分离差平方和。常用的方差分析方法包括单因素方差分析、多因素方差分析和秩方差分析等。

六、基于模型与算法的分析

对于一些简单的问题，例如营销效果影响因素分析、商品受众分析等，人工通过探索性分析、描述性分析或简单的推断性分析就可以解决。但对于一些复杂的问题，例如垃圾邮件识别、信用风险预测、股票价格走势预测等，难以或无法通过人工完成，则需要采用基于模型与算法的分析方法进行自动学习和推理。

数学模型是一种基于系统化的符号和数学表达式的问题描述方法，通过方程或其他数学工具定量地描述变量之间的关系。算法是指对解题方案的准确而完整的描述，由一系列解题指令构成。算法可以看成用系统的方法描述解决问题的策略与机制，常用于数值计算、数据处理和自动推理，也可用于模型参数学习。

根据数据和问题的不同，可以对模型和算法进行不同的划分。根据目标变量类型的不同，可以分为回归模型和分类模型。回归模型适用于目标变量是数值型变量的问题，而分类模型则适用于目标变量是类别型变量的问题。根据建模时是否考虑时间因素，可以分为截面分析模型和时间序列分析模型。

针对同一问题，既可以从不同的角度构建不同的模型，也可以采用不同的算法进行问题求解或是模型参数学习。例如，针对股票价格预测问题，既可以采用基于截面数据的传统多因子回归模型，也可以采用基于时间序列数据的自回归模型。基于同样的数据，既可以采用线性回归模型，也可以采用非线性回归模型。

七、数据分析报告撰写

数据分析报告是建立在前期数据分析的基础上，给出明确的结论并提出合理的建议或解决方案的最终交付物。一份好的数据分析报告，应该有一个好的组织框架，并且图文并茂、层次清晰，能够让读者一目了然。

一份完整的数据分析报告至少应包含研究背景、问题定义、数据说明、分析方法、结果与结论、方案与建议等内容。研究背景部分应给出本次数据分析的动机和意义，即为什么要进行此次数据分析，其结果能够为谁创造什么样的价值。问题定义部分应写明具体要分析什么，包括分析的目标和问题边界。数据说明部分应给出数据来源、收集方法、样本数量等基本信息，以说明使用了什么样的数据，可信度如何。分析方法部分应描述所使用的分析方法或模型的基本思想、分析步骤等内容，以说明是如何进行数据分析的。结果与结论部分应给出基于收集的数据采用所选的分析方法或模型，得出的分析结果和相应的结论。方案与建议部分应基于定量分析的结果，并结合业务场景和相关的领域知识，给出针对目标问题的解决方案或合理建议，进而为具体的决策提供支持。

课堂思考

数据预处理的目的和常用方法是什么?

课堂讨论

数据分析报告应该包括哪些内容?

工匠精神

出众的创新能力： 工匠精神鼓励我们去探索新思路，挑战传统的方式，并致力于寻找最佳解决方案。这要求我们不断学习和思考，积极与别人分享和讨论，而不是被传统思维限制。如同工匠对待自己的作品一样，数据分析人员应对数据保持敬畏之心，认识到数据的价值，并认真对待每一个数据项。

精益求精的精神： 精益求精的工匠精神，要求我们对细节有绝对的敏感和关注。我们要十分耐心、细心，注意到每一个小细节，并追求完美的结果。在数据分析步骤中，要严格遵守数据分析要求，不伪造、不篡改数据。

保证分析数据的质量： 对工匠而言，追求卓越质量至关重要。对于数据分析而言，这意味着要努力提高数据质量，包括识别并处理重复数据、异常值和缺失值，确保数据的准确性和一致性。

责任感和职业道德： 数据分析为各行业决策提供正确的引导。在这个过程中，数据分析人员应保持高度的责任感和职业道德，对数据的完整性和准确性负责。

任务三 数据分析软件

任务描述

各个领域中通常会对收集到的大量数据进行分析，但是不同的数据分析所用到的软件是不同的。本任务将对数据分析常用的软件进行介绍，使学生掌握Excel、R 语言、SPSS、Python、EViews、百度统计等数据分析软件。

任务目标

1. 掌握数据分析的软件。
2. 熟悉数据分析软件应用的领域。

知识准备

1. 具备进行数据分析的知识。
2. 具备撰写数据分析报告的知识。

一、数据分析软件的背景

（一）数据分析的广泛应用

数据分析是指用适当的统计分析方法对收集来的大量数据进行分析，提取有用信息和形成结论。在实际应用中，数据分析可帮助我们做出决策，以便采取适当行动。在现代学术研究及各类应用领域中，无论是宏观层面还是微观层面，都呈现出从经验主义、定性分析向定量分析发展的趋势，追求准确性使得数据分析成为研究、决策不可缺少的可靠方法。

（二）数据分析软件的必备性

数据分析软件是数学与计算机科学相结合的产物。当下研究、决策越来越离不开大数据的支撑，例如一项销售业务就会涉及用户端、合作方端、平台端等多类数据，为提高处理数据的准确度和可行性，数据分析软件成为数据分析人员必不可少的实用工具。虽然数据分析软件有很多，但万变不离其宗，主要涉及数据获取、数据存储、数据管理、数据计算、数据分析、数据展示。

二、常用数据分析软件

（一）Excel

1.Microsoft Excel

Microsoft Excel 是 Microsoft Office 办公软件套装中的电子表格组件。直观的界面、出色的计算功能和图表工具，再加上成功的市场营销，使 Excel 成为流行的个人计算机数据处理软件。Microsoft Office 是一套由微软公司开发的办公软件套装，可以在 Microsoft Windows、Windows Phone、macOS、iOS 和 Android 等系统上运行。

2.WPS 表格

WPS 表格是 WPS Office 办公软件套装中的电子表格组件。WPS Office 是由金山软件股份有限公司自主研发的一款办公软件套装，可以实现办公软件最常用的文字、表格、演示等功能，具有内存占用低、运行速度快、体积小巧、强大插件平台支持、免费提供海量在线存储空间及文档模板、支持阅读和输出 PDF 文件、全面兼容 Microsoft Office 97—2010 格式等优势。WPS Office 覆盖 Windows、Linux、Android、iOS 等多个平台，并支持桌面和移动办公。WPS 移动版通过 Google Play 平台，已覆盖超 50 多个国家和地区。WPS 表格空白页如图 1-8 所示。

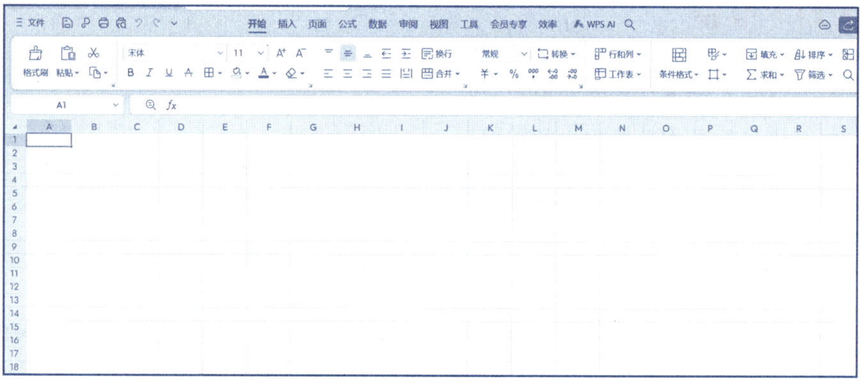

图 1-8　WPS 表格空白页示意图

WPS Office 个人版对个人用户永久免费，包含 WPS 文字、WPS 表格、WPS 演示三大功能模块，与 Microsoft Word、Microsoft Excel、Microsoft PowerPoint 一一对应，应用 XML 数据交换技术，无障碍兼容 DOC、XLS、PPT 等文件格式。

WPS Office 专业版是针对企业用户提供的办公软件产品，拥有强大的系统集成能力，目前已经与超过 240 家系统开发厂商建立合作关系，实现了与主流中间件、应用系统的无缝集成。产品有以下三个特点：

（1）高兼容性：不仅在操作界面上与 Microsoft Office 兼容，而且支持直接打开和保存为 Microsoft Office 格式的文档。同时，WPS Office 成熟的二次开发平台保证了与 Microsoft Office 一致的二次开发接口、API 接口、对象模型；WPS Office 可以兼容 VBA 环境，支持 COM 加载插件等机制，为现有电子政务平台的平滑迁移提供了可靠支撑。

（2）支持 XML 标准：支持 OOXML、UOF2.0，遵循 XML 标准，使政府和企业办公中的数据交换与数据检索更方便高效。

（3）多种界面切换：WPS Office 提供了多套风格不同的界面，在经典界面与新界面之间，用户可以无障碍切换。

（二）R 语言

R 语言是一套专注于统计分析与数据可视化的编程语言及操作环境，免费且开源，是用于统计计算和统计制图的优秀工具。

1. 发展历史

R 语言是由新西兰学者罗斯·伊哈卡和罗伯特·杰特曼于 1993 年受 S 语言启发而开发的。S 语言是由 AT&T 贝尔实验室开发的一种用来进行数据探索、统计分析和作图的解释型语言。R 语言可以看成 S 语言的一种实现。两者在程序语法上几乎一样，只是在函数方面有细微差别。

2. 特点

R 语言作为一种统计分析软件，是集统计分析与图形显示于一体的，可以运行于 Unix、Windows、macOS 操作系统上。相比于其他统计分析软件，R 语言有以下特点：

（1）R 语言是自由软件。这意味着它是完全免费且开源的，可以在它的网站及其镜像中下载任何有关的安装程序、源代码、程序包、文档资料。标准的安装文件自身就带有许多模块和内嵌统计函数，安装好后可以直接实现许多常用的统计功能。

（2）R 语言是一种可编程的语言。R 语言作为一个开放的统计编程环境，语法通俗易懂，用户很容易学会和掌握，而且学会之后可以编制函数来扩展现有的语言。这是 R 语言的更新速度比一般统计软件（例如 SPSS、SAS 等）快得多的原因。大多数统计方法和技术都可以在 R 语言中直接得到。

（3）R 语言的函数和数据集均保存在程序包里面。只有当一个程序包被载入时，它的内容才可以被访问。一些常用的程序包已经被收入标准安装文件中，随着新的统计分析方法的出现，标准安装文件中包含的程序包也随着版本的更新而不断变化。

（4）R 语言具有很强的互动性。除了图形输出是在另外的窗口，它的输入和输出均是在同一个窗口。如果输入语法出现错误，窗口中就马上会提示，而且 R 语言对以前输入过的命令有记忆功能，可以随时再现、编辑修改以满足用户的需要。输出的图形可以直接保存为 JPG、BMP、PNG 等图片格式，还可以直接保存为 PDF 文件。另外，R 语言与其他编程语言和数据库之间有很好的接口。

（5）如果加入 R 语言的邮件列表，每天都可能会收到几十封关于 R 语言的邮件资讯。用户可以和全球一流的统计计算方面的专家讨论各种问题。这可以说是全世界最大、最前沿的统计学家思维的聚集地。

3. 语言环境

R 语言是一套由数据处理、计算和图形展示功能整合而成的套件，包括：一套完整的数组（特别是矩阵）计算操作符；一套体系完整的数据分析工具（为数据分析和显示提供强大图形功能）；一套（源自 S 语言）完善、简单、有效的编程语言（包括条件、循环、自定义函数、输入和输出功能）。此处使用“环境”是为了说明 R 语言的定位是一个完善、统一的系统，而非像其他数据分析软件那样，仅作为一个专门化、缺少灵活性的附属工具。

R 语言很适合用于结合发展中的新方法进行交互式数据分析。由于 R 语言是一个动态发展的环境，因此新发布的版本并不总是与之前的版本完全兼容。一些用户欢迎这些变化，因为它们能带来新技术与新方法的红利；另一些用户则担心旧代码因此失效。

4. 功能

R 语言的功能包括：数据存储和处理；数组运算（其向量、矩阵运算尤其强大）；统计分析；统计制图等。用户可通过简便而强大的编程语言操纵数据的输入和输出，实现分支、循环，以及自定义功能。

与其说 R 语言是一种统计软件，还不如说它是一种数学计算环境，因为 R 语言并不仅仅是提供若干统计程序，用户只需指定数据库和若干参数便可进行统计分析。更重要的是，它提供一些集成的统计工具，以及各种用于数学计算和统计计算的函数，从而使用户能灵活、高效地进行数据分析，甚至创造出符合需要的新的统计计算方法。

5. R 语言与统计

前文对 R 语言环境的介绍未提及统计，不过很多人都将 R 语言作为统计系统来使用。我们更倾向于将 R 语言视为一个环境，经典与现代统计技术均能在这一环境中得到应用。用户通过 R 语言可以使用绝大多数的经典或最新的统计方法，不过需要投入一定时间来找到这些方法。

S 语言与 R 语言在本质上有一个重要区别。在 S 语言中，统计分析通常由一系列的步骤完成，同时将交互的结果存储在对象中。SAS 和 SPSS 在回归或判别分析中会给出丰富的输出结果，而 R 语言仅提供最精简的输出，其结果会保存在适当的对象中，供 R 函数后续查询。

（三）SPSS

统计产品与服务解决方案（Statistical Product and Service Solutions，SPSS）最初被称为社会科学统计软件包（Statistical Package for the Social Sciences），随着 SPSS 产品服务领域的扩大和服务深度的增加，SPSS 公司已于 2000 年将其英文全称更改为“Statistical Product and Service Solutions”。这标志着 SPSS 公司的战略方向已做出重大调整。SPSS 有 Windows 和 macOS 等版本。

1. 发展历史

SPSS 是世界上最早的统计分析软件之一，由美国斯坦福大学的三位研究生 Norman H. Nie、C. Hadlai（Tex） Hull 和 Dale H. Bent 于 1968 年开发，并成立了 SPSS 公司；1975 年，公司成立法人组织，在芝加哥组建了 SPSS 总部。2009 年 7 月 28 日，IBM 公司宣布用 12 亿美元现金收购 SPSS 公司，2010 年完成收购后，其核心统计分析软件更名为 IBM SPSS Statistics，品牌整体归入 IBM 旗下。

2. 软件功能

SPSS 是较早采用图形菜单驱动界面的统计软件，它最突出的特点就是操作界面极为友好，输出结果美观漂亮。它将几乎所有的功能都以统一、规范的界面展现，用 Windows 的窗口方式展示各种管理和分析数据方法的功能，用对话框展示各种功能选择项。用户只要掌握一定的 Windows 操作技能，了解统计分析原理，就可以使用该软件为特定的科研工作服务。SPSS 采用类似 Excel 表格的方式输入与管理数据，数据接口较为通用，能方便地从其他数据库中读入数据。其统计过程包括常用的、较为成熟的统计过程，完全可以满足非统计专业人士的工作需要。输出结果十分美观，默认以专用的 SPO 格式存储（数据文件则以 SAV 格式存储），且可以转存为 HTML 格式和文本格式。对于熟悉旧版本编程运行方式的用户，SPSS 还特别设计了语法生成窗口，用户只需在菜单中选好各个选项，然后按“粘贴”按钮就可以自动生成标准的 SPSS 程序，极为方便。

SPSS for Windows 是一个组合式软件包，它集数据录入、整理、分析功能于一体。用户可以根据实际需要和计算机的功能选择模块，以降低对系统硬盘容量的要求，有利于软件的推广应用。SPSS 的基本功能包括数据管理、统计分析、图表分析、输出管理等。SPSS 统计分析过程包括描述性统计、均值比较、一般线性模型、相关分析、回归分析、对数线性模型、聚类分析、数据简化、生存分析、时间序列分析、多重响应等几大类；每类中又分好几个统计过程，例如回归分析中分为线性回归分析、曲线估计、Logistic 回归、Probit 回归、加权估计、两阶段最小二乘法、非线性回归等统计过程，而且每个过程中允许用户选择不同的方法及参数。SPSS 也有专门的绘图系统，可以根据数据绘制各种图形。

SPSS for Windows 的分析结果清晰、直观，而且可以直接读取 Excel 及 DBF 数据文件，它和 SAS、Stata 并称为国际上最具影响力的三大统计软件。在国际学术界有一条不成文的规定，即在国际学术交流中，凡是用 SPSS 软件完成的计算和统计分析，可以不必说明算法，由此可见 SPSS 影响之大和信誉之高。

SPSS for Windows 由于操作简单，已经在我国的社会科学、自然科学的各个领域发挥了巨大作用。该软件还可以应用于经济学、数学、统计学、生物学、心理学、地理学等学术领域，以及医疗卫生、体育、农业、林业、商业等应用领域。

3. 应用功能

（1）数据管理。

从 10.0 版起，SPSS 在后续多个新增版本中持续对数据管理功能进行优化，以提升用户使用的便捷性。其中，13.0 版的改进相对突出，主要体现在以下几个方面：

1）超长变量名。12.0 版中，变量名最大长度为 64 个字符；13.0 版将这一限制放宽至 128 个字符，以更好地兼容各类复杂数据库。

2）改进的 AutoRecode 过程。该过程支持自动编码模板，使用户可以按自定义的顺序（而非默认的 ASCII 码顺序）对变量值进行重编码。此外，AutoRecode 过程可同时对多个变量进行重编码，以提高分析效率。

3）改进的日期 / 时间函数。本次改进集中在简化两个日期 / 时间差值计算及日期变量值的增减操作。

（2）结果报告。

从 10.0 版起，数据和结果的图表呈现功能一直是 SPSS 改进的重点。在 12.0 版中，SPSS 推出了全新的常规图功能，报表功能更加完善。13.0 版针对实际使用中出现的问题以及用户的需求对图表功能进行了改善。

1）统计图。经过此前版本一年的实际使用反馈，新的常规图操作界面已基本完善。本次改进除提升操作便捷性外，还突出两个重点：一是在常规图中引入更多交互图功能，例如面板图、带误差线的分类图形、具有三维效果的简单饼图、堆积饼图和分段饼图等；二是引入几种新的图形，已知的有人口金字塔图和点密度图。

2）统计表。几乎全部过程的输出都由文本格式改为更美观的枢轴表。此外，枢轴表的显示效果和易用性得到了进一步的提升，并新增了一些功能，例如可以对统计量进行排序、在表格中合并 / 省略若干小类输出等。同时，枢轴表可以直接导出至 PowerPoint，极大地方便了用户使用。

（3）统计建模。

Complex Samples 是 12.0 版中新增的模块，用于实现复杂抽样的设计方案，以及对相应的数据进行描述，但当时并未提供统计建模功能。在 13.0 版中，有了很大的改观。一般线性模型会被完整地引入复杂抽样模块中，以实现对复杂抽样研究中各种连续性变量的建模预测功能，例如对市场调研中的客户满意度数据进行建模。对于分类数据，Logistic 回归则会被系统引入。这样，对于一个任意复杂的抽样研究，例如多阶段分层整群抽样，或者更复杂的 PPS 抽样，用户都可以在该模块中轻松地实现从抽样设计、统计描述到复杂统计建模以发现影响因素的整个分析过程。方差分析模型、线性回归模型、Logistic 回归模型等复杂的统计模型都可以使用，而操作方式与完全随机抽样数据的分析操作没有差别。可以预见，该模块的推出将会大大促进对复杂抽样时统计推断模型的正确应用。

（4）模块。

Tree 模块实际上是将以前单独发行的 SPSS Answer Tree 软件整合进了 SPSS 平台。为了方便新老用户的使用，Tree 模块在操作方式上不再使用 Answer Tree 中的向导方式，而是改为 SPSS 近两年开始采用的交互式选项卡对话框。但是，整个选项卡界面的内容实际上与原先的向导基本一致。另外，模型的结果输出仍然是 Answer Tree 中标准的树形图，这使得 Answer Tree 的老用户基本上不需要专门的学习就能懂得如何使用该模块。

（5）兼容性。

随着自身产品线的不断完善，SPSS 公司的产品体系已经日益完整，而且不同产品间的互补性和兼容性也在不断得以改进。在 13.0 版中，SPSS 已经可以与其他一些最新的产品很好地整合在一起，形成更为完整的解决方案。例如，SPSS、SPSS Data Entry 和新发布的 SPSS Text Analysis for Surveys 一起形成了完整的调查研究解决方案。而新增的 SPSS Classification Tree 模块将使得 SPSS 本身就能针对市场细分工作提供更为完整的方法体系。

（四）Python

Python 是一种跨平台的计算机程序设计语言，最初被设计用于编写自动化脚本，随着版本的不断更新和语言功能的添加，现多用于独立的、大型项目的开发。

1. 发展历程

Python 的创始人是荷兰人 Guido van Rossum。1989 年圣诞节期间，他为了打发假期的闲暇时光，决定开发一个新的脚本解释程序，作为 ABC 语言的一种继承。这一编程语言之所以命名为“Python”（意为“大蟒蛇”），灵感源自英国 20 世纪 70 年代首播的电视喜剧片《蒙提·派森的飞行马戏团》。

ABC 语言是 Guido van Rossum 参与设计的一种教学语言。在他看来，ABC 语言优美且功能强大，专为非专业程序员设计，但最终未能普及。他认为 ABC 语言失败的核心原因在于非开放性——这一点也成为他设计 Python 时着重规避的问题。就这样，Python 在他手中诞生了。可以说，Python 是从 ABC 语言发展而来的，主要受 Modula-3（另一种优美且强大的语言，专为小型团体设计）的影响，同时融合了 Unix shell 和 C 语言的使用习惯。

Python 已经成为最受欢迎的程序设计语言之一。自 2004 年起，Python 的使用率呈线性增长趋势。Python 2 于 2000 年 10 月 16 日发布，稳定版本是 Python 2.7；Python 3 于 2008 年 12 月 3 日发布，不能完全兼容 Python 2。2011 年 1 月，Python 被 TIOBE 编程语言排行榜评为“2010 年度语言”。

凭借简洁性、易读性和可扩展性的优势，Python 在国外科研机构的科学计算领域应用日益广泛，诸多知名高校已将它纳入程序设计课程教学。在科学计算领域，NumPy、SciPy 和 Matplotlib 这三大经典扩展库尤为关键——它们分别为 Python 提供了快速数组处理、数值运算以及绘图功能，使得 Python 扩展库构成的开发环境十分适合工程技术人员与科研人员处理实验数据、制作图表，乃至开发科学计算应用程序。

2. 语言风格

Python 在设计上坚持清晰统一的风格，这使得 Python 成为一门易读、易维护且广受用户欢迎的多功能语言。Python 的作者特意设计了约束性较强的语法，以阻止不良编程习惯通过编译，其中最具代表性的便是缩进规则。

Python 与多数语言（例如 C 语言）的区别是：代码模块的边界完全由每行首字符的缩进位置决定，而 C 语言则通过一对花括号 {} 明确定义模块的边界，与字符位置无关。这一点曾经引起过争议。因为自从 C 语言诞生后，语法含义与字符排列方式的分离，一度被视为编程语言的重要进步。不可否认的是，Python 通过强制要求所有模块必须缩进，确实使得程序结构更加清晰、代码更加美观。

3. 设计定位

Python 的设计理念是优雅、明确、简单。因此，Perl 语言中“总是有多种方法来做同一件事”的理念在 Python 开发者看来往往难以忍受。Python 开发者的理念是“用一种方法，最好是只有一种方法做一件事”。在设计 Python 语言时，如果面临多种选择，Python 开发者一般会拒绝花哨的语法，而选择明确、歧义少的语法。由于这种设计理念的差异，Python 源代码通常被认为比 Perl 具备更好的可读性，并且能够支撑大规模软件开发。

Python 开发者会尽量避开不成熟或不重要的优化。一些针对非重要部位的提速补丁通常不会被合并到 Python 内，因此很多人认为 Python 运行速度较慢。不过，根据“二八定律”，大多数程序对运行速度要求不高。在某些对运行速度要求很高的情况下，Python 设计者倾向于使用 JIT 技术（常用的 PyPy），或使用 C、C++ 语言改写这部分程序。

Python 是完全面向对象的语言。函数、模块、数字、字符串都是对象，并且完全支持继承、重载、派生及多继承，有助于增强源代码的复用性。同时，Python 支持运算符重载和动态类型。相对于 Lisp 这种传统的函数式编程语言，Python 对函数式设计只提供了有限的支持，仅通过两个标准库（functools、itertools）提供类似 Haskell 和 Standard ML 中久经考验的函数式编程工具。

Python 虽然可能被粗略地分类为脚本语言，但实际上 Zope、Mnet、BitTorrent 等大规模软件开发项目均广泛采用它。Python 的支持者喜欢称它为高级动态编程语言，原因是脚本语言通常指仅能处理简单编程任务的语言（例如 shell script、VBScript 等）与功能强大的 Python 并不对等。

Python 本身被设计为可扩展的，并非所有的特性和功能都集成于语言核心，而是提供了丰富的 API（Application Programming Interface）和工具，以便程序员能够轻松地使用 C、C++ 编写扩展模块。Python 编译器本身也可以被集成到其他需要脚本语言的程序中。因此，Python 常被用作“胶水语言”（Glue Language），用于集成和封装使用其他语言编写的程序。

4. 应用

（1）系统编程：提供 API，便于系统维护和管理。作为 Linux 系统的标志性语言之一，Python 是众多系统管理员的理想编程工具。

（2）图形处理：支持 PIL、Tkinter 等图形库，可以便捷进行图形处理。

（3）数学处理：通过 NumPy 扩展模块提供大量接口，可以与多种标准数学库对接。

（4）文本处理：内置的 re 模块支持正则表达式操作，同时提供 SGML、XML 解析模块，常被用于 XML 程序开发等文本处理场景。

（5）数据库编程：遵循 Python DB-API 规范的模块，可以与 Microsoft SQL Server、Oracle、Sybase、DB2、MySQL、SQLite 等数据库通信。Python 自带一个 gadfly 模块，可以提供完整的 SQL 运行环境。

（6）网络编程：凭借丰富的 sockets 编程模块，可以快速开发分布式应用程序。Zope、Mnet、BitTorrent 及 Google 等大规模软件开发项目均广泛采用 Python。

（7）Web 编程：作为 Web 应用开发的语言之一，支持最新 XML 技术。

（8）多媒体应用：PyOpenGL 模块封装了 OpenGL 应用程序编程接口，支持二维和三维图像处理；Pygame 模块则适用于游戏软件开发。

（9）PyMO 引擎：PyMO（Python Memories Off）是一款运行于 Symbian S6OV3、Symbian 3、Symbian S60V5、Android 系统上的 AVG 游戏引擎。

（10）安全与渗透测试：Python 拥有丰富的网络与系统操作库，内置大量实用函数，常被用于安全脚本编写、渗透测试等场景。

（五）EViews

EViews 是 Econometrics Views 的缩写，通常称为计量经济学软件包，是一款专门为大型机构开发的、用以处理时间序列数据的专业软件包。其核心功能包括模型设定、参数估计、模型检验及模型应用（例如结构分析、经济预测、政策评价等）。

EViews 的前身是 1981 年推出的第 1 版 Micro TSP。虽然 EViews 是由经济学家开发的，而且主要用于经济学领域，但是从软件包的设计来看，EViews 的应用领域并不局限于处理经济时间序列。即使在跨领域的大型项目中，EViews 也能有效发挥作用。

EViews 处理的基本数据对象是时间序列，每个序列有一个名称，只要提及序列的名称就可以对序列中所有的观察值进行操作。EViews 允许用户以简便的可视化的方式从键盘或磁盘文件中输入数据，根据已有的序列生成新的序列，在屏幕上显示序列或在打印机上打印输出序列，对序列之间的关系进行统计分析。EViews 具有操作简便且可视化的特点，这体现在从键盘或磁盘输入数据、依据已有序列生成新序列、显示和打印序列以及对序列之间的关系进行统计分析等方面。

EViews 具备现代 Windows 软件的可视化操作优势，支持通过鼠标操作标准的 Windows 菜单和对话框。操作显示在窗口中，且可通过标准的 Windows 技术进行处理。此外，EViews 还拥有强大的命令功能和批处理功能：用户可在命令行中输入、编辑和执行命令，也可在程序文件中创建并存储命令，以便在后续的研究项目中重复调用。

EViews 的应用领域涵盖应用经济计量学、总体经济研究与预测、销售预测、财务分析、成本分析与预测、蒙特卡洛模拟、经济模型的估计与仿真、利率与外汇预测等。

（六）百度统计

百度统计是百度推出的一款免费的专业网站流量分析工具，可以告诉用户访客是如何找到并浏览网站的。这些信息可以帮助用户改善访客的网站使用体验，不断提升网站的投资回报率。

百度统计提供了几十种图形化报告，可以全程跟踪访客的行为路径；同时集成百度推广数据，可以帮助用户及时了解百度推广效果并优化推广方案。

1. 主要功能

基于百度强大的技术实力，百度统计具备丰富的数据指标，系统稳定、功能强大且操作简易。作为免费提供给广大网站管理员使用的工具，它可以帮助用户跟踪网站真实流量，为优化网站运营决策提供支持。

目前，百度统计提供的功能包括以下四个方面。

（1）流量分析。

用户可以通过百度统计查看一段时间内网站的流量变化趋势，及时了解一段时间内网民对网站的关注情况及各种推广活动的效果。百度统计可以针对不同的地域对网站的流量进行细分。

（2）来源分析。

用户可以通过百度统计了解各种来源给网站带来的流量情况，包括搜索引擎（精确到具体搜索引擎、具体关键词）、推介网站、直达等。通过来源分析，用户可以及时了解到哪种类型的来源可以给网站带来更多访客。

（3）网站分析。

用户可以通过百度统计查看访客对网站内各个页面的访问情况，及时了解哪些页面最吸引访客以及哪些页面最容易导致访客流失，从而更有针对性地提高网站质量。

（4）转化分析。

用户可以通过百度统计设置网站的转化目标页面，例如留言成功页面等，及时了解一段时间内各种推广是否达到预期的业务目标，从而有效地评估与提升网络营销投资回报率。

2. 使用方法

目前，百度统计仅对百度推广的用户和百度联盟成员开放。用户可以登录百度统计首页查看，也可以在登录百度推广或百度联盟后，直接在对应系统中点击进入，按照页面提示完成代码安装后即可使用。

代码正确添加后，进入百度统计平台，用户即可看到含有丰富数据的概况页。概况页为用户提供网站最重要的流量报告，方便用户从全局层面了解网站流量情况；进入各细分报告，可以从不同角度细致分析流量情况。

课堂思考

不同数据分析软件应用的主要范围有哪些?

课堂讨论

不同数据分析软件的优缺点分别是什么?

工匠精神

高效性：工匠精神强调效率，这在数据分析软件的选择中也有所体现。不同的软件适用的场景也是不同的，我们需要选择适合的软件，用最短的时间完成数据分析，以提高整个运算的效率，增强实践能力。

行业的敏感性：数据分析软件的选择越来越多，对行业保持高度的敏感性已然成为数据分析人员不可或缺的职业素养。在这一过程中，数据分析人员需要保持持续学习的态度，提升数据分析的各项能力。

高度的责任感：若不能真正理解数据，往往会导致难以把控的结果。随着建模能力越来越强，很多人在不理解数据的情况下直接把数据放到模型中，这是一种很不负责的行为。在海量数据背后，需要高度的责任感来支撑整个机制的运转。

任务四　数据分析应用

任务描述

对数据进行合理的分析，能够帮助我们挖掘出其中蕴含的有价值的信息，进而辅助我们做出高效、合理的决策。本任务将从电商、交通、文化传媒、能源、金融领域介绍数据分析的应用及重要意义。

任务目标

1. 熟悉数据分析应用的行业领域。
2. 熟悉数据分析在不同领域的应用。

知识准备

1. 具备数据分析流程的相关知识。
2. 具备数据分析软件的相关知识。

数据分析已广泛应用于电商、交通、文化传媒、能源、金融等各个领域。

一、电商数据分析应用

在与用户的交互过程中，电商平台会累积海量的，包括点击、浏览、购买、评论等各种类型的用户行为数据。通过分析这些数据，我们可以构建用户画像，进而帮助用户从大量候选商品中快速地挑选出需要且喜爱的商品，即实现“千人千面”的个性化推荐。个性化推荐已经成为各种电商平台的一种“标配”，例如淘宝、亚马逊、京东等。

个性化推荐能够让多方受益。从用户角度来看，个性化推荐能帮助用户解决信息超载问题，进而提高用户的决策效率，同时也能提升用户的幸福感。从平台角度来看，个性化推荐能帮助平台提高用户的满意度和忠诚度，同时带来丰厚的收益，进而帮助平台发展壮大。从供应商角度来看，个性化推荐能帮助供应商进行商品推销，以使供应商得以生存并持续发展。从行业角度来看，个性化推荐能帮助行业避免头部商品或商家形成绝对垄断，进而促进整个行业朝着更趋多元化、健康可持续的方向发展。

亚马逊提出的“预测式发货”是电商数据分析的一个典型应用案例。它可以看成个性化推荐的一个扩展应用，通过对相关用户数据的分析来预测用户行为，进而在用户还没有下单前就发出货物。对于电商平台而言，从用户下单到收到货物之间的时间间隔是影响用户体验的一个重要因素，这一时间间隔过长会降低用户的购物意愿，甚至会导致他们放弃网上购物。“预测式发货”可以缩短配送时间，以实现隔日送达或当日送达，从而提升用户的在线购物意愿。

虽然可以通过向用户重点推荐运输途中的商品来提升预测的成功率，但是这一算法难免也会出错，导致库存成本增加。为了降低这一成本，可以通过给用户一定的折扣或推送一些相关的消费券来促使用户做出购买决策。如何确定折扣力度并进行合理的消费券推送，这离不开数据分析。

二、交通数据分析应用

数据分析可以将各种类型的交通数据进行有效整合，并挖掘出数据之间的联系，为用户、交管部门和相关运输企业提供更及时、准确的交通信息或服务。

美国联合包裹服务公司（United Parcel Service，UPS）是世界上最大的快递承运商与包裹递送公司之一。该公司每天都需要管理所服务的 200 多个国家和地区的物流、资金流与信息流。UPS 利用安装在该公司近 5 万辆卡车上的远程通信传感器收集车速、方向、刹车和动力性能等方面的数据。对这些收集到的数据进行分析，不仅能够帮助该公司了解车辆的日常性能，还能够帮助公司重新设计和优化物流路线。据统计，通过实时调配驾驶员的收货和配送路线，UPS 一年能减少 1.36 亿千米的物流里程，由此可节约 3180 万升的汽油。

车辆传感器数据具有广泛的应用价值，可用于车险、自动驾驶、交通管理等领域。目前，基于数据分析的交通管理优化、车辆和出行者的智能化服务已经在交通应急、安全保障和日常出行等场景中得到了实际应用。通过交通数据分析，能够提高交通效率、解决交通拥堵、确保交通运输安全、减少环境污染，进而改善交通状况和用户的出行体验。

三、文化传媒数据分析应用

合理的数据分析能够助力影视制作、文化宣传、文案制作等，进而推动文化传媒行业的转型升级。

《纸牌屋》是一部 2013 年播出的热门网络影视剧。与传统影视剧不同，《纸牌屋》是一部基于数据分析制作的影视作品，制作方 Netflix 是美国最具影响力的影视网站之一。Netflix 成功的关键在于其强大的推荐系统 Cinematch。该系统基于用户的视频点播行为相关数据，例如评分、播放、快进、时间、地点、终端等，分析出用户对影片的偏好，并为用户提供个性化的推荐服务。根据数据分析结果，Netflix 发现有很多用户仍在点播 1991 年的 BBC 经典迷你剧《纸牌屋》，而且这些用户大多喜欢观看导演大卫·芬奇和演员凯文·史派西的电影。据此，Netflix 花费 1 亿美元买下了《纸牌屋》的版权，并邀请大卫·芬奇和凯文·史派西翻拍了这部经典影视剧。

2013 年 2 月《纸牌屋》上线后，Netflix 当季的收入较 2012 年同期增长了 18%，且仅在美国境内就增加了 200 万新用户。《纸牌屋》确立了 Netflix 在硅谷的地位，“Netflix 模式”也成为影视界的一个新标杆。

四、能源数据分析应用

合理的数据分析能够帮助决策者优化能源的生产、传输和利用等各个环节，进而提高能源的生产和使用效率，同时也能减少对环境的污染。

为了提升石油和页岩气的开采效率，中国石油化工集团有限公司将数据分析应用于勘探、钻井和生产等阶段。在勘探阶段，利用数学模型分析判断油气富集带，进而确定井位。在钻井阶段，通过数据分析识别钻井作业中可能出现的异常情况，以便及时进行处理，避免事故发生。在生产阶段，实时收集并分析地震、钻井和生产中的各种相关数据，帮助油藏工程师绘制油气储层随时间推移的动态走势图，进而辅助制订和调整相应的生产计划。这种基于非现场作业的数据分析能够帮助提升钻井资源的利用率，减少不必要的探井钻探，进而降低油气的开采成本。

为了减少油气传输管道的日常管理和维护成本，中国石油天然气集团有限公司利用数据分析预测并定位管道的腐蚀点。该公司首先通过收集管道腐蚀的相关数据，结合领域知识和历史经验，分析不同管段位置的腐蚀概率；其次根据腐蚀风险进行等级划分，对高风险腐蚀点进行开挖验证，以确定腐蚀点的腐蚀情况；最后根据开挖调查得到的判定结果来修正模型预测结果，制定相应的维修方案，及时修复腐蚀管道以防发生事故。这种基于数据分析的方法能够避免对所有疑似腐蚀点进行开挖，进而减少人力、物力和财力方面的消耗。

为了提高电能的利用效率，德国政府利用数据分析构建了一套智能电网，通过电网系统每隔 5 分钟或 10 分钟收集一次数据，并利用这些数据预测客户的用电习惯，从而推断出在未来 2~3 个月时间里整个电网的电量需求。这种对用电量的预测，不仅可以更加高效地优化电力的生产调度，还能减少对能源的消耗和对环境的污染。

五、金融数据分析应用

合理的数据分析能够辅助金融投资决策，进而获得更高的投资收益。量化投资就是一种基于数据分析和量化模型的投资方法。詹姆斯·西蒙斯是量化投资的代表性人物，也是文艺复兴科技公司的创始人。他管理的大奖章基金在 1989—2009 年的平均年化收益率高达 38.5%，这是在扣除 5% 的管理费和 44% 的超高业绩报酬后得出的。这一业绩远超同期的标普 500 指数的回报率和沃伦·巴菲特的投资收益率，这两者的同期平均年化收益率大约是 20%。詹姆斯·西蒙斯倡导的“壁虎式投资法”是以市场数据为基础，通过构建合理的数学模型来指导或自动进行投资。

数据分析还可以帮助金融机构进行风险管控和客户关系管理。摩根大通银行基于多方面的数据，利用决策树等数据分析技术对贷款客户进行建模和分析，有效降低了不良贷款率，并提高了提前还款的客户率，一年能增加 6 亿美元的利润。招商银行通过数据分析识别出该行信用卡高价值客户的特征和偏好，并通过“多倍积分累积”等有针对性的活动吸引优质客户加入；同时，通过多维度数据分析构建客户流失预警模型，通过发售高收益理财产品等方法对潜在流失客户予以挽留，使得其金卡和金葵花卡客户流失率分别降低了 15% 和 7%。

课堂思考

数据分析在不同的行业的应用效果如何?

课堂讨论

请调研感兴趣的行业或领域，整理一个应用数据分析的实际案例。

工匠精神

团队合作精神：数据分析是一项庞大而精密的工作，需要各方鼎力合作，互帮互助。在数据分析项目中，秉承工匠精神，团结合作，互惠互利，有助于数据分析工作的顺利开展。

责任感和职业道德：数据分析人员应该对数据充分了解，将合适的数据放在合适的场景中，并从源头对数据质量进行把关，不因研究需要随意篡改、修饰数据，保持对数据分析的敬畏之心。

项目练习

一、单项选择题

1. 明确数据分析目标是确保数据分析整个过程有序进行的先决条件，也为后续的数据（　　）指引方向。

A. 收集、处理、分析　　B. 收集、压缩、分析

C. 统计、收集、分析　　D. 分析、收集、处理

2. 数据分析的第一大思路是（　　）。

A. 解放　　B. 收集　　C. 分析　　D. 对比

3. 下列应用软件中不属于数据可视化工具的是（　　）。

A. Word　　B. Python　　C. Excel　　D. PowerBI

4. 对于需要排序比较的数据，适用（　　）数据分析方法。

A. 对比分析　　B. 趋势分析　　C. 模型分析　　D. 回归分析

5. DIKW 知识体系的层次不包括（　　）。

A. 数据　　B. 信息　　C. 知识　　D. 收集

6. 下列不属于数据归约的是（　　）。

A. 特征归约　　B. 样本归约　　C. 维度归约　　D. 离散归约

7. 下列不属于探索性分析目标的是（　　）。

A. 检验数据预处理结果　　B. 搜集相关数据

C. 理解数据的内在规律　　D. 确定有效的指标及模型

8. 按照描述对象与时间的关系，数据的分类中不包括（　　）。

A. 观测数据　　B. 截面数据

C. 时间序列数据　　D. 面板数据

二、简答题

1. 数据分析的步骤是什么？

2. 数据分析的作用是什么？

项目二 数据分析指标与模型

在商科教育之中，管理学、统计学以及计量经济学课程对于学生的学术和职业发展均具有基石般的意义。通过深入学习数据分析指标与模型，学生不仅可以全面了解统计指标的理论和应用、常用的统计学模型，还能熟悉管理学模型在实践中的运用。此外，本项目特别强调了SPSS软件在定量分析中的关键作用。这一部分的内容设计旨在帮助学生综合运用之前学过的管理学和统计学知识，并用计量经济学的方法对这些知识进行更新和扩展，使学生在理解数据分析的基本理论和技巧的同时，能通过案例分析等实践活动深化对数据分析细节的把握以及对大量现实情境下数据应用的理解。教授本项目的目的不仅在于知识传授，更在于培养学生的综合分析能力、批判性思维和对数据处理软件的熟练使用，以期他们能在未来的职场中做出数据驱动的决策，并在数据丰富的现代商业环境中显现专业竞争力。

学习目标

★**知识目标：**熟悉运用统计指标、管理学模型、统计学模型进行数据分析的思路。

★**技能目标：**熟练使用SPSS并可以自行构建店铺经营情况的评价指标体系。

★**素质目标：**促进对数据伦理、数据精确性和数据客观性的认识，强化对数据分析责任感的培养。

学习导图

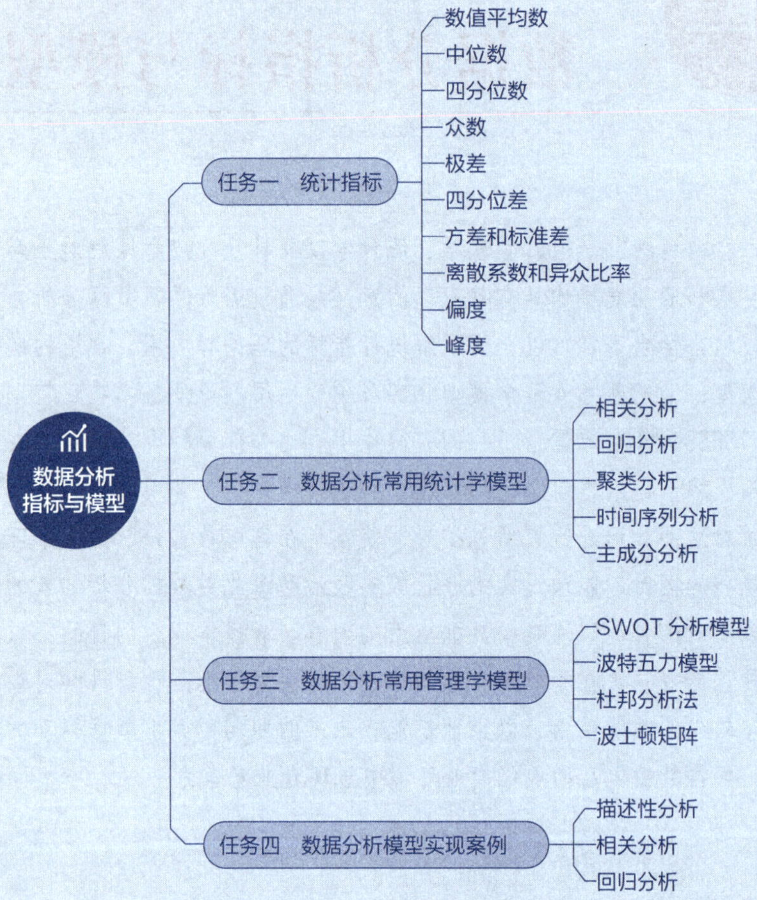

数据分析指标与模型
任务一　统计指标
数值平均数
中位数
四分位数
众数
极差
四分位差
方差和标准差
离散系数和异众比率
偏度
峰度
任务二　数据分析常用统计学模型
相关分析
回归分析
聚类分析
时间序列分析
主成分分析
任务三　数据分析常用管理学模型
SWOT 分析模型
波特五力模型
杜邦分析法
波士顿矩阵
任务四　数据分析模型实现案例
描述性分析
相关分析
回归分析

任务一　统计指标

任务描述

描述性统计是数据在清洗整理后的最常规的分析方式。统计指标的应用已渗透到科研、商业决策、社会调查等诸多领域。通过平均数、中位数、众数、极差、方差等指标，我们可以对数据形成初步的判断。本任务将对统计指标进行相关整理与归纳，使学生系统掌握统计指标的特点与计算方法。

任务目标

1. 理解统计指标的概念及在社会经济分析中的应用。
2. 掌握不同类型的统计指标的计算方法。
3. 学会解读和使用统计指标进行定量分析。

知识准备

1. 具备统计学的基本知识。
2. 具备数据分类的基本知识。

一、数值平均数

（一）算数平均数

算术平均数（Arithmetic Mean）又称均值，记为 $\bar{x}$，是反映集中趋势最常用的指标，包括简单算术平均数和加权算术平均数。算术平均数的基本计算是样本数据总和除以样本总数，并且假设各样本具有统一权重。算术平均数的计算公式为：

$$\text{算术平均数}=\frac{\text{样本数据总和}}{\text{样本总数}}$$

1. 简单算术平均数

n 个测量值 $x_1, x_2, \ldots, x_n$，集合的简单算术平均数即测量值的均值。简单算术平均数的计算公式为：

$$\bar{x} = \frac{\sum_{i=1}^{n} x_i}{n}$$

【例 2-1】以“2023 年数据分析技术表 .csv”为数据，计算 2023 年 6—11 月的访客数平均数。

解：在 Excel 中，我们可以使用“AVERAGE（B2:B184)”函数公式，得出平均数为 3400.448，如图 2-1 所示。

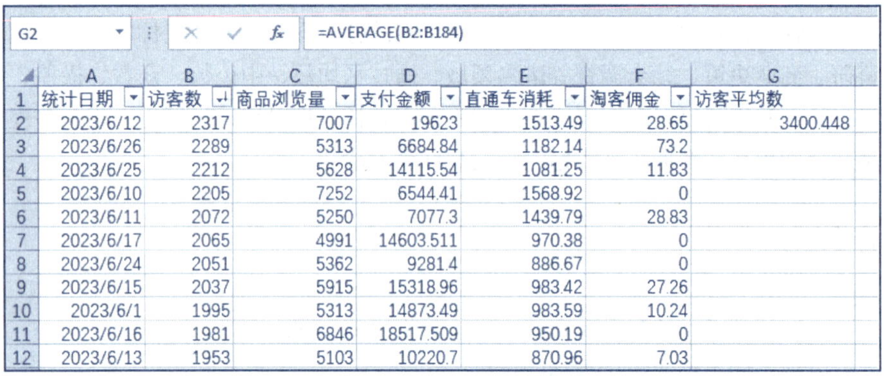
G2 =AVERAGE(B2:B184)

	A	B	C	D	E	F	G
1	统计日期	访客数	商品浏览量	支付金额	直通车消耗	淘客佣金	访客平均数
2	2023/6/12	2317	7007	19623	1513.49	28.65	3400.448
3	2023/6/26	2289	5313	6684.84	1182.14	73.2	
4	2023/6/25	2212	5628	14115.54	1081.25	11.83	
5	2023/6/10	2205	7252	6544.41	1568.92	0	
6	2023/6/11	2072	5250	7077.3	1439.79	28.83	
7	2023/6/17	2065	4991	14603.511	970.38	0	
8	2023/6/24	2051	5362	9281.4	886.67	0	
9	2023/6/15	2037	5915	15318.96	983.42	27.26	
10	2023/6/1	1995	5313	14873.49	983.59	10.24	
11	2023/6/16	1981	6846	18517.509	950.19	0	
12	2023/6/13	1953	5103	10220.7	870.96	7.03	

图 2-1　在 Excel 中计算平均数

2. 加权算术平均数

如果是经过整理后的分组频数分布数据，则应使用加权算术平均数来计算总体的均值。设 m_i 为第 i 组的组中值，f_i 为第 i 组的频数，则加权算术平均数的计算公式为：

$$\bar{x} = \frac{\sum_{i=1}^{n} m_i f_i}{\sum_{i=1}^{n} f_i}$$

【例 2-2】某家淘宝店铺一个月卖出的产品业绩如表 2-1 所示，计算该店铺这个月卖出产品的平均价格。

表 2-1　某淘宝店铺某月销售业绩

产品	价格 / 元	销量 / 件
上衣	158	25
裤子	180	10
裙子	64	12

$$\bar{x} = \frac{158 \times 25 \times 180 \times 10 + 64 \times 12}{25 + 10 + 12} \approx 138.68\text{（元）}$$

（二）调和平均数

调和平均数（Harmonic Mean）又称倒数平均数，是各变量倒数的算术平均数的倒数。调和平均数分为简单调和平均数和加权调和平均数。

1. 简单调和平均数

简单调和平均数是简单算术平均数的变形。简单调和平均数的计算公式为：

$$\bar{x}=\frac{n}{\sum_{i=1}^{n}\frac{1}{x_i}}$$

2. 加权调和平均数

加权调和平均数是加权算术平均数的变形。它与加权算术平均数在实质上是相同的，仅有形式上的区别，即表现为变量对称的区别、权数对称的区别和计算位置对称的区别。加权调和平均数的计算公式为：

$$\bar{x}=\frac{\sum_{i=1}^{n}m_i}{\sum_{i=1}^{n}\frac{m_i}{x_i}}$$

在很多情况下，由于只掌握每组某个特征的数值总和而缺少总体单位数，无法直接计算加权算术平均数，因此改为计算加权调和平均数。

【例 2-3】某淘宝店铺进购了 3 批布匹，每批单价和采购金额资料如表 2-2 所示，求平均采购价格。

表 2-2　某淘宝店铺购进布匹资料

	单价 /（元 / 千克）	采购金额 / 元
布匹 1	20	10000
布匹 2	30	12000
布匹 3	50	20000
合计		42000

解：

$$\bar{x}=\frac{42000}{\frac{10000}{20}+\frac{12000}{30}+\frac{20000}{50}}\approx 32.31\text{（元 / 千克）}$$

（三）几何平均数

几何平均数（Geometric Mean）是指 n 个观测值连乘积的 n 次方根。根据资料条件的不同，几何平均数有加权和不加权之分。

当某一事物的发展符合乘法原理时，即后一变化是在前一变化基础上产生的，求其平均变化率即可用此法。

1. 简单几何平均数

简单几何平均数的计算公式为：

$$\bar{x}=\sqrt[n]{x_1\times x_2\times\ldots\times x_n}=\sqrt[n]{\prod_{i=1}^{n}x_i}$$

2. 加权几何平均数

加权几何平均数的计算公式为：

$$\bar{x}=\sqrt[f_1+f_2+\ldots+f_n]{x_1\times x_2\times\ldots\times x_{\mathrm{n}}}=\sqrt[n]{\prod_{i=1}^{n}x_i}$$

【例 2-4】某店铺最近 5 年的销售额增长率为 1.5%、0.9%、0.7%、2.2%、1.7%，求其年平均增长率。

解：年平均增长率为

$$\bar{x}=\sqrt[5]{101.5\%\times100.9\%\times100.7\%\times102.2\%\times101.7\%}-1\approx1.4\%$$

二、中位数

中位数（Median）是一种反映数据中心位置的指标，其确定方法是将各变量值由小到大排列，位于中间位置的变量值即中位数，通常记为 M。中位数将全部变量值等分成两部分，每部分包含一半的变量值，其中一半的变量值比中位数小，另一半变量值比中位数大。

当变量个数 n 为奇数时，中位数为处于（n+1）/2 位置上的那个变量值；当变量个数 n 为偶数时，中位数为中间位置上的两位变量值的简单算术平均数。中位数的计算公式为：

$$M=\begin{cases}x_{\frac{n+1}{2}}, & n\text{为奇数}\\ \dfrac{x_{\frac{n}{2}}+x_{\frac{n+1}{2}}}{2}, & n\text{为偶数}\end{cases}$$

【例 2-5】以“2023 年数据分析技术表 .csv”为数据，其中 2023 年 6 月第一周每天的访客数分别为 1995、1316、1939、1911、1862、1925、1862，计算它们的中位数。

解：2023 年 6 月第一周每天的访客数从小到大排序如下：

1316、1862、1862、1911、1925、1939、1995

中位数为 1911。

三、四分位数

与中位数类似的还有四分位数（Quartile）、十分位数（Decile）和百分位数

（Percentile）等，它们分别是用 3 个点、9 个点和 99 个点将变量值四等分、十等分和一百等分后各分位上的值。

四分位数是通过 3 个点将全部变量值等分为四部分，其中每部分包含 25% 变量值个数。显然，中间的四分位数就是中位数。因此，通常所说的四分位数是指处于 25% 位置上的变量值（称为下四分位数）和处于 75% 位置上的变量值（称为上四分位数）。设下四分位数为 Q_l，上四分位数为 Q_u，则四分位数的位置为

$$Q_l\text{的位置}=\frac{n+1}{4}$$

$$Q_u\text{的位置}=\frac{3(n+1)}{4}$$

若结果为整数，则四分位数就是该位置对应的值；若结果是半数（例如 4.5、5.5 等），则四分位数等于该位置两侧数据的平均数；若结果既不是整数也不是半数，则四分位数等于该位置的下侧值加上按比例分摊位置两侧数值的差值。

【例 2-6】以“2023 年数据分析技术表 .csv”为数据，计算 2023 年 6—11 月访客数的四分位数。

解：在 Excel 中，我们可以使用“QUARTILE（B2:B184，1）”函数公式，得到下四分位数为 1988，使用“QUARTILE（B2:B184，3）”函数公式，得到上四分位数为 4431，如图 2-2 和图 2-3 所示。

	A	B	C	D	E	F	G	H
1	统计日期	访客数	商品浏览量	支付金额	直通车消耗	淘客佣金	访客数下四分位数	
2	2023/6/12	2317	7007	19623	1513.49	28.65	1988	
3	2023/6/26	2289	5313	6684.84	1182.14	73.2		
4	2023/6/25	2212	5628	14115.54	1081.25	11.83		
5	2023/6/10	2205	7252	6544.41	1568.92	0		
6	2023/6/11	2072	5250	7077.3	1439.79	28.83		
7	2023/6/17	2065	4991	14603.511	970.38	0		
8	2023/6/24	2051	5362	9281.4	886.67	0		
9	2023/6/15	2037	5915	15318.96	983.42	27.26		
10	2023/6/1	1995	5313	14873.49	983.59	10.24		
11	2023/6/16	1981	6846	18517.509	950.19	0		
12	2023/6/13	1953	5103	10220.7	870.96	7.03		
13	2023/6/18	1946	5761	11262.951	985.86	9.89		
14	2023/6/3	1939	5089	5944.89	809.11	11.34		

图 2-2　在 Excel 中计算下四分位数

	A	B	C	D	E	F	G	H
1	统计日期	访客数	商品浏览量	支付金额	直通车消耗	淘客佣金	访客数上四分位数	
2	2023/6/12	2317	7007	19623	1513.49	28.65	4431	
3	2023/6/26	2289	5313	6684.84	1182.14	73.2		
4	2023/6/25	2212	5628	14115.54	1081.25	11.83		
5	2023/6/10	2205	7252	6544.41	1568.92	0		
6	2023/6/11	2072	5250	7077.3	1439.79	28.83		
7	2023/6/17	2065	4991	14603.511	970.38	0		
8	2023/6/24	2051	5362	9281.4	886.67	0		
9	2023/6/15	2037	5915	15318.96	983.42	27.26		
10	2023/6/1	1995	5313	14873.49	983.59	10.24		
11	2023/6/16	1981	6846	18517.509	950.19	0		
12	2023/6/13	1953	5103	10220.7	870.96	7.03		
13	2023/6/18	1946	5761	11262.951	985.86	9.89		

图 2-3　在 Excel 中计算上四分位数

四、众数

众数（Mode）是指一组数据中出现次数最多的变量值，它能明确反映数据分布的集中趋势，通常用 M_0 表示。众数是一种位置平均数，不受极端变量值的影响。但并非所有变量值集合都有众数，有时也可能存在多个众数。

【例 2-7】以“2023 年数据分析技术表 .csv”为数据，计算 2023 年 6—11 月访客数的众数。

解：在 Excel 中，我们可以使用“MODE（B2:B184)”函数公式，得出众数为 1953，如图 2-4 所示。

G2 =MODE(B2:B184)

	A	B	C	D	E	F	G	H
1	统计日期	访客数	商品浏览量	支付金额	直通车消耗	淘客佣金	访客数众数	
2	2023/6/12	2317	7007	19623	1513.49	28.65	1953	
3	2023/6/26	2289	5313	6684.84	1182.14	73.2		
4	2023/6/25	2212	5628	14115.54	1081.25	11.83		
5	2023/6/10	2205	7252	6544.41	1568.92	0		
6	2023/6/11	2072	5250	7077.3	1439.79	28.83		
7	2023/6/17	2065	4991	14603.511	970.38	0		
8	2023/6/24	2051	5362	9281.4	886.67	0		
9	2023/6/15	2037	5915	15318.96	983.42	27.26		
10	2023/6/1	1995	5313	14873.49	983.59	10.24		
11	2023/6/16	1981	6846	18517.509	950.19	0		
12	2023/6/13	1953	5103	10220.7	870.96	7.03		
13	2023/6/18	1946	5761	11262.951	985.86	9.89		
14	2023/6/3	1939	5089	5944.89	809.11	11.34		

图 2-4 在 Excel 中计算众数

五、极差

极差（Range）又称全距，是指一组数据中的最大值与最小值之差，通常记为 R。极差的计算公式为：

$$R = \max(x_i) - \min(x_i)$$

式中，$\max(x_i)$ 和 $\min(x_i)$ 分别为数据中的最大值和最小值。显然，一组数据的差异越大，其极差也越大，它是数据离散或差异程度的最简单测度值。

【例 2-8】以“2023 年数据分析技术表 .csv”为数据，计算 2023 年 6—11 月访客数的极差。

解：在 Excel 中，我们可以使用“MAX（B2:B184）-MIN（B2:B184)”函数公式，得出极差为 7662，如图 2-5 所示。

G2 =MAX(B2:B184)-MIN(B2:B184)

	A	B	C	D	E	F	G	H
1	统计日期	访客数	商品浏览量	支付金额	直通车消耗	淘客佣金	访客平均数	
2	2023/6/12	2317	7007	19623	1513.49	28.65	7662	
3	2023/6/26	2289	5313	6684.84	1182.14	73.2		
4	2023/6/25	2212	5628	14115.54	1081.25	11.83		
5	2023/6/10	2205	7252	6544.41	1568.92	0		
6	2023/6/11	2072	5250	7077.3	1439.79	28.83		
7	2023/6/17	2065	4991	14603.511	970.38	0		
8	2023/6/24	2051	5362	9281.4	886.67	0		
9	2023/6/15	2037	5915	15318.96	983.42	27.26		
10	2023/6/1	1995	5313	14873.49	983.59	10.24		
11	2023/6/16	1981	6846	18517.509	950.19	0		
12	2023/6/13	1953	5103	10220.7	870.96	7.03		

图 2-5 在 Excel 中计算极差

六、四分位差

四分位差（Quartile Deviation）又称中点分布，是一组数据中 75% 位置上的四分位数和 25% 位置上的四分位数的差，即上四分位数和下四分位数的差，记为 Q_d 四分位差的计算公式为：

$$Q_d = Q_u - Q_l$$

四分位差反映了中间 50% 数据的离散程度，其数值越小，说明中间的数据越集中；数值越大，说明中间的数值越分散。

【例 2-9】以"2023 年数据分析技术表 .csv"为数据，计算 2023 年 6—11 月访客数的四分位差。

解：在【例 2-6】Excel 分析中，我们已经使用"QUARTILE"函数，得出下四分位数为 1988，上四分位数为 4431，所以四分位差为 4431-1988=2443。

七、方差和标准差

n 个测量值 $x_1, x_2, \dots, x_n$ 的样本方差的计算公式为：

$$s^2 = \frac{\sum_{i=1}^{n}(x_i - \bar{x})^2}{n-1}$$

对一个有 n 个测量值的有限总体，总体方差的计算公式为：

$$\sigma^2 = \frac{\sum_{i=1}^{n}(x_i - \mu)^2}{N}$$

n 个测量值的样本标准差等于方差的平方根计算公式为：

$$s = \sqrt{s^2} = \sqrt{\frac{\sum_{i=1}^{n}(x_i - \bar{x})^2}{n-1}}$$

总体标准差的计算公式为：

$$\sigma = \sqrt{\sigma^2} = \sqrt{\frac{\sum_{i=1}^{n}(x_i - \mu)^2}{N}}$$

【例 2-10】以"2023 年数据分析技术表 .csv"为数据，计算 2023 年 6—11 月访客数的方差和标准差。

解：在 Excel 中，我们可以使用"VAR（B2:B184）"与"STDEV（B2:B184）"函数公式，得出方差为 2824621.963，标准差为 1680.661，如图 2-6 和图 2-7 所示。

G2　=VAR(B2:B184)

	A	B	C	D	E	F	G	H
1	统计日期	访客数	商品浏览量	支付金额	直通车消耗	淘客佣金	访客数方差	
2	2023/6/12	2317	7007	19623	1513.49	28.65	2824621.963	
3	2023/6/26	2289	5313	6684.84	1182.14	73.2		
4	2023/6/25	2212	5628	14115.54	1081.25	11.83		
5	2023/6/10	2205	7252	6544.41	1568.92	0		
6	2023/6/11	2072	5250	7077.3	1439.79	28.83		
7	2023/6/17	2065	4991	14603.511	970.38	0		
8	2023/6/24	2051	5362	9281.4	886.67	0		
9	2023/6/15	2037	5915	15318.96	983.42	27.26		
10	2023/6/1	1995	5313	14873.49	983.59	10.24		
11	2023/6/16	1981	6846	18517.509	950.19	0		
12	2023/6/13	1953	5103	10220.7	870.96	7.03		

图 2-6　在 Excel 中计算方差

G2　=STDEV(B2:B184)

	A	B	C	D	E	F	G	H
1	统计日期	访客数	商品浏览量	支付金额	直通车消耗	淘客佣金	访客数标准差	
2	2023/6/12	2317	7007	19623	1513.49	28.65	1680.661	
3	2023/6/26	2289	5313	6684.84	1182.14	73.2		
4	2023/6/25	2212	5628	14115.54	1081.25	11.83		
5	2023/6/10	2205	7252	6544.41	1568.92	0		
6	2023/6/11	2072	5250	7077.3	1439.79	28.83		
7	2023/6/17	2065	4991	14603.511	970.38	0		
8	2023/6/24	2051	5362	9281.4	886.67	0		
9	2023/6/15	2037	5915	15318.96	983.42	27.26		
10	2023/6/1	1995	5313	14873.49	983.59	10.24		
11	2023/6/16	1981	6846	18517.509	950.19	0		

图 2-7　在 Excel 中计算标准差

八、离散系数和异众比率

（一）离散系数

当需要比较不同总体的离散程度时，因使用的度量单位不同（如体重和身高），或它们的数量级相差很大（如大象和蜜蜂），用绝对值表示的标准差缺乏可比性。因此，在对比分析中，不宜直接使用标准差来比较不同水平数列之间的离散程度，必须用反映变异程度的指标来比较，即离散系数。

离散系数（Coefficient of Variation）又称变异系数或标准差系数，通常表示为 V_σ。离散系数的计算公式为：

$$V_\sigma = \frac{\sigma}{\bar{x}} \times 100\%$$

式中，σ 为标准差，$\bar{x}$ 为算术平均数。

【例 2-11】以“2023 年数据分析技术表 .csv”为数据，计算 2023 年 6—11 月访客数的离散系数。

解：在 Excel 中，我们可以使用“STDEV（B2:B184）/AVERAGE（B2:B184）”函数公式，得出离散系数为 0.494，如图 2-8 所示。

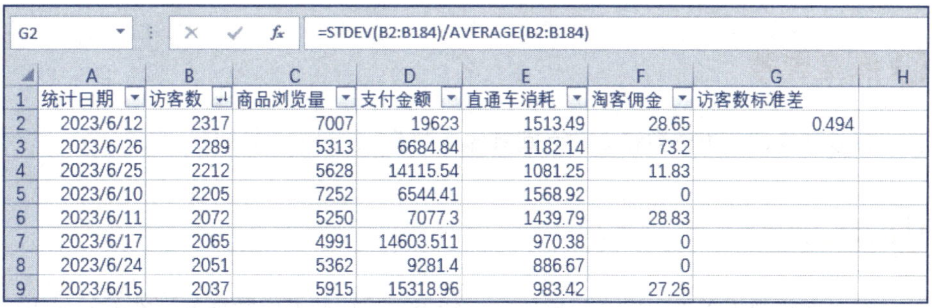

G2　=STDEV(B2:B184)/AVERAGE(B2:B184)

	A	B	C	D	E	F	G	H
1	统计日期	访客数	商品浏览量	支付金额	直通车消耗	淘客佣金	访客数标准差	
2	2023/6/12	2317	7007	19623	1513.49	28.65	0.494	
3	2023/6/26	2289	5313	6684.84	1182.14	73.2		
4	2023/6/25	2212	5628	14115.54	1081.25	11.83		
5	2023/6/10	2205	7252	6544.41	1568.92	0		
6	2023/6/11	2072	5250	7077.3	1439.79	28.83		
7	2023/6/17	2065	4991	14603.511	970.38	0		
8	2023/6/24	2051	5362	9281.4	886.67	0		
9	2023/6/15	2037	5915	15318.96	983.42	27.26		

图 2–8　在 Excel 中计算离散系数

（二）异众比率

以上的变异指标均只适用于定量数据，对于定性数据，可以用异众比率（Variation Ratio）来衡量数据的离散程度并判断众数的代表性强弱。异众比率是指非众数值的次数之和在总次数中所占的比重。若用 V_{mo} 表示异众比率，f_m 和 f_i 分别表示众数所在组的次数和总次数，则异众比率的计算公式为：

$$V_{mo}=\frac{\sum f_i-f_m}{\sum f_i}=1-\frac{f_m}{\sum f_i}$$

九、偏度

偏度（Skewness）是对数据对称性的测度，测度偏度的统计量是偏度系数，计算公式为：

$$\mathrm{SKew}=\frac{n\sum(x_i-\bar{x})^3}{(n-1)(n-2)s^3}$$

其中，s^3 是样本标准差的三次方。

如果数据是对称分布的，则偏度系数为 0；如果偏度系数明显不等于 0，则数据是非对称分布的；如果偏度系数大于 1 或者小于 −1，则称为高度偏态分布。

十、峰度

峰度（Kurtosis）是对数据分布平峰或尖峰程度的测度，测度峰度的统计量是峰度系数，计算公式为：

$$\mathrm{Kurt}=\frac{n(n+1)\sum(x_i-\bar{x})^4-3\left[\sum(x_i-\bar{x})^2\right]^2}{(n-1)(n-2)(n-3)s^4}$$

峰度通常是与标准正态分布相比较的。

课堂思考

算术平均数、中位数和众数之间有什么关系?

课堂讨论

在对两组数据差异程度进行比较时，能否直接比较两组数据的标准差?一组数据的分布特征可以从哪几个方面进行测度?

工匠精神

精确性：在计算各类统计指标时，应非常注重数据收集、处理和计算过程的精确性，确保结果的真实性和可靠性。

适合性：随着研究方向的改变，应选择适合的统计指标计算，对公式的适应性、样本的时效性和统计方法的现代化进行评估和优化。

创新性：在保留传统统计方法优势的基础上，通过综合指数构建统计指标体系，可以更精准地满足复杂研究场景的分析需求。

任务二 数据分析常用统计学模型

任务描述

相关分析与回归分析发展至今已有 200 多年的历史，应用范围十分广泛，尤其在经济领域中发挥着重要应用。现代经济学体系中，计量经济学作为一门影响深远的独立学科，其地位举足轻重——诺贝尔经济学奖获得者萨缪尔森曾评价："第二次世界大战后的经济学是计量经济学的时代。"本任务将从计量经济学的角度介绍数据分析中常用的统计模型，为学生后期从事经济管理相关工作夯实基础。

任务目标

1. 熟悉常用的数据分析统计学模型。
2. 掌握数据的相关分析、回归分析、聚类分析、时间序列分析和主成分分析。

知识准备

具备数值平均数、方差、标准差等相关统计专业知识。

一、相关分析

（一）相关关系的类型

现象之间的相关关系错综复杂，从不同的角度可以分为不同类型。

1. 按照相关关系涉及变量的多少分为单相关、复相关和偏相关

（1）单相关，又称一元相关，是指两个变量之间的相关关系。

（2）复相关，又称多元相关，是指三个或三个以上变量之间的相关关系。

（3）偏相关，是指在一个变量与两个或两个以上的变量相关的条件下，假定其他变量不变时，其中两个变量的相关关系。

2. 按照相关形式分为线性相关和非线性相关

（1）线性相关，又称直线相关，是指当一个变量变动时，另一个变量随之发生大致均等的变动。从图形上看，其观察点的分布近似表现为一条直线。

（2）非线性相关，是指一个变量变动时，另一个变量也随之发生变动，但这种变动不是均等的。从图形上看，其观察点的分布近似表现为一条曲线。

3. 按照相关现象变化的方向分为正相关和负相关

（1）正相关，是指当一个变量的值增加（减少）时，另一个变量的值也随之增加（减少），即两个变量发生同方向的变化。

（2）负相关，是指当一个变量的值增加（减少）时，另一个变量的值反而减少（增加），即两个变量发生反方向的变化。

4. 按照相关程度分为完全相关、不相关、不完全相关

（1）完全相关，是指一个变量的取值完全由另一个变量的取值唯一确定。

（2）不相关，又称零相关，是指变量之间彼此互不影响，其数量变化各自独立。

（3）不完全相关，是指两个变量的关系介于完全相关和不相关之间。

（二）相关关系的测定

要判断现象之间有无相关关系，首先进行定性分析，然后进行定量分析。

1. 定性分析

定性分析是依据研究者的理论知识、专业知识和实践经验，对客观现象之间是否存在相关关系，以及有何种相关关系做出判断。只有在定性分析的基础上，才能进一步从数量上判断现象之间相关的方向、形态及大致的密切程度。定性分析是相关分析的重要前提。

2. 定量分析

统计学家卡尔·皮尔逊提出了相关系数（Correlation Coefficient）这一统计量。相关系数是反映变量之间密切程度的统计量，依据相关现象之间的不同特征，其统计量的名称有所不同。例如，将反映两变量间线性相关关系的统计量称为相关系数；将反映两变量间曲线相关关系的统计量称为非线性相关系数；将反映多元线性相关关系的统计量称为复相关系数。本书只介绍两变量间线性相关关系的相关系数。

若相关系数是根据总体全部数据计算的，称为总体相关系数，记为ρ；若是根据样本数据计算的，则称为样本相关系数，记为γ。样本相关系数的计算公式为：

$$\gamma=\frac{\sum(x-\bar{x})(y-\bar{y})}{\sqrt{\sum(x-\bar{x})^2\sum(y-\bar{y})^2}}$$

为了根据原始数据计算γ，可由上述公式推导出下面的简捷计算公式：

$$\gamma=\frac{n\sum xy-\sum x\sum y}{\sqrt{n\sum x^2-\left(\sum x\right)^2}\sqrt{n\sum y^2-\left(\sum y\right)^2}}$$

（三）相关关系的显著性检验

总体相关系数 ρ 通常是未知的，一般用样本相关系数 γ 作为 ρ 的近似估计值。γ 是由样本数据计算出来的，受到随机因素的影响，γ 本身是一个随机变量。我们能否根据样本相关系数直接说明总体的相关程度？答案是否定的，还需要考察样本相关系数的可靠性，也就是进行显著性检验。通常采用费希尔提出的 t 分布检验来对 γ 进行显著性验，该检验既可以用于小样本，也可以用于大样本。检验的具体步骤如下所述。

第一步：提出原假设和备择假设，即

$$H_0: \rho = 0$$
$$H_1: \rho \neq 0$$

第二步：计算检验的统计量 t 的值，得

$$t = |r|\sqrt{\frac{n-2}{1-r^2}} \sim t(n-2)$$

第三步：做出决策。根据给定的显著性水平 α 和自由度 $d_f = n-2$，查 t 分布表（或通过 Excel 中的 TINV 函数）可得临界值 $t_{\alpha/2}(n-2)$。若 $|t| > t_{\alpha/2}(n-2)$，则拒绝原假设 H_0，说明总体的两个变量之间有显著的线性关系；若采用 p 值检验，则当 $p < \alpha$ 时，则拒绝原假设 H_0，说明总体的两个变量之间有显著的线性关系。

二、回归分析

与相关分析不同，进行回归分析时，首先需要确定自变量和因变量。在回归分析中，被预测或被解释的变量，称为因变量（Dependent Variable），用 y 表示；用来预测或解释因变量的一个或多个变量，称为自变量（Independent Variable），用 x 表示。若回归分析只涉及一个自变量，称为一元回归，因变量 y 与自变量 x 之间为线性关系时称为一元线性回归（Simple Linear Regression）。在回归分析中，假定自变量 x 是可以控制的，而因变量 y 是随机的。

对于具有线性关系的两个变量，可以用一个线性方程来描述它们之间的关系。描述因变量 y 如何依赖自变量 x 和误差项 ε 的方程，称为回归模型（Regression Mode）。只涉及一个自变量的一元线性回归模型可表示为：

$$y = \beta_0 + \beta_1 x + \varepsilon$$

在一元线性回归模型中，y 是 x 的线性函数（$\beta_0 + \beta_1 x$ 部分）加上误差项 ε。$\beta_0 + \beta_1 x$ 反应了由于 x 的变化而引起的 y 的线性变化。ε 被称为误差项的随机量，反映了除 x 和 y 之间的线性关系之外的随机因素对 y 的影响，是不能由 x 和 y 之间的线性关系所解释的变异性。式中的 β_0 和 β_1 为模型的两个待定参数。

式$y=\beta_0+\beta_1x+\varepsilon$称为理论回归模型，这一模型是建立在以下几个主要假定基础之上的。

（1）两个变量之间具有线性关系。

（2）在重置抽样过程中，自变量x的取值固定，即假定x不是随机变量。基于此，对于任何一个给定的x值，y的取值都对应一个分布。因此，$E(y)=\beta_0+\beta_1x$代表一条直线。因为实际的数据点是从y的分布中随机抽取出来的，即可能不在这条直线上，所以需要通过误差项ε描述模型中的数据点。

（3）误差项ε是一个随机变量，它的数学期望为0，即$E(\varepsilon)=0$。这意味着在$y=\beta_0+\beta_1x+\varepsilon$中，由于$\beta_0$和$\beta_1$都是常数，所以有$E(\beta_0)=\beta_0$，$E(\beta_1)=\beta_1$。因此对于一个给定的$x$值，$y$的期望值为$E(y)=\beta_0+\beta_1x$。这一假定实际上是假定模型的形式为一条直线。

（4）对于所有的x值，ε的方差σ^2都相同。也就是说，对于一个特定的x值，y的方差也都等于σ^2。

（5）误差项ε是随机变量，服从正态分布且独立，即$\varepsilon\sim N(0,\sigma^2)$。独立性要求对于一个特定的$x$值，它所对应的$\varepsilon$与其他$x$值对应的$\varepsilon$不相关。因此，对于一个特定的$x$值，它所对应的$y$值与其他$x$值对应的$y$值也不相关。

上述（3）（4）（5）关于误差项ε的假定，分别称为随机误差项的正态性、方差齐性和独立性。

根据上述假定，ε的数学期望为0。因此，y的数学期望$E(y)=\beta_0+\beta_1x$，即y的期望值是x的线性函数。描述因变量y的期望值如何依赖于自变量x的方程，称为回归方程。一元线性回归方程的图示为一条直线，故也称为直线回归方程，方程式为：

$$E(y)=\beta_0+\beta_1x$$

式中：β_0是回归直线在y轴上的截距，是当x=0时y的期望值，反映x=0时其他各因素对因变量y的平均影响；β_1是直线的斜率（回归系数），表示x每变动一个单位时，y的平均变动量。

由于总体回归参数β_0和β_1未知，我们只需要通过样本数据估计，即用样本统计量$\widehat{\beta_0}$和$\widehat{\beta_1}$替代β_0和β_1，得到的方程称为估计的回归方程。

对于一元线性回归，估计的回归方程式为：

$$\hat{y}=\widehat{\beta_0}+\widehat{\beta_1}x$$

式中：$\widehat{\beta_0}$是估计的回归直线在y轴上的截距，$\widehat{\beta_1}$是直线的斜率。对于给定的x值，$\hat{y}$是y的估计值。$\widehat{\beta_1}$表示x每变动一个单位时，y的平均变动量。

三、聚类分析

（一）聚类分析的概念

聚类分析是一种建立分类的多元统计分析方法，其目的是将研究对象按照相似性程度划分成若干类。在应用中，它可以在没有先验知识的条件下实现自动分类，分类过程完全根据数据自身的特征完成。分类结束后，会形成“相似对象聚集在同一类别、不相似对象分散在不同类别”的结果。

（二）聚类分析的基本原理

在聚类分析中，相似性极为重要，它是整个聚类分析的基础。如果没有相似性的定义，样本之间的差异就无法比较，分类也就无从谈起。这里将介绍两种刻画相似性的指标——距离和相似系数。前者用于度量样本之间的相似性，后者则常用于衡量变量之间的相似性。

1. 距离

为便于说明，假设我们有一组包含 n 个样本的抽样数据，每个样本包含 p 个变量，将得到的数据以表的形式展示，如表 2-3 所示。

表 2-3　样本数据表

样本	变量			
	X_1	X_2	…	X_p
1	x_{11}	x_{12}	…	x_{1n}
2	x_{21}	x_{22}	…	x_{2p}
…	…	…	…	…
n	x_{n1}	x_{n2}	…	x_{np}

在表 2-1 中，行表示样本的数量，列表示变量的数目。x_{ij} 表示第 i 个样本、第 j 个变量的取值。

为了定义样本之间的距离，可将每个样本的数据看成 p 维空间的一个点，两个样本就是两个点，它们之间的距离可通过特定规则定义。距离越大，表明两个样本的差异越显著（关系越疏远），聚类时更可能被划分为不同类别；距离越小，则表明两个样本的相似度越高，聚类时更可能被划分为同一类别。

2. 相似系数

聚类分析方法不仅可以对样本进行聚类，还可以对变量进行聚类。对变量进行聚类时，通常不采用距离度量，而是用相似系数衡量。一般来说，相似系数的绝对值越大，变量之间的相似性就越大，聚类时倾向于将之划分为一类；反之，相似系数的绝对值越小，变量之间的相似性就越小，聚类时倾向于将之划分为不同类别。

定义的相似系数（记为 c_{ij}）通常应满足两个条件：一是 $-1 \leqslant c_{ij} \leqslant 1$，即相似系数的取值范围为 $[-1,1]$；二是对称性，即 $c_{ij} = c_{ji}$。

运用不同的相似性定义方法，得到的结果会有所差异。常用的相似性度量指标主要有以下两种：

（1）夹角余弦（Cosine），其数学表达式为：

$$\text{Cosine}(X_i, X_j) = \frac{\sum_{k=1}^{n} x_{ki} x_{kj}}{\sqrt{\sum_{k=1}^{n} x^2{}_{ki} \sum_{k=1}^{n} x^2{}_{kj}}}$$

夹角余弦是由两个变量的观测值构成的两个向量之间夹角的余弦值。

（2）相关系数（Correlation Coefficient），其数学表达式为：

$$\text{Corr}(X_i, X_j) = \frac{\sum_{k=1}^{n} (x_{ki} - \overline{x_i})(x_{kj} - \overline{x_j})}{\sqrt{\sum_{k=1}^{n} (x_{ki} - \overline{x_i})^2 \sum_{k=1}^{n} (x_{ki} - \overline{x_j})^2}}$$

相关系数衡量的是两个变量观测值之间的线性相关程度。

一般来说，对同一数据采用不同的相似性度量指标，会得到不同的聚类结果。因此，进行聚类分析时，需根据具体情况选择合适的相似性度量指标。SPSS 提供了丰富的相似性度量指标，实践中可尝试使用多种相似性测度指标分别聚类，再根据结果确定最优方式。

3. K-Means 聚类

常见的聚类分析方法包括层次聚类和 K-Means 聚类。层次聚类是聚类分析中方法体系最丰富、理论最完整的方法之一，其优势在于聚类效果较好，且能清晰呈现聚类过程；但它存在显著缺陷——计算复杂度高、速度较慢，因此不适合处理大型数据集。为弥补这一缺陷，动态聚类方法应运而生。SPSS 提供的动态聚类方法主要是 K-Means 聚类。K-Means 聚类方法的操作步骤如下：

（1）指定聚类数目，并指定每类的聚核。

在 K-Means 均值聚类中，需预先指定聚类数目，并为每个类别设定聚核。这是聚类的基础步骤，没有聚类数目就无法指定聚核，没有聚核就无法聚类。在 SPSS 中，一旦指定聚类数目，既可以手动指定聚核，也可以让 SPSS 根据数据生成聚核。

（2）计算样本到聚核的距离并进行分类。

指定聚核以后，需计算样本到聚核的距离。根据距离对样本进行分类，将样本分到距离最近的聚核所在的分类中，对每一个样本都如此处理后，初次分类结束。

（3）重新计算聚核。

K-Means 聚类中最关键的一步是重新计算聚核，由于初次指定的聚核不一定是合理的，经过分类以后，通过计算类均值作为新的聚核。聚核的变化体现了类中样本的变化，无论类中样本增加还是减少，类均值都会发生变化。类中样本发生变化，说明现有分类不合理；只有类中样本不再变化，说明类中样本固定，分类才合理。

（4）判断聚类是否已满足终止条件。

K-Means 聚类分析终止的条件包含两个方面：一是迭代次数。当实际迭代次数等于指定的迭代次数（SPSS 默认值为 10）时终止聚类。二是聚核偏移程度。新确定的聚核距上个聚核的最大偏移量小于指定的量（SPSS 默认值为 0.02）时终止聚类。适当增加迭代次数或合理调整聚核偏移量的判定标准，能够有效克服初始聚核指定时有可能存在的偏差，提高聚类分析的准确性。

四、时间序列分析

（一）时间序列的预测程序

一个时间序列可能只包含一种成分，也可能同时包含几种成分。由于含有不同成分的时间序列适用的预测方法不同，因此对时间序列进行预测时，通常包括以下四个步骤：

（1）确定时间序列所包含的成分，即明确时间序列的类型。

（2）筛选适合此类时间序列的预测方法。

（3）对可能的预测方法进行评估，确定最佳预测方案。

（4）利用最佳预测方案进行预测。

（二）平稳序列的预测

1. 移动平均法

通过对时间序列逐期递移求得平均数作为预测值的方法，称为移动平均法（Moving Average）。其核心是将最近的 k 期数据加以平均，作为下一期的预测值。设移动间隔为 k（$1<k<t$），则 t 期的移动平均值为：

$$\bar{Y}=\frac{Y_{t-k+1}+Y_{t-k+2}+\ldots+Y_{t-1}+Y_t}{k}$$

该公式是对时间序列的平滑处理结果，通过平滑值可描述时间序列的变化形态或趋势，也可用于短期预测。

对于 $t+1$ 期的简单移动平均预测值为：

$$F_{t+1}=\bar{Y}=\frac{Y_{t-k+1}+Y_{t-k+2}+\ldots+Y_{t-1}+Y_t}{k}$$

移动平均法仅使用最近 k 期的数据，每次计算移动平均值时，移动间隔均为 k。该方法主要适用于对平稳的时间序列进行短期预测。应用中，关键是确定合理的移动间隔 k。对于同一时间序列，不同移动间隔的预测准确性不同，可通过试验选择使均方误差最小的移动间隔 k。

2. 简单指数平滑法

一次指数平滑法又称简单指数平滑（Single Exponential Smoothing），因为它只包含一个平滑系数。根据指数平滑法的基本思想，简单指数平滑的计算公式为：

$$F_{t+1} = F_t + \alpha(Y_t - F_t) \qquad (t = 1, 2, \ldots, n)$$

式中：F_{t+1} 为 t+1 期的预测值；F_t 为 t 期的预测值；Y_t 为 t 期的实际观测值；α 为平滑系数（0< α <1）。

可见，各期指数平滑值均是在上一期平滑值基础上递推得到的，具有递推性质。上式可变形为：

$$F_{t+1} = \alpha Y_t + (1-\alpha)\, F_t \qquad (t = 1, 2, \ldots, n)$$

展开后可得

$$F_{t+1} = \alpha \sum_{j=0}^{t-1} (1-\alpha)^j Y_{t-j} + (1-\alpha)^t F_0$$

式中：F_0 为初始值，当 t 较大（即时间序列项数较多）时，初始值 F_0 的系数较小，对平滑值的影响可忽略不计，故可设定 $F_0 = Y_1$，此时展开式可简化为：

$$F_{t+1} = \alpha \sum_{j=0}^{t-1} (1-\alpha)^j Y_{t-j}$$

五、主成分分析

（一）主成分分析概述

在实际研究中，经常遇到多指标或多因素（多变量）的测定或调查问题。例如，猪的体型性状包含体重、体长、体高、胸围、腹围等十多个指标，影响小麦产量的因素有抽穗期、株高、单株穗数、主穗长、主穗粒数等指标。这些指标或因素之间往往存在一定相关性，为了能够厘清这些错综复杂的关系，可采用多元统计方法处理数据，以便简化数据结构。

主成分分析正是研究如何用少数几个综合指标（或因素）替代众多指标（或因素）的方法。这些综合后的新指标称为主成分（或主分量），它们既彼此不相关，又能综合反映原来多个指标的大部分信息。本质上，主成分是原来多个指标的线性组合，体现了“降维”的思想。自 Hotelling 于 1933 年首次提出该方法后，主成分分析已在社会科学、医学、农业等多个领域得到广泛研究与应用。

（二）主成分分析的基本步骤

（1）计算相关系数（r_{ij}）及相关矩阵（$\boldsymbol{R}$）；

（2）应用 Jacobi 法，根据相关矩阵（$\boldsymbol{R}$）求解特征矩阵，得到 m 个特征值 $\lambda_i (i = 1, 2, \ldots, m)$ 及对应的特征向量 $\boldsymbol{l}_i (i = 1, 2, \ldots, m)$。

（3）计算第 k 个主成分 z_k 的贡献率 $\dfrac{\lambda_k}{\sum_{i=1}^{m}\lambda_i}$ 及前 p 个主成分的累计贡献率 $\dfrac{\sum_{i=1}^{p}\lambda_i}{\sum_{i=1}^{m}\lambda_i}$；

（4）若前 p 个主成分 $z_1, z_2, \ldots, z_p (p < m)$ 的累计贡献率达到 85% 以上，则表明前 p 个主成分已能反映原有变量的绝大部分信息。

课堂思考

数据分析中常用的统计学模型是什么？

课堂讨论

进行相关分析的意义是什么？

工匠精神

认真对待数据准备工作：在统计分析之前，需对数据进行严谨的清洗和预处理，确保用于统计检验的数据准确、完整、无误。这如同工匠动工前精心筛选优质材料——材料的品质直接决定成品的质量。

选择合适的统计方法：根据数据特性和研究目的，选择最恰当的统计检验方法。这就像工匠根据作业要求挑选适配的工具：不同的材质需要用不同工具加工，不同的数据与研究问题也需要用不同的统计方法处理。

精确执行统计检验：严格遵循统计检验方法的操作步骤和适用条件，确保每一步操作都准确无误，最大限度降低人为误差。

任务三　数据分析常用管理学模型

任务描述

对于经济管理类相关专业而言，管理学是学科知识体系的基础。本任务将介绍数据分析中常用的管理学模型，使学生掌握定性分析的核心逻辑与实践应用。

任务目标

1. 熟悉常用的数据分析管理学模型。
2. 熟练掌握 SWOT 分析模型的分析步骤。

知识准备

具备管理学的相关基础知识。

大数据分析已经成为现代企业管理的一个重要组成部分，其核心是从海量、高速、多样化的数据中提取有价值的信息。在大数据分析中，管理学模型作为描述和分析组织管理问题的工具，可以帮助企业从海量的数据中识别模式和洞察趋势，进而支撑明智的决策。以下是几个在数据分析中常用的管理学模型。

一、SWOT 分析模型

SWOT（Strengths、Weaknesses、Opportunities、Threats）分析是一种用于评估组织内部和外部环境的管理工具。在大数据分析中，SWOT 分析模型可以帮助企业识别内外部因素对业务的影响。通过对海量数据的深度挖掘，企业可以精准梳理自身的优势与劣势，同时全面洞察外部市场的机会与威胁。基于这些分析结果，企业可以清晰认知自身的竞争优势，进而制定有针对性的业务战略。

（一）产生与发展

SWOT 分析模型即强弱机危综合分析法，又称态势分析法、道斯矩阵。

1965 年，伦德（Learned）就提出过 SWOT 分析中涉及的内部优势与劣势、外部机会与威胁这些变化因素，但只是孤立地对它们加以分析。

肯尼思·安德鲁斯（Kenneth R. Andrews）在 1971 年发表的经典著作《公司战

略概念》中，首次提出了一个战略分析框架。他在书中将战略定义为公司“可以做的（Might do）”与“能做的（Can do）”之间的匹配。“可以做的”指环境提供的机会与威胁；“能做的”指公司自身的强项与弱项。这就是著名的 SWOT 分析的雏形。

美国旧金山大学国际管理和行为科学教授海因茨・韦里克（Heinz Weihrich）在 20 世纪 80 年代初发展了 SWOT 分析法，提出了 TOWS 分析法。

SWOT 分析实际上是将与企业或个人内外部条件密切相关的各种主要优势、劣势、机会和威胁，通过调查列举出来，并依照矩阵形式排列，再运用系统分析的思想将各种因素相互匹配分析，进而得出一系列结论。这种方法有助于人们对组织所处情境进行全面、系统、准确的研究，有助于管理者和决策者制定更科学的发展战略、计划及相应对策。

从整体上看，SWOT 可分为两部分：第一部分为 SW（优势与劣势），主要用于分析内部条件；第二部分为 OT（机会与威胁），主要用于分析外部环境。

（二）分析内容

1. 优势与劣势分析

优势与劣势分析主要着眼于企业或个人自身的实力以及与竞争对手的对比。它们是企业或个人在发展过程中自身存在的积极和消极因素，属于可主动调整的内部因素。

从企业或个人竞争的角度来看，优势与劣势是企业或个人与其竞争者或潜在竞争者，在同一维度（例如某一技术、产品或服务）上的比较结果，企业或个人的优势往往对应着竞争对手的劣势，而竞争对手的优势往往对应着企业或个人的劣势，因此优势与劣势的对应关系呈现相对的“互为表里”。

优势是企业的内部因素，指企业超越其竞争对手的能力，或指企业特有的、能增强自身竞争力的资源与特质。竞争优势可能是以下几个方面：

（1）技术技能优势：独特的生产技术，低成本生产方法，领先的革新能力，雄厚的技术实力，完善的质量控制体系，丰富的营销经验，上乘的客户服务，卓越的大规模采购技能。

（2）有形资产优势：先进的生产流水线，现代化车间和设备，丰富的自然资源储存，吸引人的不动产地点，充足的资金，完备的资料信息。

（3）无形资产优势：优秀的品牌形象，良好的商业信用，积极进取的公司文化。

（4）人力资源优势：关键领域的专业人才，积极上进的职员，很强的组织学习能力，丰富的经验。

（5）组织体系优势：高质量的控制体系，完善的信息管理系统，忠诚的客户群，强大的融资能力。

（6）竞争能力优势：高效的产品迭代能力，强大的经销商网络，与供应商良好的伙伴关系，对市场环境变化的灵敏反应，市场份额的领导地位。

劣势也是企业的内部因素，指企业在资源、能力、体系等方面的短板，或指某种会使企业处于劣势的条件。可能构成内部劣势的因素有：

（1）缺乏有竞争力的技能技术。

（2）缺乏有竞争力的有形资产、无形资产、人力资源、组织资产。

（3）关键领域里的竞争力正在丧失。

2. 机会与威胁分析

在 SWOT 分析法中，机会与威胁指的是外部因素，是外部环境对企业的发展直接产生影响的有利与不利因素，具有客观性。一方的机会就是另一方的威胁，机会和威胁分析的核心是聚焦外部环境变化及对企业的潜在影响。

机会是企业的外部因素，也是影响企业战略的重大因素。企业管理者应当确认每一个机会，评价每一个机会的成长和利润前景，选取那些与自身财务、组织资源相匹配，与企业战略方向一致且能最大限度激发竞争潜力的机会。潜在的发展机会可能来自以下几个方面：

（1）客户群的扩大趋势或产品细分市场出现蓝海。

（2）技能技术向新产品新业务转移，为更大客户群服务。

（3）前向或后向整合。

（4）市场准入壁垒降低。

（5）获得购并竞争对手的能力。

（6）市场需求增长强劲，可快速扩张。

（7）出现向其他地理区域扩张、扩大市场份额的机会。

威胁也是企业的外部因素，指外部环境中可能削弱企业盈利能力、侵蚀企业市场地位的因素。企业管理者应当及时确认影响企业未来利益的威胁，做出评价并采取相应的战略行动以抵消或减轻产生的影响。企业的外部威胁可能来自以下几个方面：

（1）强大的新竞争对手。

（2）替代品抢占企业销售额。

（3）主要产品市场增长率下降。

（4）汇率和外贸政策的不利变动。

（5）人口与社会消费方式的不利变动。

（6）客户或供应商的谈判能力提高。

（7）市场需求减少。

（8）容易受到经济萧条和业务周期的冲击。

在由环境变化产生的机会与威胁面前，企业首先必须把握所面临的社会、政治、经济等一般环境。面对社会变化，关键是提升与社会环境的适配能力，精准捕捉商品选择标准背后的社会价值变迁、人口结构动态等核心因素。

（三）分析步骤

SWOT 分析常与企业战略规划流程相结合，其分析步骤如下：

步骤一：描述企业环境。

步骤二：确认影响企业的所有外部因素。

步骤三：预测与评估外部因素的未来变化。

步骤四：检视企业内部的优势与劣势。

步骤五：根据企业资源组合情况，确认企业的关键能力与核心限制。

步骤六：构建 SWOT 矩阵，拟定可行策略。

步骤七：在 SWOT 分析图上对企业状态进行定位。

步骤八：选择策略并制订行动计划。

（四）特征

SWOT 分析法与其他分析方法相比具有显著的结构化和系统性特征。

就结构化而言，SWOT 分析法不仅在表现形式上构造了结构矩阵，对矩阵的不同区域赋予了不同的分析意义，而且在内容上也强调从结构分析入手对企业外部环境和内部资源进行分析；在系统性方面，SWOT 分析法利用系统的思想将涉及企业内部的优势、劣势，外部机会、威胁这些似乎独立的因素互相匹配起来进行综合分析，使企业战略计划的制订更具科学性和合理性。

（五）主要优势与局限性

1. 主要优势

SWOT 作为企业战略规划中常用的方法，其主要优势在于能够系统、全面地分析影响企业战略的各种因素。制定战略时，企业决策者应系统全面地考虑到企业内部优势、劣势与外部机会、威胁这些变化因素。SWOT 用系统的思想将这些似乎独立的因素相互匹配而进行综合分析，从大方向上避免了遗漏上述某类信息或孤立地对它们加以分析所可能产生的错误，有利于对企业所处环境进行全面、系统和准确的分析。

SWOT 对战略决策需要的信息作了两个区分：一是内外区分，即将企业自身的信息与所处环境的信息进行区分；二是利害区分，即对有利于企业的内部优势、外部机会与有害于企业的内部劣势、外部威胁进行区分。这种区分大大明晰和简化了企业制定战略时需要掌握的信息及其来源。

SWOT 简单直观且内涵丰富。根据不同需要，企业决策者利用该法既可通过粗略分析明确大致的方向，也可通过深度调查研究进而得出翔实可靠的依据和明晰的结论。

2. 局限性

与很多其他的战略模型一样，SWOT 分析模型带有时代的局限性。以前的企业可能比较关注成本、质量，现在的企业可能更强调组织流程。SWOT 分析模型没有考虑到企业改变现状的主动性，企业是可以通过寻找新的资源创造企业需要的优势，从而达成过去无法实现的战略目标的。

由于 SWOT 分析模型是一种相对静态且以定性分析为主的方法，缺乏判别优势、劣势、机会和威胁的客观标准，该法的最终运用效果取决于分析决策者对企业及所处外部环境的认知程度。SWOT 分析模型特别适合在企业外部环境相对稳定的时期用于长期战略规划；而在企业外部环境动荡时期，使用 SWOT 分析模型制定的战略可能因规划期内存在许多现实与潜在的不确定性因素，导致初期战略在实施过程中需要进行一定范围的修正，甚至需要启动新一轮的战略规划。

（六）进行 SWOT 分析需要注意的问题

尽管企业成功和获得竞争优势的理论体系应该包含 SWOT 框架中的四个要素，但这一框架未提供识别这四个要素的指导方法，因而限制了实际应用。SWOT 分析仅仅是一个方向框架，如果没有其他的理论和模型辅助识别优势、劣势、机会和威胁，这一框架只不过是为企业战略制定与实施提供问题清单的工具而已。

从内容上看，SWOT 分析既应包括静态分析，也应包括动态分析，即既要分析研究对象与竞争对手现实的优劣势，也要探究双方优劣势的演变规律，以及各自面临的机会与威胁的发展趋势。通过这种动态分析，可预测现实优劣势在未来可能发生的变化，进而评估战略目标的合理性，并设计有针对性的战略措施。

在战略管理中，SWOT 分析不能孤立存在，而应该与对现状产生原因的分析，特别是实现未来战略目标或阶段目标需要满足的条件的分析相结合。

在 SWOT 分析中，优势、劣势与机会、威胁的地位是不同的，外部环境因素是通过改变竞争双方的优劣势对比从而为研究对象带来机会或构成威胁，这是 SWOT 分析的基本结构。

（七）进行 SWOT 分析时常见的错误

下列两个常见错误，是新手在进行 SWOT 分析时容易误犯的，有时可能严重误导分析结果。

1. 在整体目标尚未明确和达成共识前就进行 SWOT 分析

当企业或计划的整体目标尚未被确认时，SWOT 分析团队成员可能因对“分析方向”的理解不一致而各执己见，导致 SWOT 分析结果碎片化、缺乏聚焦，最终难以落地。这种问题的产生，并非仅因整体目标未被提出。有时可能目标已经提出，但未经过充分的团队沟通、分享与确认，因而造成误解。

2. 将 SWOT 分析等同于可行的策略

SWOT 分析仅是客观地呈现现状。多数人能在优势、劣势与威胁维度做到客观描述，但在机会这一象限，许多人误将策略写入，而非对机会本身的现象描述。可以试着将机会理解为理想情况的客观描述，这一认知有助于推出下一步的策略。

二、波特五力模型

（一）概念

波特五力模型是由哈佛大学教授迈克尔·波特（Michael Porter）提出，用于评估行业竞争力与吸引力的经典战略分析工具。该模型通过剖析影响行业竞争格局的五种核心力量，帮助企业洞察行业竞争的本质规律，进而制定有针对性的竞争战略。这五种力量具体包括：

（1）竞争对手的威胁：衡量同一行业内其他企业的竞争威胁程度。

（2）客户的议价能力：衡量客户对产品或服务的需求程度以及他们对价格的敏感程度。

（3）供应商的议价能力：衡量供应商对企业所需资源的控制程度以及他们对价格的影响力。

（4）替代品的威胁：衡量替代品或服务对企业产品或服务的替代程度。

（5）新进入者的威胁：衡量新企业或产品进入行业的难易程度。

波特五力模型的使用范围非常广泛，企业及个人都可以使用，主要用于市场分析、战略规划、投资决策、个人职业规划等领域。

（二）分析步骤

波特五力模型的分析步骤如下：

步骤一：竞争对手的威胁分析，主要包括市场份额分析与竞争者战略分析。其中，市场份额分析是指评估竞争对手的市场份额，了解行业中的主要竞争者；竞争者战略分析是指分析竞争对手的战略，包括定价策略、产品创新等，了解市场的竞争格局。

步骤二：客户的议价能力分析，包括市场调研与产品差异化。其中，市场调研的目的在于了解客户的需求和购买意愿，评估客户对价格的敏感度；产品差异化的目的在于提高客户对产品的忠诚度，减轻价格竞争带来的压力。

步骤三：供应商的议价能力分析，主要包括供应链分析与多元化供应商。其中，供应链分析是指分析供应链中各环节的供应商，评估他们对企业的供应和价格的控制程度；多元化供应商是指通过与多个供应商建立关系，减轻对单一供应商的依赖，提高议价能力。

步骤四：替代品的威胁分析，主要包括替代品分析与品牌建设。其中，替代品分析是指评估市场上是否存在可以替代企业产品或服务的其他选择；品牌建设是指通过建设品牌提高产品的独特性，减轻替代品的威胁。

步骤五：新进入者的威胁分析，包括市场进入壁垒分析与品牌建设和专利。其中，市场进入壁垒分析是指评估新企业进入市场的难易程度，包括资金要求、技术门槛等；品牌建设和专利是指通过建设强大品牌和取得专利，增加市场进入的难度。

三、杜邦分析法

杜邦分析法又称杜邦财务分析体系，因由美国杜邦公司率先成功应用而得名。它是一种通过揭示各主要财务比率之间的内在联系，对企业财务状况、经营成果及盈利能力进行系统、综合评价的方法。杜邦分析法的核心指标是净资产收益率（ROE），其基本原理是将净资产收益率逐层分解为多个财务比率的乘积，从而深入剖析影响企业获利能力的关键因素。

（一）核心比率

净资产收益率是杜邦分析法的核心比率，具有很高的可比性和综合性，可用于不同企业之间的比较。企业为了提高净资产收益率，可以从三个分解指标（营业净利润率、总资产周转率、权益乘数）入手。净资产收益率的计算公式为：

$$\text{净资产收益率}=\text{营业净利润率}\times\text{总资产周转率}\times\text{权益乘数}$$

$$=\frac{\text{净利润}}{\text{营业收入}}\times\frac{\text{营业收入}}{\text{总资产}}\times\frac{\text{总资产}}{\text{股东权益}}$$

无论提高哪一个比率，净资产收益率都会提高。其中，营业净利润率是对利润表的一种概括，表示企业的经营成果；总资产周转率则把利润表和资产负债表联系起来，使净资产收益率可以综合分析评价整个企业的经营成果和财务状况；权益乘数是对资产负债表的一种概括表述，反映企业最基本的财务状况。换句话说，企业可以通过提升盈利能力、周转效率以及合理配置杠杆达到股东投资回报率最大化的目的。

（二）基本框架

杜邦分析法是一个多层次的财务比率分解体系，各项财务比率可在每个层次与本企业历史或同业财务比率进行比较，然后逐级向下分解，覆盖公司经营活动与财务活动的关键环节，从而实现系统、全面评价企业经营成果和财务状况的目标。这一模型为企业管理者提供了清晰思路——通过层层拆解关键因素，定位问题根源。

杜邦分析法的核心价值在于将影响净资产收益率的各个关键因素的逻辑关系整合到一个综合性指标中，使财务分析兼具逻辑性与全面性。在预算管理中，杜邦分析法可直观反映实际情况和预算情况的差异对净资产收益率的影响。在业绩管理中，杜邦分析法能帮助确认关键业绩指标和成功因素对综合指标的影响。

（三）局限性

1. 总资产与净利润不匹配

总资产为全部资产提供者享有，而净利润是专门属于股东的。

2. 没有区分经营与金融

在利润上没有区分经营活动利润和金融活动利润。对于大多数公司而言，金融活动是净筹资。筹资活动不产生净利润，而是支出净费用。

在资产上没有区分经营资产与金融资产。从财务管理角度看，金融资产是尚未投入实际经营活动的资产。

在负债上没有区分经营负债与金融负债。负债的成本（利息支出）仅仅是金融负债的成本，经营负债是无息负债。经营负债没有固定成本，没有杠杆作用，金融负债与股东权益相除，可以得到更符合实际的财务杠杆。

四、波士顿矩阵

波士顿矩阵又称成长－份额矩阵，是战略管理领域最具影响力的工具之一。

企业可通过波士顿矩阵分析所有业务单元，进而决定管理策略——是投入资源扶持，维持现状缓慢运转，还是果断舍弃。波顿矩阵有时也被称为 BCG 矩阵，它因于 20 世纪 60 年代晚期由波士顿咨询集团的布鲁斯・亨德森开发而得名。亨德森和他的同事们同时也负责战略管理领域另一重要工具——经验曲线。

在数学中，矩阵是用于计算方程结果的数字表格。更早之前，矩阵用于浇铸或印刷的模具。在波士顿矩阵分析中，将业务的核心信息输入矩阵后，这些信息会转化为对业务战略定位的直观呈现；基于此，可进一步明确该业务未来的发展方向。

使用波士顿矩阵的第一步是将企业分解为战略业务单元。一个战略业务单元可以是一个产品或者一个品牌，或是一个拥有独立子公司、部门、客户群体和竞争对手的业务单元。业务单元在矩阵中的地位取决于两个变量——它在市场中的力量和吸引力。

业务单元在市场中的力量用相对市场份额表示，相对市场份额就是其市场份额占最强竞争对手的市场份额的百分比。所以，如果某业务单元市场份额为 10%，而它最强的竞争对手占 40%，那么它的相对市场份额就是 25%。如果位置颠倒，那么它的相对市场份额就是 400%。市场的吸引力用市场自身的增长率表示。

亨德森之所以选择这两个变量是因为它们对于使用和产生现金的内在意义。与经验曲线一致的是，相对市场份额的增长伴随着成本的优势，自然现金的产生也会有所增长。迅速增长的市场要求投资容量的增长，也就意味着现金消耗的增长。波士顿矩阵中的业务类型如表 2-4 所示。

表 2-4　波士顿矩阵中的业务类型

	相对市场份额高	相对市场份额低
市场增长率高	明星类业务	问题类业务
市场增长率低	现金牛类业务	瘦狗类业务

（一）现金牛类业务

现金牛类业务是指在成熟市场（市场增长率低）中拥有较高相对市场份额的业务。正因为如此，相对于现金的消耗，它们可以产生更多的现金。这类业务能挤出更多的现金，现金可用于创立问题类业务和资助明星类业务，使股东利益增长。

（二）明星类业务

明星类业务是指在高速增长的市场中占据相对强势地位的业务。这类业务能产生大量的现金，但是由于增长速度快，它们同时也消耗大量的现金。对于这类业务，应大量投资以保持其相对市场份额。企业如果这样做，当市场增长减慢的时候，明星类业务就会变成现金牛类业务；如果不这样做，明星类业务相对市场份额降低，就会变成瘦狗类业务。

（三）瘦狗类业务

瘦狗类业务正如其名，在市场增长率和相对市场份额两个维度均处于劣势。这类业务在低增长或无增长的细分市场中占据一个很差的位置，尽管它们不消耗太多的现金，但是它们也不产生大量现金。理论上认为这类业务很有可能被取消，以为明星类业务或企业多样化发展筹措现金。也有批评者认为处于瘦狗类业务的战略单元有可能变成现金牛类业务，毕竟，一家企业的很多战略业务单元都属于瘦狗类业务。

（四）问题类业务

问题类业务是企业最需谨慎处理的业务。它们处于高增长、有吸引力的市场，但相对市场份额较低。因此，尽管它们消耗了很多的现金来支持成长，但也无法产生很多现金。问题就在于判断哪些问题类业务值得投资，转化为明星类业务。

正如研究人员所指出的，市场增长率只是决定市场吸引力的众多因素之一，相对市场份额也并非衡量竞争优势的唯一因素。波士顿矩阵未充分纳入这些复杂维度，且对于瘦狗类业务过度否定。事实上，这类业务可能帮助其他业务取得成功，或者如果重新划定它们的市场边界，可能会转变为更有价值的业务。

尽管存在局限，波士顿矩阵仍是观察业务本质的“战略棱镜”，至少为任何战略性讨论提供了一个实用的起点。波士顿矩阵的诞生深刻影响了商业世界的战略思维方式，若没有它，商业边界的战略管理实践可能会是另一番景象。

课堂思考

数据分析常用的管理学模型分别适用于什么情况？有哪些区别？

课堂讨论

如何使用 SWOT 分析模型分析一家上市公司的数据？

工匠精神

创新性模型应用： 在传统的管理学模型基础上，开发或引入新的模型或方法论。

跨学科整合： 运用交叉学科的知识，将心理学、社会学和其他相关学科的理论与管理学模型相结合，以获取对业务问题更全面的理解和分析，这样的创造力和整合能力体现了深厚的工匠精神。

数据可视化艺术： 将数据分析转化为易于理解和引人入胜的视觉表现形式，使用先进的数据可视化技术和工具，使得报告和展示更加生动且具有启发性。

模型定制和优化： 不满足于通用模型，根据具体业务环境和需求定制和优化管理学模型，如同工匠为客户打造独一无二的作品，这保证了模型最大限度切合业务实际。

用户体验设计： 在数据分析的呈现和使用上注重用户体验设计，保证工具和报告不仅高效有用，而且易于使用和理解，提升用户参与度和满意度。

可持续性分析： 在模型选择和数据分析中，考虑环境、社会和公司治理（ESG）因素，关注分析对社会和环境的长远影响，反映了一种对未来负责的工匠态度。

任务四 数据分析模型实现案例

任务描述

SPSS 对于数据的分析一般都是从基本的描述性分析开始。通过描述性分析，使用者能够了解数据的基本特征，进而判断数据的总体分布形态。本任务将结合具体案例，详细介绍如何通过 SPSS 实现描述性分析、相关分析和回归分析，使学生掌握 SPSS 操作的技能。

任务目标

1. 熟悉 SPSS 的操作界面。
2. 掌握描述性分析、相关分析和回归分析的 SPSS 操作技能。

知识准备

具备数据的计量统计分析方法和原理的相关知识。

一、描述性分析

描述性分析是通过计算一系列描述性统计量，对数据的基本特征进行概括和呈现的过程。基本的描述性统计量可分为三类：刻画集中趋势的描述性统计量、刻画离散程度的描述性统计量和刻画分布形态的描述性统计量。描述性统计量主要包括均值、极差、标准差、方差、最大值和最小值等。

（一）描述性分析的 SPSS 实现

（1）在 SPSS 中打开整理好的数据，选择菜单中【分析】→【描述统计】→【描述】，如图 2-9 所示。

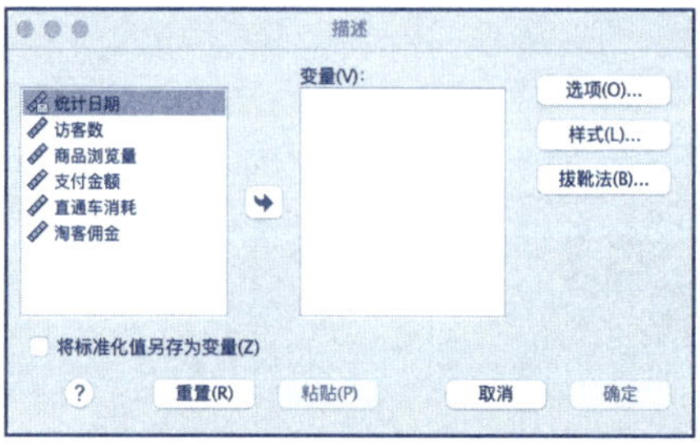

图 2-9 描述性分析窗口

（2）在变量窗口选择需要进行描述性分析的变量。

（3）点击【选项】按钮，窗口如图 2-10 所示。其中，根据需要在各选项前打钩。显示顺序包括变量列表、字母、按均值的升序排序、按均值的降序排序。

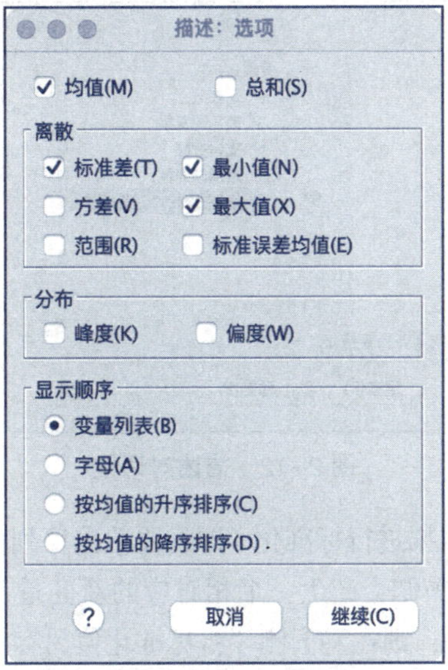

图 2-10 描述性分析选项窗口

（4）点击【样式】按钮，通常选取默认状态。

（5）点击【Bootstrap】按钮，根据选择样本数量和要求，可选取是否进行 Bootstrap 操作。

（二）描述性分析实例

"2023 年数据分析技术表 .csv" 为某淘宝店铺 2023 年 6—11 月的销售情况，根据该数据对该店铺的销售情况进行描述性统计分析，以了解店铺的经营状况。

1. 操作步骤

（1）在 SPSS 中打开数据文件，选择菜单中【分析】→【描述统计】→【描述】，可得到如图 2-11 所示的描述对话框。

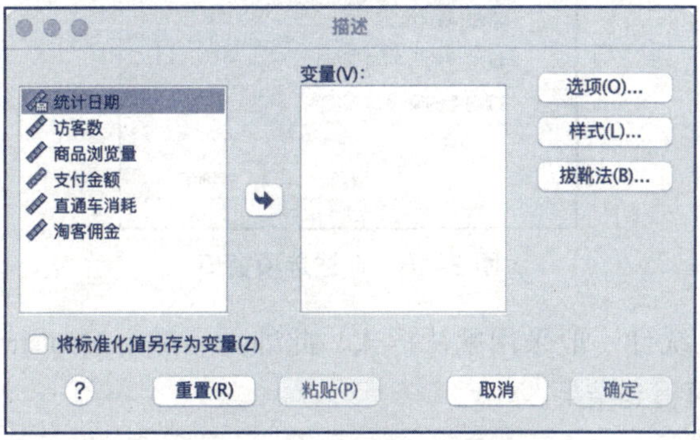

图 2-11 描述对话框

（2）打开对话框之后，选择进行描述性统计分析的变量。在窗口左侧的变量列表中将“访客数”“商品浏览量”“支付金额”“直通车消耗”“淘客佣金”添加到右侧的变量列表中，结果如图 2–12 所示。

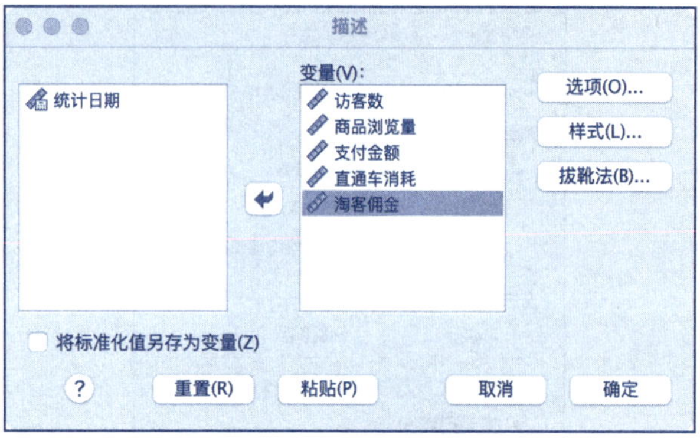

图 2–12　描述对话框

（3）设置是否对该数据进行标准化（即将原数据序列的每个值减去该序列的均值，再除以标准差）。此操作会产生一个相对应的新变量，变量名为原变量名加后缀 Z。若需要进行标准化，则在左下侧“将标准化值另存为变量”前面的方框里打钩，若不需要，则不需要打钩。

（4）设置输出的描述性统计量。点击右侧的【选项】按钮，根据需要设置输出的统计量，如图 2–13 所示。设置完成后，单击【继续】按钮返回。

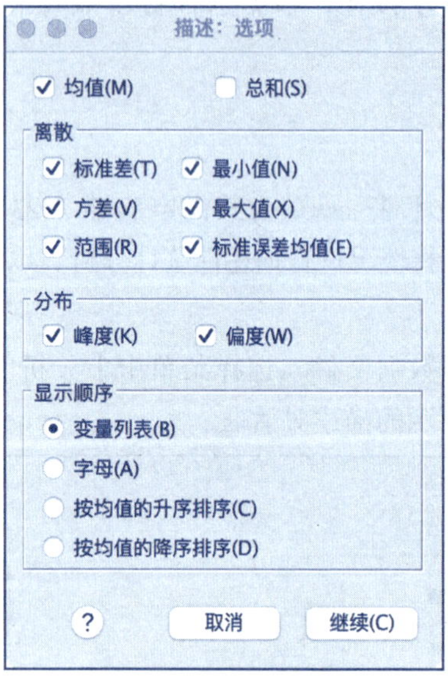

图 2–13　描述选项窗口

（5）描述性统计一般采用默认样式，此处无须进行 Bootstrap 操作，故点击【确定】按钮即可得到结果。

2. 结果解读

进行描述性统计分析的操作过程比较简单，结果也只有一个描述性统计表，如

图 2-14 所示。

	N	范围	最小值	最大值	平均值		标准差	方差	偏度		峰度	
	统计	统计	统计	统计	统计	标准误差	统计	统计	统计	标准误差	统计	标准误差
访客数	182	7662	1113	8775	3408.17	124.681	1682.039	2829254.474	.903	.180	.209	.358
商品浏览量	182	17872	2891	20763	9384.65	302.920	4086.608	16700362.5	.733	.180	-.025	.358
支付金额	182	57549.000	3589.800	61138.800	19769.67773	793.698320	10707.5757	114652178	.997	.180	.992	.358
直通车消耗	182	31773.39	.00	31773.39	2154.6868	189.27394	2553.44511	6520081.934	8.720	.180	100.491	.358
淘客佣金	182	119.64	.00	119.64	26.7615	1.66890	22.51473	506.913	1.165	.180	1.580	.358
有效个案数（成列）	182											

图 2-14　描述性统计结果

根据描述性统计结果，样本个数为 182 个。其中以“访客数”为例，“访客数”的最大值为 8775，最小值为 1113。同时，我们还可从表中获悉标准差、方差、偏度和峰度。（注：因 SPSS 版本不同，可能会显示“标准错误”而不是“标准误差”。“标准错误”其实就是“标准误差”，这是由不同版本 SPSS 的统计名词翻译导致的。）

二、相关分析

任何事物的存在都不是孤立的，而是互相联系、相互制约的。明确客观事物之间的关系对理解相关分析极为重要。客观事物之间的关系可分为函数关系和统计关系。相关分析便是测度统计关系的一种非常有效的工具。相关分析是研究客观事物之间相关性的数量分析方法。它反映的是在确定一个变量的取值后，另一个变量的变异程度。其显著特点是变量不分主次、地位平等。相关分析的主要目的是研究变量之间的密切程度，以及根据样本的资料推断总体是否相关。在统计分析中，常常用相关系数定量描述两个变量之间线性关系的紧密程度。

（一）相关分析的 SPSS 实现

相关分析可以通过 SPSS 软件中的【分析】→【相关】路径实现。该软件给出相关分析的三个过程：双变量分析、偏相关分析、距离分析。这里选择双变量分析讲解具体操作，步骤如下：

（1）选择菜单中【分析】→【相关】→【双变量】，即可弹出如图 2-15 所示的窗口。

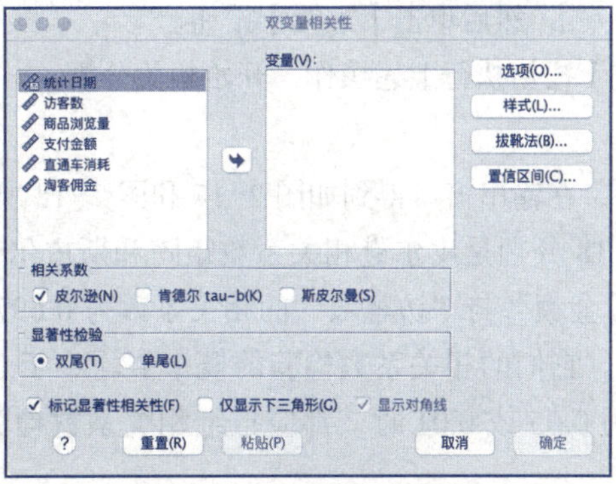

图 2-15　相关分析窗口

（2）选择变量。将参加计算相关系数的变量添加到变量列表中。

（3）在【相关系数】框中选择相关系数。

（4）在【显著性检验】框中选择双尾或单尾。

（5）选中【标记显著性相关性】，会在输出结果中标记有显著意义的相关系数。如果相关系数的右上角有“*”，则代表显著性水平为 0.05；如果相关系数右上角有“**”，则代表显著性水平为 0.01。

（6）点击【选项】按钮，会出现如图 2-16 所示的窗口。在该窗口中可以选择统计量的计算和缺失值的处理方式。完成设置后，单击【确定】按钮，即可进行相关分析。

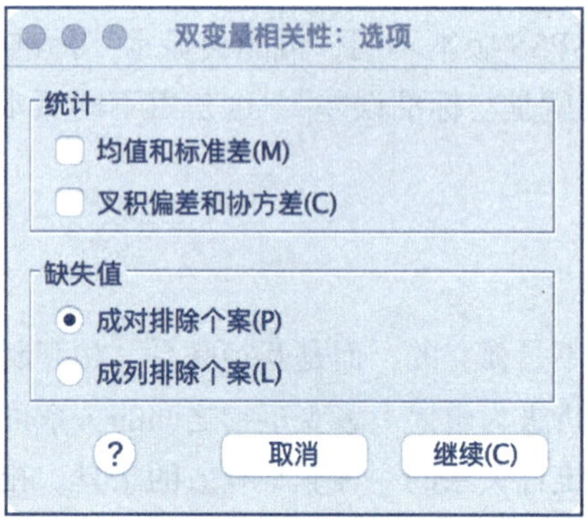

图 2-16　选项窗口

（二）相关分析实例

以数据文件“2023 年数据分析技术表 .csv”为例，研究“支付金额”是否与“访客数”“直通车消耗”相关。

1. 操作步骤

（1）首先打开数据文件“2023 年数据分析技术表 .csv”。

（2）选择菜单中【分析】→【相关】→【双变量】。

（3）将变量“支付金额”“访客数”“直通车消耗”添加到变量列表中。

（4）单击【选项】按钮，弹出如图 2-16 所示的窗口，选择【均值和标准差】和【叉积偏差和协方差】，然后单击【继续】按钮。

（5）单击【确定】按钮执行上述操作，开始相关分析。

2. 结果解读

执行相关分析后，在输出窗口得到如图 2-17 和图 2-18 所示的表格。

图 2-17 和图 2-18 分别是皮尔逊相关系数矩阵和斯皮尔曼相关系数矩阵。由图 2-17 可知，“支付金额”与“访客数”的相关系数为 0.697，与“直通车消耗”的相关系数为 0.400。它们的相关系数检验的概率值均小于 0.001，近似为 0。因此，当显著性水平为 0.05 或 0.01 时，都应拒绝相关系数检验的零假设，认为两总体存在线性关系。

		支付金额	访客数	直通车消耗
支付金额	皮尔逊相关性	1	.697**	.400**
	显著性（双尾）		<.001	<.001
	个案数	182	182	182
访客数	皮尔逊相关性	.697**	1	.482**
	显著性（双尾）	<.001		<.001
	个案数	182	182	182
直通车消耗	皮尔逊相关性	.400**	.482**	1
	显著性（双尾）	<.001	<.001	
	个案数	182	182	182

**. 在 0.01 级别（双尾），相关性显著。

图 2-17 皮尔逊相关系数矩阵

			支付金额	访客数	直通车消耗
斯皮尔曼 Rho	支付金额	相关系数	1.000	.733**	.681**
		显著性（双尾）	.	<.001	<.001
		N	182	182	182
	访客数	相关系数	.733**	1.000	.904**
		显著性（双尾）	<.001	.	<.001
		N	182	182	182
	直通车消耗	相关系数	.681**	.904**	1.000
		显著性（双尾）	<.001	<.001	.
		N	182	182	182

**. 在 0.01 级别（双尾），相关性显著。

图 2-18 斯皮尔曼相关系数矩阵

由图 2-18 也可以得出相同的结论，尽管相关系数大小有差异。可见，无论是皮尔逊相关系数检验还是斯皮尔曼相关系数检验，都表明一个共同的结果，即在该淘宝店铺中，访客数越多，店铺的支付金额越大；同时，直通车消耗越多，店铺的支付金额越大。在实证研究中，考察各变量之间的相关性时，应同时展示皮尔逊相关系数矩阵和斯皮尔曼相关系数矩阵。

三、回归分析

（一）回归分析的 SPSS 实现

使用 SPSS 进行线性回归分析之前，必须对数据进行预处理，确保被解释变量和每个解释变量都有唯一的 SPSS 变量对应。进行线性回归分析时，SPSS 中一元线性回归分析和多元线性回归分析的功能菜单是集成在一起的。操作步骤如下：

（1）选择菜单中【分析】→【回归】→【线性】，弹出线性回归对话框，如图 2-19 所示。

（2）在左侧候选变量列表中选择一个变量，并添加至【因变量】列表框中，作为线性回归的因变量。

（3）在左侧候选变量列表中选择一个变量，并添加至【自变量】列表框中，作为线性回归的自变量。

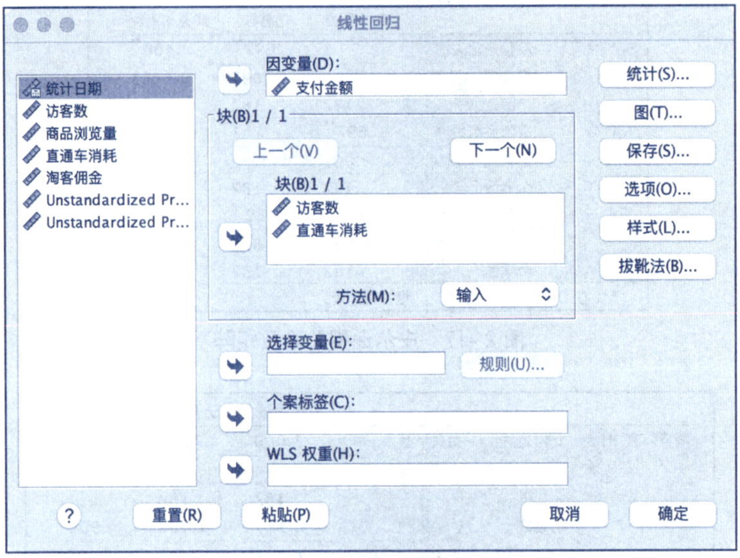

图 2–19 线性回归对话框

（4）在【方法】列表框中选择自变量的进入方式。一共有以下五种方式：

①输入，表示所选变量强行进入回归方程，是 SPSS 默认的策略方法。

②向前，表示向前选择法，是解释变量不断进入回归方程的过程。

③向后，表示向后剔除法，是变量不断剔除回归方程的过程。

④逐步，采用逐步回归法，表示逐步筛选策略，是向前和向后的综合。

⑤删除，表示从回归方程中剔除所选变量。

（5）若需要对同一因变量建立不同自变量的回归方程，可在每次选择一组自变量后，单击【自变量】列表框上方的【下一张】按钮，选定的这一组变量将被系统自动保存为一个自变量块。接下来选择另一组自变量，单击【下一张】按钮将它们保存为第二个自变量块。重复上述操作，可以保存若干自变量块。若需要指定输出某组变量的回归方程，可以通过单击【上一张】按钮和【下一张】按钮切换选择。

（6）若需要限定分析样本范围，可选择一个变量作为条件变量添加到【选择变量】框中，并单击【规则】按钮设定判断条件，只有变量值满足设定条件的样本数据才能进行线性回归分析。

（7）在候选变量列表中选择一个变量添加到【个案标签】列表中，该变量的取值将作为每条记录的标签。这意味着在作图时，该变量会作为各样本数据点的标签。

（8）当存在异方差时，可指定一个变量作为权重变量添加到【WLS 权重】框中，采用加权最小二乘法进行回归分析。

完成上述操作后，SPSS 将根据指定参数自动进行回归分析，并将结果输出到输出窗口。

（二）回归分析实例

为了研究某淘宝店铺的经营情况受哪些因素的影响，我们收集了相关数据，并利用线性回归方法进行分析。这里衡量淘宝店铺经营好坏的变量为消费者在淘宝店铺的“支付金额”，作为被解释变量。我们使用“访客数”与“直通车消耗”作为解释变量。未将“商品浏览量”作为解释变量是因为考虑到多重共线性的影响。操作步骤如下：

（1）打开【分析】选项卡，选择【回归】，点击【线性】按钮。进行自变量与因变量的设置，如图 2-20 所示。

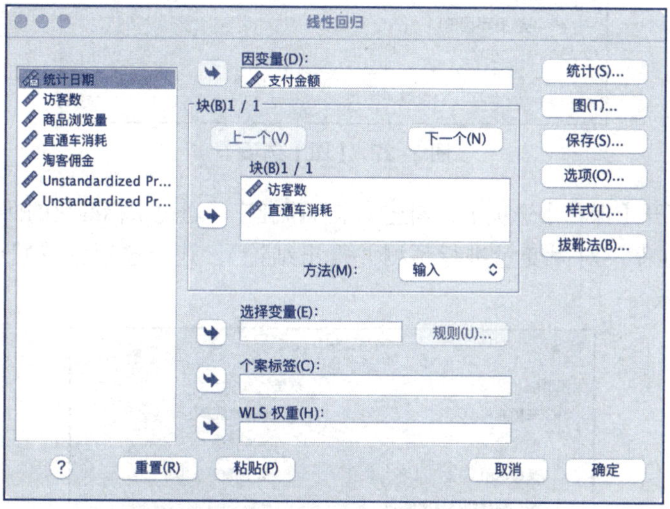

图 2-20　线性回归分析窗口

（2）打开【统计】选项卡，勾选【估算值】（判断回归系数、标准化系数和 t 值的显著性水平）、【模型拟合】（判断回归方程的标准误差）、【德宾 - 沃森】（检验随机误差是否具有独立性），如图 2-21 所示。

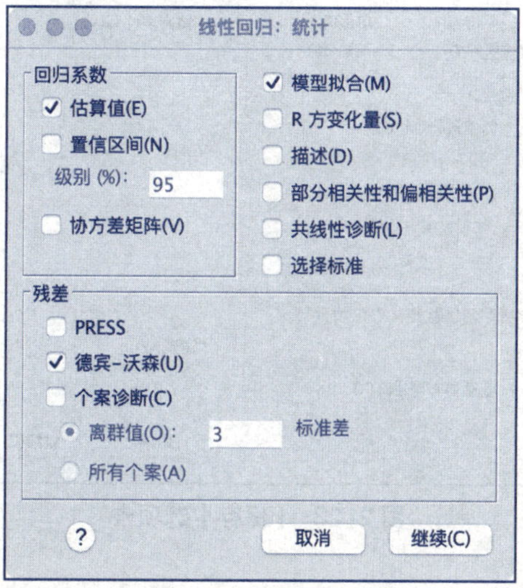

图 2-21　【统计】选项卡

（3）打开【图】选项卡，勾选【直方图】和【正态频率图】，如图 2-22 所示。

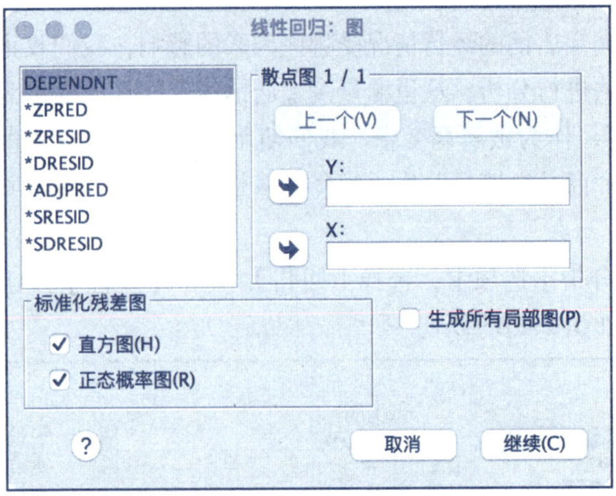

图 2-22 【图】选项卡

（4）打开【保存】选项卡，勾选【未标准化】（通过未标准化的回归系数和常数项构建方程，对因变量进行预测并得出结论），其余选项保持默认即可，如图 2-23 所示。

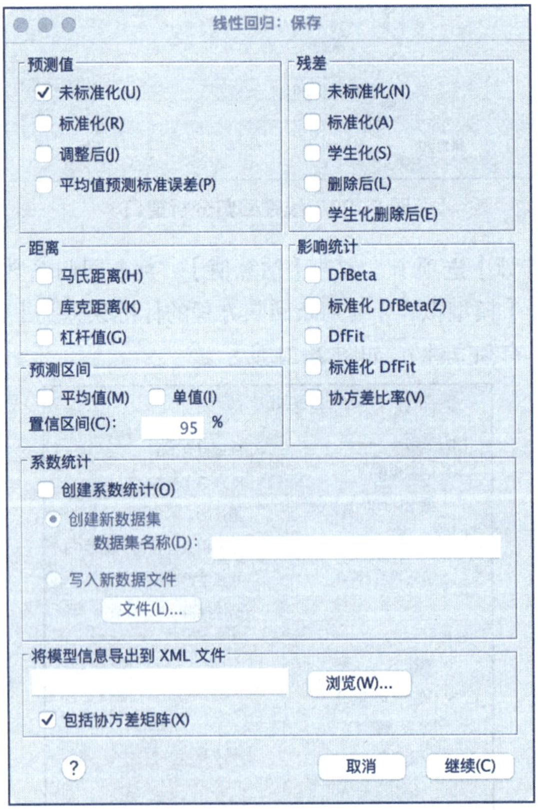

图 2-23 【保存】选项卡

完成以上操作后，点击【确定】按钮即可得到相关分析结果。

图 2–24 为模型汇总信息，可用于拟合优度检验。其中各数据项的含义依次为：被解释变量与解释变量的复相关系数、判定系数、调整后的判定系数、回归方程的标准误差，德宾－沃森值。由于该方程中包含多个解释变量，因此调整后的判定系数更具参考价值。从图中可见，调整后的判定系数为 0.485，在 0 和 1 之间。同时，德宾－沃森值为 1.388。一般德宾－沃森值分布在 0 和 4 之间，观测结果越趋近于 2，说明观测值相互独立的可能性较大。

模型摘要[b]

模型	R	R 方	调整后 R 方	标准估算的错误	德宾–沃森
1	.700[a]	.491	.485	7684.144059	1.388

a. 预测变量：(常量), 直通车消耗, 访客数

b. 因变量：支付金额

图 2–24　多元线性回归分析结果模型汇总

图 2–25 为方差信息，可用于回归方程的显著性检验。其中各数据项的含义依次为：被解释变量的来源、离差平方和、自由度、均方、回归方程显著性检验 F 统计量的观测值、概率 p 值。从图中可见，F 检验统计量的观测值为 86.228，对应的显著性概率 p 值小于 0.001，近似为 0。若显著性水平为 0.05，由于概率 p 值小于显著性水平，可以拒绝回归方程显著性检验的零假设，认为至少有一个回归系数不为 0，即被解释变量与解释变量全体之间的线性关系是显著的，可建立线性回归模型。

ANOVA[a]

模型		平方和	自由度	均方	F	显著性
1	回归	1.018E+10	2	5091398883	86.228	<.001[b]
	残差	1.057E+10	179	59046069.9		
	总计	2.075E+10	181			

a. 因变量：支付金额

b. 预测变量：(常量), 直通车消耗, 访客数

图 2–25　多元线性回归分析结果方差

图 2–26 是多元线性回归分析结果系数，可用于回归系数的显著性检验、确定回归方程的具体形式和检测多重共线性。其中各数据项的具体含义依次为：偏回归系数、偏回归系数的标准误差、标准化偏回归系数、回归系数显著性检验 t 统计量的观测值、对应的概率 p 值、解释变量的容忍度和方差膨胀因子。从图中可见，若显著性水平为 0.05，各解释变量回归系数的显著性 t 检验的概率 p 值均小于显著性水平，因此可以拒绝零假设，认为这些偏回归系数与 0 存在显著差异，即它们与被解释变量的线性关系是显著的，应该保留在回归方程中。同时，从容忍度和方差膨胀因子来看，没有一个解释变量存在多重共线性问题。综上，该多元线性回归模型是适宜的。

模型		未标准化系数 B	标准错误	标准化系数 Beta	t	显著性
1	(常量)	4774.415	1292.785		3.693	<.001
	访客数	4.178	.388	.656	10.780	<.001
	直通车消耗	.350	.255	.084	1.373	.172

系数[a]

a. 因变量：支付金额

图 2–26　多元线性回归分析结果系数

此外，通过图 2–26 中的多元线性回归分析结果系数，我们可以得出方程：

$$GMV = 4.178uv + 0.350PPC + 4774.415$$

其中，GMV 代表店铺支付金额，uv 代表店铺访客数，PPC 代表直通车消耗。

课堂思考

淘宝店铺的经营状况除了可以用消费者在店铺的“支付金额”表示外，还可以用哪些综合性指标表示?

课堂讨论

请使用“课堂思考”当中的综合性指标作为数据分析的被解释变量，其余变量作为解释变量，进行数据的 SPSS 分析。

工匠精神

精准解读结果：在得到分析结果后，应精准解读结果，以便得出正确的结论。充分理解统计学原理和业务背景可以体现数据分析人员的工匠精神。

深度剖析结果：数据分析不应止步于运行统计测试并获得结果，更需深度剖析结果，识别潜在问题，并提供专业的、深入的见解。

秉持质疑精神，推动持续改进：持续质疑现有做法，不断寻找改进的空间。例如：方法上，是否有更适配的统计模型？模型上，是否遗漏了关键变量？呈现上，是否足够简洁、易懂？

项目练习

一、单项选择题

1. 在数据分析中，加权几何平均数广泛应用于哪种情境？（　　）

A. 数据求和

B. 统计数据波动性

C. 数据的乘法关系和比例尺度问题

D. 确定众数

2. 在分析标准差和方差时，若想获得变量波动幅度的无单位表达，我们应该使用哪个统计量？（　　）

A. 离散系数　　B. 异众比率　　C. 偏度系数　　D. 四分位差

3. 假设一组数据的标准差较小，但偏度系数较高，这表明了什么？（　　）

A. 数据几乎没有波动　　B. 数据完全对称

C. 数据集中但倾斜较重　　D. 数据平均且分布均匀

4. 相关分析在统计学中用于判断（　　）。

A. 两个变量间的因果关系

B. 两个变量间是否存在某种稳定的关系，不论线性还是非线性

C. 分类数据的群组

D. 时间序列数据的趋势

5. 回归分析主要用于（　　）。

A. 估计两个或多个变量间的关系强度

B. 根据一个或多个自变量预测因变量的值

C. 确定数据的分布形态

D. 测量数据的集中趋势

6. 聚类分析在数据分析中的主要目的是（　　）。

A. 预测未来事件的发生

B. 将数据分组成若干由类似特征的对象组成的集群

C. 确定不同时间序列数据间的相似性

D. 分析变量间的相关关系强度

7. 在管理学中，SWOT 分析模型用于（　　）。

A. 评估项目可行性

B. 分析竞争对手

C. 确定内部优势和劣势及外部机会和威胁

D. 计算财务比率

8. 在杜邦分析法中，哪个指标是直接影响净资产收益率（ROE）的关键组成部分？（　　）

A. 市场份额　　B. 权益乘数　　C. 净利润边际　　D. 负债总额

9. 以下哪个不是波特五力模型的组成部分？（　　）

A. 替代品的威胁　　B. 新进入者的威胁

C. 客户的议价能力　　D. 政府政策

10. SWOT 分析模型中的“威胁”是指（　　）。

A. 公司的内部弱点

B. 外部环境中可能对公司产生负面影响的因素

C. 管理层的战略错误

D. 内部盗窃或职员不当行为

二、计算题

以下是 20 个已经排好序的家庭年收入数据（单位：万元）：

12，14，15，16，18，20，22，23，25，27，28，30，32，33，35，37，39，42，45，50

计算这组数据的中位数、上四分位数和下四分位数、极差、四分位差。

三、案例分析题

假设你是一家创新科技公司的战略咨询师，公司专注于开发人工智能应用，特别是那些具有人工智能增强图像识别功能的产品。在准备将一款新应用程序推向市场之前，公司希望了解自身在市场中的定位，以及面临的各种机会与挑战，从而制定出有效的未来发展战略。

请使用 SWOT 分析模型，详细分析公司的优势（Strengths）、劣势（Weaknesses）、机会（Opportunities）和威胁（Threats）。基于这项分析，请提出有针对性的战略行动，以助力公司实现长期成功。

项目三

数据采集技术

当今世界，数据源多种多样，数据量大、数据更新快。数据中蕴含的信息与价值，具有很高的商业价值。数据量越大，蕴含的信息越多，价值也越大。但数据价值是通过对数据的分析与挖掘才能被发现和利用的。数据采集是大数据应用的基础和前提，也是数据分析的基石。但是数据采集并不容易，要想获得可靠数据，需要借助各种软件和技术加以综合运用。

学习目标

★**知识目标：**学习数据采集技术，熟悉常用数据采集技术的使用。

★**技能目标：**熟悉数据分析的使用场景，掌握网页数据、日志数据和数据库数据采集的方法。

★**素质目标：**具备数据采集思维和信息技术素养。

学习导图

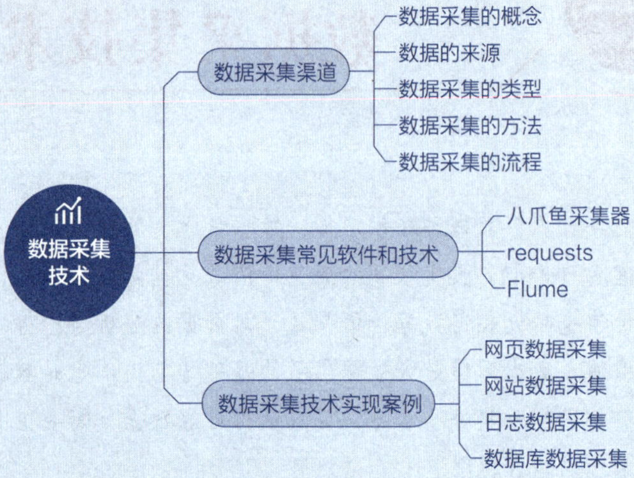
数据采集技术
数据采集渠道
数据采集的概念
数据的来源
数据采集的类型
数据采集的方法
数据采集的流程
数据采集常见软件和技术
八爪鱼采集器
requests
Flume
数据采集技术实现案例
网页数据采集
网站数据采集
日志数据采集
数据库数据采集

任务一　数据采集渠道

任务描述

数据采集的重点不在于数据本身，而在于如何真正地解决数据运营中的实际商业问题。但是，要解决商业问题就得让数据采集产生价值，就得做数据分析和数据挖掘。而在数据分析和数据挖掘之前，首先要保证采集到高质量的数据。本任务将带领学生熟悉数据采集渠道，以确保后续分析出的数据结果对决策行为具有指导性作用。

任务目标

1. 熟悉数据采集渠道的种类。
2. 熟悉数据采集渠道的重要性。

知识准备

1. 具备数据基本类型的相关知识。
2. 具备数据采集流程的相关知识。

一、数据采集的概念

简单来说，数据采集就是将现实世界中的数据源（不同于传统数据采集的连续、模拟信号），通过各种技术手段集中、整合和简单处理后，保存在大数据的存储系统中，以备后续的分析、挖掘。在数据大爆炸的互联网时代，被采集的数据不仅数据量巨大，而且数据源和数据类型也复杂多样，包括保存在关系数据库中的结构化数据和存在于网页中的 XML、HTML、报表等各类半结构化数据，还包括所有格式的传感器数据、办公文档、文本、图像、音频和视频等数据结构不规则或不完整、没有预定义数据模型的非结构化数据。因此采集的数据需要进行清洗，才能变成有用的数据。

二、数据的来源

数据的来源主要是通过各种数据采集器、企业数据库、社交网络、开源的数据发布、GPS 信息、网络痕迹、传感器等收集的结构化或者非结构化的数据，具体包括政府数据、企业业务数据、物联网数据以及互联网数据等。

（一）政府数据

政府机构为了便于管理而下设各种部门，例如财政部门、税务部门、社会保障部门、市场监管部门、医疗部门等。几乎所有政府部门为了有效完成部门职能都构建了业务系统，这些业务系统产生的数据主要以特定的结构存储在相应的数据中心，这些数据蕴含巨大的价值，能够为政府宏观政策的制定、国家安全防控、社会有效管理等提供有力的数据支撑。

政府数据往往具有较高的真实性、权威性、实时性，数据对象描述指向性明确且具体。因此，在大数据项目的建设过程中，通过某种渠道采集政府相关部门的数据，已经成为一个必然的选择。不过政府数据的采集存在很多的挑战和困难：第一，出于数据安全及涉密的考虑，政府数据往往具有很强的封闭性，这使得政府数据的获取成本往往极高；第二，根据不同的职能定位，不同政府部门运营和管理的数据往往仅与该部门独立职能相关，因此，每个部门的政府数据都缺乏全局性，这就意味着采集更为全面的政府数据代价较大；第三，各级政府部门的信息基础设施建设不均衡，这使得相同类型的数据在不同的政府部门的服务器上表现形式不完全一致，给数据的采集与整合带来极大的困难。

（二）企业业务数据

企业出于生产、销售等需求，会构建不同的目标应用系统，例如企业资源管理计划、在线办公、在线交易等，这些系统不仅有效地完成了企业的主营业务，还积累了大量数据。这些数据以企业私有财产的形式存放在各自的服务器中，例如制造业数据，主要包括产品设计数据、企业生产环节的业务数据和生产监控数据，其中产品设计数据以文件为主，企业生产环节的业务数据主要是结构化数据，而生产监控数据则是数据量非常大的实时数据。这些数据在辅助实现各个业务系统的价值目标方面具有重要的意义，同时这些数据也为企业的智能分析提供了重要的基础保障。

随着大数据时代的来临，企业在数据的收集和营运方面也发生了变化。其中一个重要的变化是，随着互联网的不断发展和对各个领域的渗透，企业开始有意识地将互联网作为一个工具、渠道或平台，将自己的目标应用系统从不同的层次和角度进行改善，然后利用互联网实现更好的产品设计、制造和营销等。以互联网平台为核心，企业逐步淡化自有内部数据和互联网数据的界限，也就是说，企业内部的信息化应用环境在不断发生变化，互联网数据正从外部数据逐步被纳入企业的内部数据管理。如何将互联网的外部数据和企业的内部数据进行有效集成和汇聚，已经成为企业的共同需求，同时也是企业大数据项目建设的重要基础。然而企业的数据采集也存在很多挑战和困难：第一，不同的企业拥有的数据在目标应用中的价值是不一样的，数据往往仅反映某一个维度的价值趋势，而如何选择更多的、彼此互补的数据源本身就是一个难题，这不但涉及不同企业的数据评估问题，同时还受大数据项目建设的物理条件的约束；第二，在采集和整合不同企业的数据时，一个非技术因素的难题在于潜在合作企业是否愿意将数据共享；第三，不同企业的信息基础设施建设不均衡，这使得相同类型的数据在不同企业的服务器上的表现形式不完全一致，给数据的采集与整合带来极大的困难。

（三）物联网数据

物联网在快速发展的同时也制造了海量数据，如何妥善处理及合理利用这些海量数据是物联网下一步发展的关键问题。物联网主要通过传感器、条形码以及 RFID 等技术获取大量数据。

传感器技术的迅速发展和传感器网络的逐步完善为大数据的获取提供了有力的保障。传感器网络能够通过各类集成化的微型传感器进行实时监测、感知和采集各种环境或监测对象的信息，通过嵌入式系统对信息进行处理，并通过随机自组织无线网络以多跳中继方式将感知的信息传送到用户终端，从而真正实现“无处不在的计算”。

条形码技术给零售业带来了革命性的改变。通过内嵌信息，在扫描条形码之后，可以快速在数据库中进行 ID 匹配，很快获知该产品的价格、性能、厂商等具体信息。条形码广泛应用于零售商店的收银以及车站售票等业务中，每天大量的商品销售记录（数据）通过扫描条形码而产生。

RFID 技术又称无线射频识别技术，是一种通信技术，可通过无线电信号识别特定目标并读写相关数据，而无须识别系统与特定目标之间建立机械或光学接触。射频标签是产品电子代码的物理载体，附着于可跟踪的物品上，可全球流通并进行识别和读写。RFID 技术作为构建物联网的关键技术近年来受到广泛关注，应用于许多行业。RFID 技术与条形码技术相比，扩展了操作距离，且标签的使用比条形码更加容易，携带一个可移动的阅读器即可识别标签的信息。RFID 技术应用广泛，例如图书馆门禁系统、食品安全溯源、仓库管理等。

（四）互联网数据

随着 Web 技术的发展，互联网上的每个用户的身份由单纯的“读者”进化为“作者”或“共同建设人员”，由被动地接收互联网信息向主动创造互联网信息转变。Web 2.0 伴随着博客、百科全书以及社交网络等多种应用技术的发展，大量的网络搜索与交流形成海量数据，给日常生活方式带来了极大的变革。具体而言，互联网数据的来源如下：

1. 门户网站

门户网站（例如新浪财经、搜狐新闻等）出于其媒体属性所发布的新闻、评论、报道等数据往往具有较强的实时性和专业性。政府部门出于信息公开的目的在互联网上公开的数据，例如法院公告、缺陷产品召回信息、政府招标信息等，往往具有很高的可信度。社交网站出于其媒体属性和社会属性允许普通用户发表自媒体信息，在提供用户社交服务的同时，将用户的言论、生活轨迹等记录下来。这些用户产生的数据往往具有一定的实时性和针对性。

2. 电商网站

电商网站出于营销目的允许用户自由采购产品并查阅、发布产品评论，这些数据往往具有一定的真实性和实时性。

3. 论坛

论坛往往是网民发表意见的开放渠道和平台。用户在发表意见的同时，自身的价值倾向、事件评估等信息也被网站记录下来，这些数据往往具有一定的实时性和针对性。

此外，移动互联网正逐渐渗透到我们生活、工作的各个领域。移动支付、手机游戏、视频应用、位置服务等丰富多彩的移动互联网应用迅猛发展，正在深刻改变信息时代的社会生活。

三、数据采集的类型

数据的类型是复杂多样的，包括结构化数据、非结构化数据和半结构化数据。

（一）结构化数据

结构化数据最为常见，即具有模式的数据，如图 3-1 所示。

id	name	age	gender
1	Wang Peng	28	male
2	Cen Ping	46	female
3	Zhang Hong	32	male
4	Li Gang	55	female
5	Zao liu	38	male

图 3-1 结构化数据

（二）非结构化数据

非结构化数据包括文本、图片、音频、视频、邮件、日志文件等。

（三）半结构化数据

半结构化数据指介于结构化数据与非结构化数据之间的数据，例如 XML、HTML 和 JSON 就是典型的半结构化数据，如图 3-2 所示。

```
<person>
        <name>  A</name>
        <age>   16</age>
        <gender>  female  <gender>
</person>
```

图 3-2 半结构化数据

四、数据采集的方法

按照数据产生的主体不同，数据采集方法包括数据库采集、系统日志采集、网络数据采集、感知设备数据采集、商业数据采集等。

（一）数据库采集

数据库采集主要使用 MySQL 和 Oracle 等关系型数据库，Redis、MongoDB 和 HBase 等 NoSQL 数据库进行数据采集。企业通过在采集端部署大量数据库并实现这些数据库之间的负载均衡和分片，以完成数据的采集工作。

（二）系统日志采集

系统日志采集具备高可用性、高可靠性和可扩展性，系统日志采集工具均采用分布式架构，能够满足每秒数百兆字节的日志数据采集和传输需求。

（三）网络数据采集

网络数据采集是通过网络爬虫技术实现从公开网站或 API 获取数据信息的过程。使用网络爬虫时会从一个或若干个初始网页的 URL 开始获取网页上的内容，并且在爬取数据的过程中不断从当前页面上抽取新的 URL 放入队列，直到满足设置的停止条件。爬取的数据将存储在本地的存储系统中。

（四）感知设备数据采集

感知设备是一种检测装置，能感受到被测量的信息，并能将感知到的信息按一定规律转换为电信号或其他形式的信息输出，以满足信息的传输、处理、存储、显示、记录和控制等要求。在工作现场会安装各类传感器，例如压力、温度、流量、声音、电参数等传感器。传感器对环境的适应能力很强，可以应对各种恶劣的工作环境。

（五）商业数据采集

除了以上数据采集方法，还有许多专门的商业数据采集平台。这些平台能提供多场景数据计算和分析的科研基础环境，充分结合行业课题的相关数据，并利用大数据技术深入挖掘分析，满足行业大数据的科研工作需求，进一步提升高校的大数据科研水平，借助完善的“产学研”体系实现科研成果向业务价值的转化。它们也是专业的数据采集分析工具，能提供功能强大、简单易用的搜索方式，包括范围查询、字段过滤、正则表达式、NOT/AND/OR 布尔值、模糊匹配等方式，并能对查询字段高亮显示、定位日志的上下文、快速返回搜索结果。

五、数据采集的流程

数据采集可以将非结构化数据从网页或业务处理系统中抽取出来，将之存储为统一的本地数据文件，并以结构化的方式存储。它支持图片、音频、视频等文件或附件的采集，附件与正文可以自动关联。下文以网络爬虫技术为例，介绍网络数据的采集流程。在网络数据采集的过程中，一般需要经过采集、清洗、存储三个步骤。

第一步：采集数据。

由爬虫程序对起始 URL 发送请求，获取服务器返回的响应，并从中提取包含的数据。此步骤常用 Python 实现。提取数据实质上是解析网页，需要完成两件事情：一是提取网页上的链接，二是提取网页上的资源。提取链接实质上是指提取存在于待解析网页上的其他网页链接，网络爬虫程序向这些链接发送请求，直至把特定网页全部爬取完毕。提取数据是网络爬虫的目的，常见的数据类型包括网页文本（例如 HTML、JSON）、图片（例如 JPG、GIF、PNG）和视频（例如 MPEG-1/2/4、AVI）等。

第二步：清洗数据。

清洗数据是采集数据之后的一个非常重要的步骤，目的是统一数据的格式，减少数据分析中存在的众多问题，从而提高数据的分析效率。在网页中，可以剔除一些与内容无关的标记，例如样式、脚本等。

第三步：存储数据。

存储数据是网络爬虫的最后一步，提取的数据在进行适当的处理后就可以保存并用于进一步的分析了。

课堂思考

按照数据产生的主体不同，数据采集的范围有哪些特点？

课堂讨论

为什么说数据采集渠道很重要？

工匠精神

高质量性：要进行数据的有效分析，使数据分析具有参考价值，一定要采集有代表性的高质量的数据。

精确性：采集的数据要有应用价值，精确性要有保障，不然的话，就是一堆垃圾数据。

任务二 数据采集常用软件和技术

任务描述

对应不同的数据采集方法，有不同的软件和技术。工欲善其事，必先利其器。本任务将带领学生熟悉八爪鱼采集器、requests、Flume 等采集技术。

任务目标

1. 熟悉数据采集的常用软件和技术。
2. 熟悉数据采集技术的处理步骤。

知识准备

具备数据采集的相关知识，包括概念和常用方法。

数据采集是指从真实世界对象中获得原始数据的过程。不准确的数据采集将影响后续的数据处理，最终导致无效的结果。数据采集方法的选择不但要依赖数据源的物理性质，还要考虑数据分析的目标。数据采集过程的主要特点和挑战是并发数高——由于可能同时有成千上万个用户在进行访问和操作，采集端需要部署分布式数据库集群以提供支撑。因此这些数据库集群的负载均衡与分片需要深入的思考和设计。

一、八爪鱼采集器

八爪鱼采集器是一款免费的、简单直观的网络爬虫工具，无须编码即可从许多网站爬取数据。为了降低使用难度，八爪鱼采集器为初学者准备了网站简易模板。用户使用简易模板时无须进行任务配置即可采集数据。此外，八爪鱼采集器还支持定时云采集，可实时获取动态数据，并定时将数据导出到数据库或任意第三方平台。

（一）八爪鱼采集器简介

八爪鱼采集器是一款全网通用的互联网数据采集器，可模拟人浏览网页的行为，通过简单的页面点选，生成自动化的采集流程，从而将网页数据转化为结构化数据，存储于 Excel 或数据库中。八爪鱼采集器可提供基于云计算的大数据云采集解决方案，是数据一键采集平台。

八爪鱼采集器以分布式云计算平台为核心，结合智能识别算法与可视化操作界面，可从不同的网站或者网页获取标准化数据。它帮助有网络数据获取需求的客户实现数据的自动化、标准化采集与导出，从而提高效率。作为专业的数据收集工具，八爪鱼采集器主要服务于国内企业及单位，拥有四种语言版本，包括汉语、英语、日语和西班牙语。

（二）产品功能

1. 采集全行业、全场景、全类型数据

支持无上限存储采集任务，实现全行业、全场景、全类型的互联网数据采集。覆盖电商、新闻、社交媒体、招投标、金融、房产等行业的互联网数据采集，且行业网站均配备可用模板。适配列表页、详情页、搜索页、瀑布流页、登录、多层点击、下拉框、IP 切换、验证码自动识别等场景采集。支持文字、链接、图片、视频、音频、HTML 源码、JSON 格式等类型数据的采集。

2. 高速采集大规模数据

使用高性能的云服务集群，提供多节点、高并发采集能力，可完成大规模数据的采集。企业版可使用独立的、高性能的云服务集群，无须排队即可开始数据采集。提供 30/100 云节点高并发采集能力，可完成大规模数据的采集；如果当前云节点不足，还支持灵活扩容。

3. 实时采集新增数据

支持设置灵活的定时采集策略、多节点高并发采集及自动去重 / 条件触发等功能，可实时采集各数据源的新增数据。可根据网站更新频率和单次更新数据量，设置合理的定时策略，支持极高频率定时；相同更新频次的网站可归为一组，实现分组定时。根据定时策略，将账号内的云节点合理分配给各数据源，以完成各数据源新增数据的采集。新采集数据会自动与历史数据对比去重；同时支持设置采集触发条件，仅采集满足条件的数据，精准获取新增数据。

4. 提供 API 接口，采集结果同步

提供高负载、高吞吐的 API 接口，支持边采集边导出，可将采集结果秒级同步到企业数据库或内部系统。除了 API 调用外，还提供自动入库功能。提供任务控制 API 接口，无须启动客户端即可控制任务启停、修改任务参数。

5. 支持 SaaS 版本与私有化部署版本

提供线上 SaaS 版本的软件服务，下载客户端即可使用。同时支持将整套采集系统部署到企业本地，帮助企业搭建专属的数据采集系统。采集任务与数据均存储在云端服务器，可随时查询、导出，或运行新的采集任务。

私有化部署版本可部署在隔离内网环境。提供定制化部署方案，满足多种数据安全级别。支持软件 OEM，去除八爪鱼 Logo，定制品牌 Logo，突出品牌信息。区别于线上 SaaS 版本按使用时长付费，私有化部署版本一次授权后可终身使用。

私有化部署版本涵盖线上 SaaS 版本的全部功能，具备多种管理权限，包括服务器集群资源管理、用户权限管理、任务调配管理和数据监控管理，具备 API 和 SDK 接口。支持二次开发，除成熟的采集功能外，还提供二次开发服务，包括但不限于系统集成、数据清洗、数据全文检索、数据可视化展示和数据分析应用。

二、requests

（一）requests 简介

requests 是 Python 中的第三方 HTTP 模块库，专注于处理网络请求，是编写爬虫、API 调用、网络数据交互等场景的核心工具之一。它基于 urllib，又比 urllib 更加简单、高效，支持 GET、POST、PUT、DELETE、HEAD、OPTIONS 等 HTTP 请求方法。使用 requests 可让 Python 实现访问网页并获得源代码的功能。requests 不是 Python 的标准库，需要安装，可以在命令行中使用 pip 进行安装。安装命令如下：

```
>pip install requests
```

执行上述命令即可安装 requests，安装完成后，需要在 Python 的交互环境中导入 requests。导入成功效果如下：

```
>import requests
```

（二）请求方法

在使用 requests 发送网络请求前的第一步是导入 requests，代码如下：

```
>import requests
```

浏览器直接输入网址访问页面时，默认使用的就是 GET 方法。使用 GET 方法获取网页源代码的格式如下：

```
>html = requests.get ('网址')
```

假如要获取浪潮集团官方网站首页源代码，代码如下：

```
>response= requests.get ('https://www.inspur.com/')
```

还有一些网页只能通过从另一个页面单击某个链接或者某个按钮以后跳转，无法直接通过在浏览器中输入网址访问，这些网页就是使用了 POST 方法。使用 POST 方法获取源代码的格式如下：

```
>response= requests.get ('网址', data=[key:value])
```

说明：data 这个字典的内容和项数需要根据实际情况修改，key 和 value 在不同的网站是不一样的。

还有一些网址，提交的内容需要是 JSON 格式的，requests 可以自动将字典转换为 JSON 字符串。示例代码如下：

```
>html_json = requests.post ('网址', json=data).content.decode()
```

除此之外，requests 实现其他 HTTP 的基本请求方法也是比较简单的。实现 PUT、DELETE、HEAD 以及 OPTIONS 方法的代码如下：

```
>response= requests.put('https://www.inspur.com/',data =
[key:value])
>response= requests.delete('https://www.inspur.com/')
>response= requests.head('https://www.inspur.com/')
>response= requests.options('https://www.inspur.com/')
```

（三）响应状态码

响应状态码是用来表示网页服务器 HTTP 响应状态的 3 位数字代码，可以使用 response.status_code 查看响应状态码。示例代码如下：

```
>response= requests.get('https://www.inspur.com')
>response.status_code
```

为方便引用，requests 还附带了一个内置的响应状态码查询对象。示例代码如下：

```
>response.status_code = requests.codes.ok
True
```

（四）响应内容

requests 会自动解码服务器返回的内容。大多数 Unicode 字符集都能被无缝地解码。使用 response.text 可以查看解码后的文本内容。示例代码如下：

```
>import requests
>r = requests,get('https://www.inspur.com')
>text
```

请求发出后，requests 会基于 HTTP 头部信息对响应的编码做出合理推测。当访问 r.text 时，requests 会使用这一推测的编码进行解码。修改 r.encoding 属性可指定编码格式。示例代码如下：

```
>r.encoding
'utf=8'
>r.encoding='ISO=8859=1'
```

（五）定制请求头部

服务器通过读取请求头部的信息来判断请求来自正常浏览器还是爬虫。因此在使用 requests 的过程中，可通过为请求添加 HTTP 头部来伪装成正常浏览器，只需向 headers 参数传递一个字典即可。示例代码如下：

```
>url = 'https://www.inspur.com'
>headers={'User-Agent':'Mozilla/5.0(Windows NT 10.0:WOW64)
AppleWebKit/537.36KHTML, like Gecko) Chrome/58.0.3029.110
Safari/537.36 SE 2.X MetaSr 1.0' }
>r = requests.get(url, headers=headers)
```

（六）重定向与请求历史

默认情况下，除了 HEAD，requests 会自动处理所有重定向。可以使用响应对象的 history 属性来追踪重定向。response.history 是一个 Response 对象的列表，这个对象列表按照从最早到最近的请求顺序进行排序。示例代码如下：

```
>r= requests.get('http://www.inspur.com')
>print(r.url)  # 输出: https://www.inspur.com
>print(r.status_code)  # 输出: 200
>print(r.history)  # 输出: [<Response[301]>]
```

说明：使用 GET、OPTIONS、POST、PUT、PATCH 或 DELETE 方法时，可以通过 allow_redirects 参数禁用重定向处理。示例代码如下：

```
>r  =  requests.get('http://www.inspur.com',  allow_
redirects=False)
>print (r.status_code)
>print (r.history)  # 输出: []
```

三、Flume

Flume 是一个分布式、高可靠且高可用的海量日志采集、聚合与传输工具。Flume 支持在日志系统中定制各类数据发送方以收集数据，同时提供对数据的简单处理，并能将处理后的数据写入多种接收方（例如文本、HDFS、HBase 等）。其设计原理是将数据流（例如日志数据）从各种网站服务器等源头汇集，最终存储到 HDFS、HBase 等集中式存储器中。

（一）Flume 简介

Flume 运行的核心是 Agent。Flume 以 Agent 为最小的独立运行单位，一个 Agent 就是一个 Java 虚拟机（Java Virtual Machine，JVM）。它是一个完整的数据采集工具，包含三个核心组件，分别是数据源（Source）、数据通道（Channel）和数据槽（Sink），如图 3-3 所示。通过这些组件，事件（Event）“可以从一个地方流向另一个地方”。

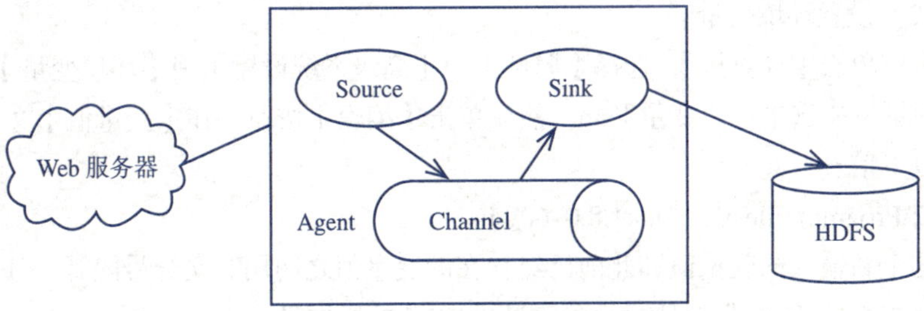

图 3-3　Flume 的技术架构

1. 数据源

数据源是数据的收集端，负责捕获数据并进行特殊格式化，将数据封装为事件后推入数据通道。常用的数据源类型包括 Avro、Thrift、Exec、JMS、Spooling Directory、Taildir、Kafka、NetCat、Syslog、HTTP 等。

2. 数据通道

数据通道是连接数据源和数据槽的组件，可以将它看成数据的缓冲区（或数据队列）。它可以将事件暂存于内存中，也可以将事件持久化到本地磁盘，直到数据槽处理完该事件。常用的数据通道类型包括 Memory、JDBC、Kafka、File、Custom 等。

3. 数据槽

数据槽负责从数据通道中取出数据，并存储到文件系统、数据库，或提交到远程服务器。常用的数据槽类型包括 HDFS、Hive、Logger、Avro、Thrift、IRC、File Roll、HBase、Elasticsearch、Kafka、HTTP 等。

Flume 提供了大量内置的数据源、数据通道和数据槽类型。不同类型的数据源、数据通道和数据槽可以自由组合，组合方式基于用户设置的配置文件，非常灵活。例如，数据通道可以将事件暂存于内存中，也可以将事件持久化到本地硬盘；数据槽可以将日志写入 HDFS、HBase，甚至传递给另外一个数据源。

（二）Flume 的安装

1. 安装 JDK

Flume 的运行需要 Java 环境的支持，因此，需要在 Windows 操作系统中安装 Java 开发工具包（Java Development Kit，JDK）。

JDK 是整个 Java 开发体系的核心，包含 Java 运行环境、Java 工具和 Java 基础类库等。要想开发 Java 程序，就必须安装 JDK，因为 JDK 包含各种 Java 工具；要想在计算机上运行使用 Java 开发的应用程序，也必须安装 JDK，因为 JDK 包含 Java 运行环境。Flume、Kafka、Hadoop 的运行都依赖 Java 运行环境，因此需要安装 JDK。JDK 的安装步骤如下：

（1）下载 JDK 安装包并完成安装。

（2）设置环境变量。

右键单击【计算机】，选择【属性】→【高级系统设置】→【环境变量】，在弹出的对话框中选中用户变量 Path，然后单击【编辑】按钮，在【变量值】文本框中输入以下信息：

C:\Program Files\Java\jdk1.8.0_60\bin

这个新输入的变量值和此前已经存在的变量值之间用英文分号隔开，如图 3-4 所示。“jdk1.8.0._60”是刚才已经安装的 JDK 的版本号。

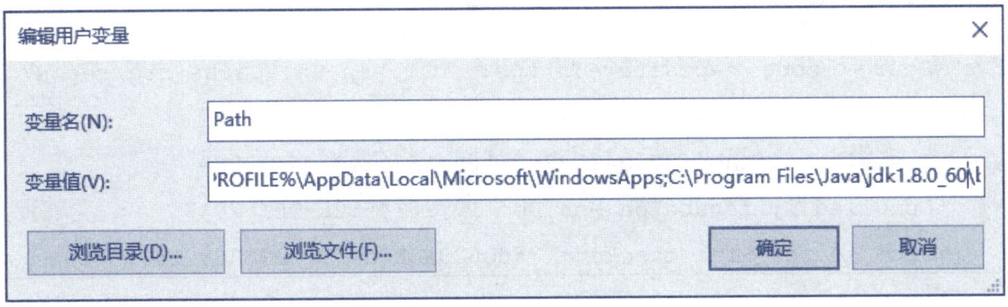

图 3–4　编辑用户变量 Path

用同样的方法打开【环境变量】对话框，单击【新建】。如图 3–5 所示，新建系统变量 JAVA_HOME，将【变量值】设置为以下信息：

C:\Program Files\Java\jdk1.8.0_60

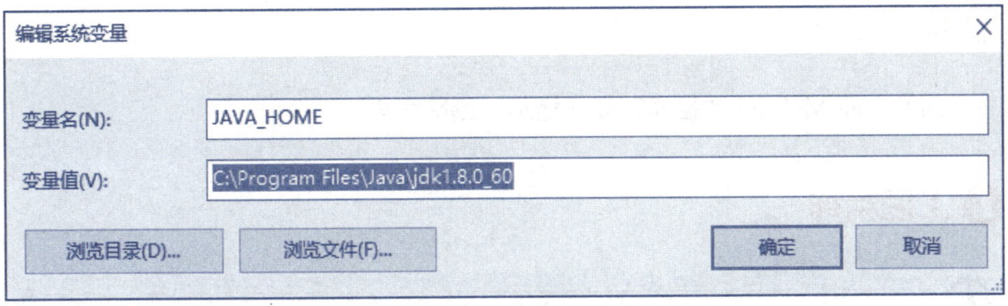

图 3–5　新建系统变量 JAVA HOME

（3）验证安装结果。

按下“win+R”，输入 cmd 命令行窗口，输入“java-version”命令测试是否安装成功。若安装成功，则会显示图 3–6 所示信息。

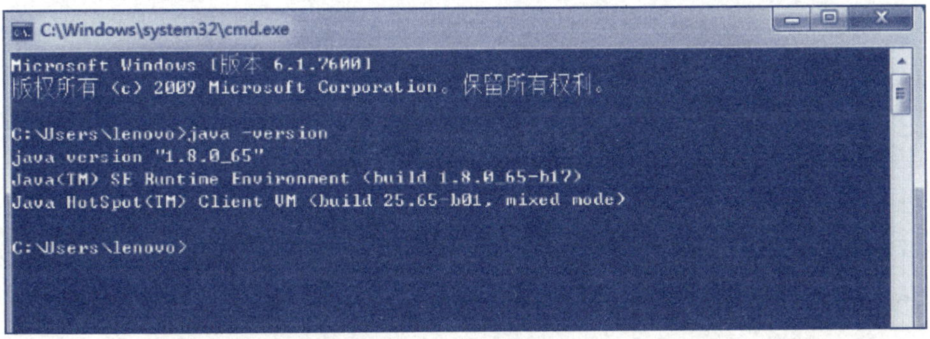

图 3–6　命令执行结果

2. 安装 Flume

下载 Flume 安装包（例如 apache-fume-1.9.0-bin.tar.gz），解压缩到 C:\ 目录下，然后执行以下命令测试是否安装成功：

```
>cd  c:\apache-flume-1.9.0-bin\bin
>flume-ng version
```

如果能够返回类似以下代码的信息，则表示安装成功：

```
    Flume 1.9.0
    Source  code  repository:https://git-wip-us.apache.org/repos/
asf/flume.git
    Revision:d4fcab4f501d41597bc616921329a4339f73585e
    Compiled by fszabo on Mon Dec 17 20:45:25 CET 2018
    From source with checksum 35db629a3bda49d23e9b3690c80737f9
```

课堂思考

数据采集有哪些常用方法，各有什么不同？

课堂讨论

如何安装 MySQL 数据库？如何增加、删除字段？

工匠精神

提高生产效率：通过数据采集，可以收集到生产过程中的各种数据，例如设备的运行状态、产品的质量等，进而分析和优化生产流程，提高生产效率和产品质量。

支持决策制定：数据采集可以提供大量的数据支持，帮助企业做出更准确和科学的决策。通过对采集到的数据进行分析和挖掘，可以发现潜在的关联和规律，从而为决策者提供可靠的依据。

提升技能和本领：时代不断发展，新的技术不断出现，要想适应社会的发展，必须不停地学习，掌握新的技能。

创新和改进：在数据采集过程中，要勇于创新，面对不同的数据采集问题，应该想出不同的解决办法，不断优化数据处理。

任务三　数据采集技术实现案例

任务描述

掌握数据采集技术是进行数据分析的重要前提。本任务将介绍如何使用八爪鱼采集器、requests、Flume 进行数据采集，使学生熟练掌握数据采集技术和软件的应用。

任务目标

1. 熟悉数据采集技术的应用。
2. 熟悉采集数据的导出方法。

知识准备

具备数据库创建、数据查询、索引创建，以及程序设计语言的相关知识。

一、网页数据采集

八爪鱼采集器是一种网络爬虫工具，可以帮助用户快速获取网页上的数据。以下是使用八爪鱼采集器获取数据的方法。

（1）确定目标数据源：首先需要确定要获取数据的网站或数据源，了解网站的结构、数据存储方式以及是否存在反爬机制等信息。

（2）选择合适的采集模板：八爪鱼采集器提供了多种采集模板，可以根据目标数据源的结构和数据特点选择合适的模板，例如列表页采集、详情页采集等。

（3）配置采集规则：根据目标数据源的特点和需求，配置相应的采集规则，例如提取链接、提取字段等。

（4）运行采集任务：八爪鱼采集器会自动按照配置的规则爬取数据。

（5）处理和导出数据：八爪鱼采集器支持将爬取的数据保存为多种格式（例如 XIS、CSV 等），可以根据需要选择相应的格式导出数据。

（6）优化采集规则：在实际使用中，可能需要不断调整和优化采集规则，以获取更准确、更完整的数据。

需要注意的是，在使用八爪鱼采集器进行数据采集时，需要遵守相关法律法规和网站的使用协议，不能恶意爬取或滥用数据。同时，也要注意保护个人隐私和信息安全。

（一）安装八爪鱼采集器

第一步：打开八爪鱼官网，下载八爪鱼采集器安装包，如图 3-7 所示。

图 3-7　八爪鱼采集器官网

第二步：解压安装包，双击【Octopus Setup 8.6.7.exe】进行安装。

第三步：安装成功后打开该软件，出现登录界面，如图 3-8 所示。

图 3-8　八爪鱼登录界面

第四步：输入账号、密码，登录八爪鱼首页，如图 3-9 所示。

图 3–9　八爪鱼首页

第五步：观察八爪鱼首页，左边是功能选项，中间是采集模板，右边主要是教程与帮助。初学者如果不清楚采集方法和流程，可以仔细浏览教程与帮助。

第六步：选择【新建】，进入【自定义任务】命令，在【网址】文本框中输入“https://www.ifeng.com”网址即可，如图 3–10 所示。

图 3–10　自定义任务

（二）使用八爪鱼采集器采集数据

以对某网站手机进行数据采集为例，说明八爪鱼采集器的操作方法，步骤如下：

第一步：复制某网站到八爪鱼，然后点击【开始采集】，如图 3-11 所示。

图 3-11　登录某网站页面

第二步：在插入文本里面选择【批量插入】，输入某品牌，然后点击【确定】，如图 3-12 所示。

图 3-12　选择批量插入

第三步：点击【搜索】，再点击【点击一次】，出现关键词的搜索结果，进入某品牌官方旗舰店，如图 3-13 所示。

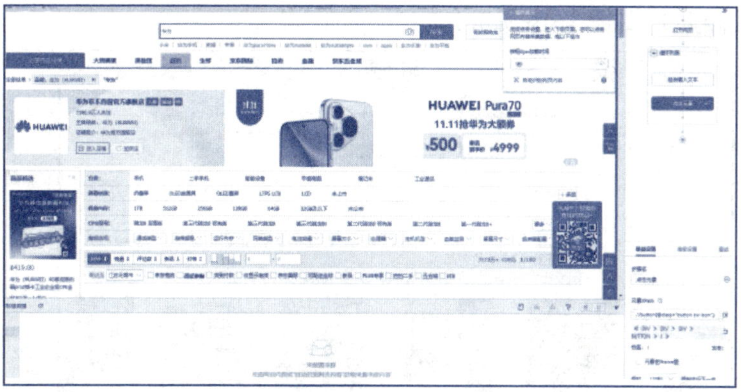

图 3-13　关键词的搜索结果

第四步：爬取某品牌旗下的产品，在橙色操作提示框中，点击【选中全部子元素】，再点击【选择全部相似组】，最后点击【元素中数据内容】，如图 3-14 所示。

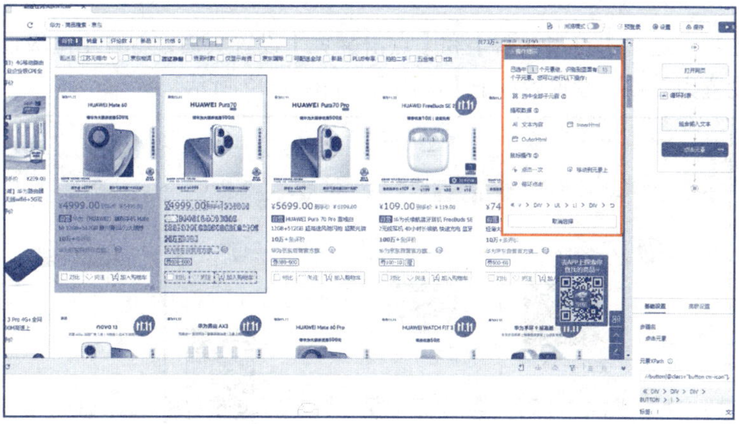

图 3-14　选中爬取信息

第五步：导出结果，如图 3-15 所示。

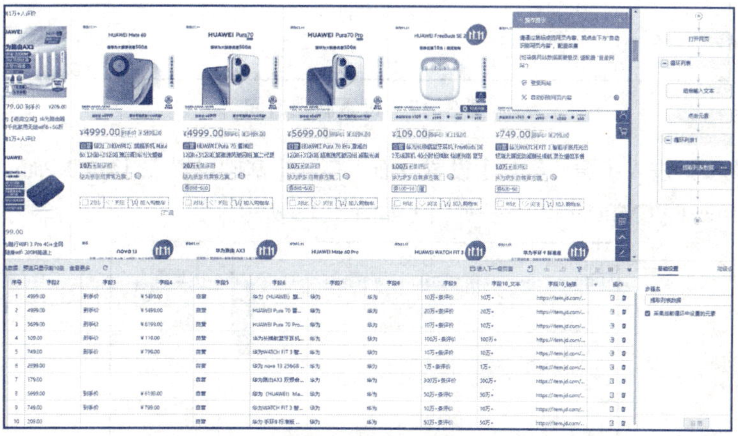

图 3-15　导出爬取信息结果

第六步：选择页面中的【下一页】，在操作提示上单击【循环点击下一页】，创建【循环翻页】，如图 3-16 所示。

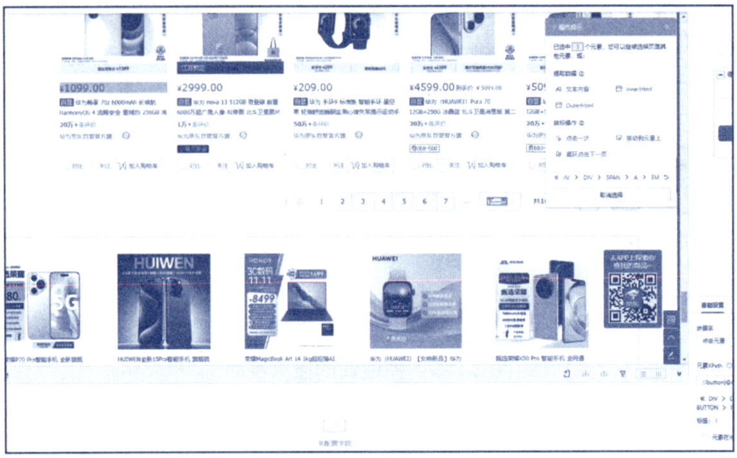

图 3-16　循环翻页

第七步：进入【点击元素】和【点击翻页】设置页面，打开【高级设置】，每次间隔设置为 2 秒，设置后点击【应用】，如图 3-17 所示。

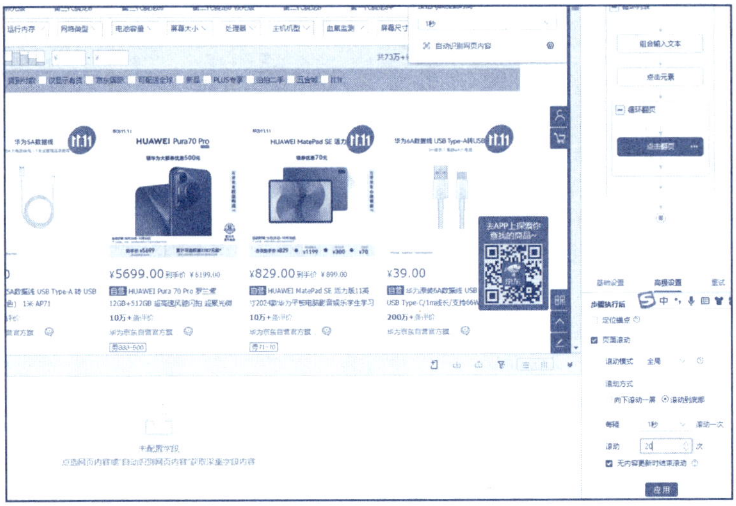

图 3-17　设置间隔时间

第八步：进入【循环翻页】设置页面，打开【基础设置】，修改 XPath 为：//a[@class="pn-next"]/EM[text()=" 下一页 "]，如图 3-18 所示。

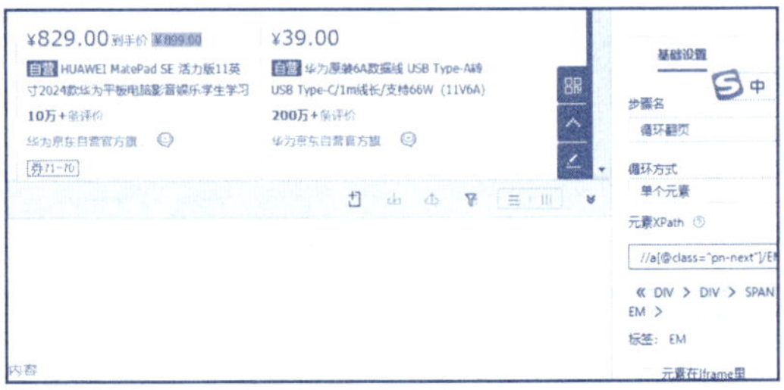

图 3-18　修改 XPath

第九步：导出结果，如图 3-19 所示。

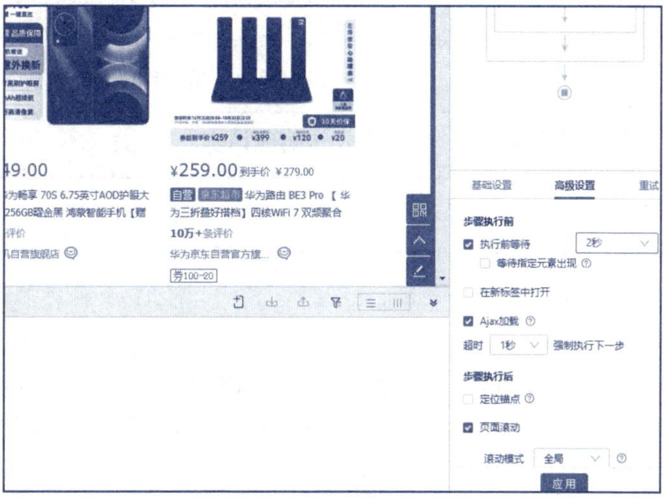

图 3-19　导出翻页采集结果

二、网站数据采集

使用 requests 进行网站数据采集的思路是：首先使用 requests 获取网页源代码，然后使用正则表达式获取数据。

操作步骤如下：

第一步：打开网站，找到“警世通言”小说，如图 3-20 所示。

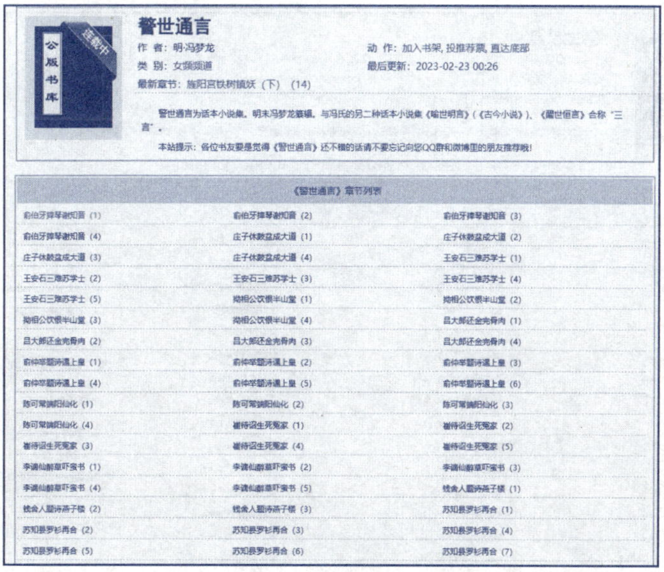

图 3-20　“警世通言”页面

第二步：导入需要使用的库，并使用 requests 获取网页源代码。

```
import requests              # 导入 requests 库，用于发送 HTTP 请求
from lxml import etree        # 导入 etree 模块，用于解析 HTML
import os                    # 导入 os 模块，用于处理文件和目录路径
```

第三步：模拟浏览器浏览，向网页发送响应请求。

```
# 网页网址（指向小说章节列表的那部分）
url = https://XXX.zgjpds.com/xs/23856/
# 模拟浏览器访问，避免被网站拒绝服务
headers = {
       'User-Agent': 'Mozilla/5.0(Windows NT 10.0; Win64;
x64)AppleWebKit/537.36(KHTML,like Gecko)Chrome/119.0.0.0
Safari/537.36'}

# 获取源代码请求和响应状态
response = requests.get(url, headers=headers)
response.raise_for_status()
response.encoding = 'utf-8'
```

第四步：单击鼠标右键，在弹出的快捷菜单中选择【查看网页源代码】命令，如图 3-21 所示。

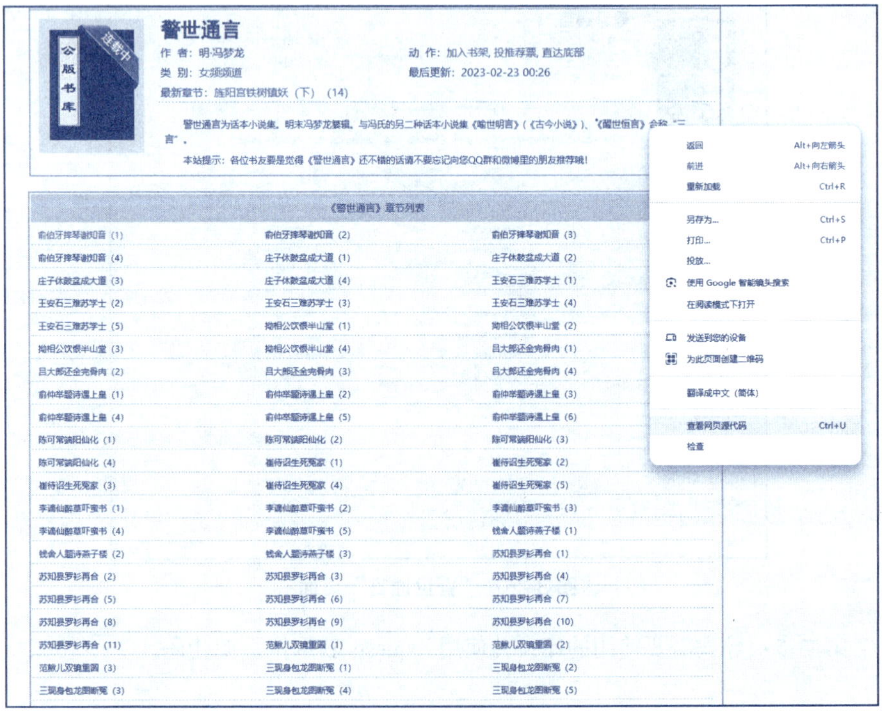

图 3-21　查看网页源代码

第五步：查看网页源代码，并提取网页章节目录链接。

由于网址存在于 <a> 标签中，但 <a> 标签本身没有特殊的标识符来区分章节的链接和其他普通链接，因此需要使用先抓大再抓小的技巧。

构造正则表达式，先提取包含每一章链接的一大块内容，再对这一大块内容使用正则表达式提取网址。由于源代码中的网址使用的是相对路径，因此需要手动拼接为绝对路径。代码如下：

```
HTML_code = response.text
tree = etree.HTML(HTML_code)
# 注意：这里的 XPath 可能需要根据实际网页结构进行调整
chapter_hyperlink = tree.xpath('//div[@id="list"]/dl/dd/a/@href')
if not chapter_hyperlink:
print("未找到章节链接")
exit(1)  # 如果未找到章节链接，则输出错误信息并退出程序
```

第六步：单击【第一卷】，查看源代码。

搜索源代码中的 <p> 标签和 </p> 标签，发现刚好有一对包裹着正文。而正文中的
 标签没有必要用正则表达式去除，直接使用字符串的 replace() 方法将它替换为空即可。

第七步：保存数据到本地，代码如下：

```
save_dir = r'F:\小说\警世通言'
if not os.path.exists(save_dir):
    os.makedirs(save_dir)
```

第八步：循环下载每个章节的内容并保存，代码如下：

```
for idx, link in enumerate(chapter_hyperlink, start=1):
      new_url = "https://www.zgjpds.com" + link if not link.startswith("http") else link
  try:
      chapter_response = requests.get(new_url, headers=headers)
    chapter_response.raise_for_status()
    chapter_response.encoding = 'utf-8'
    chapter_HTML = chapter_response.text
    chapter_parse = etree.HTML(chapter_HTML)

    # 使用 XPath 查找章节内容文本节点
     chapter_content_node = chapter_parse.xpath('//div[@
```

```
id="htmlContent"]//text()')
            chapter_content = ' '.join(chapter_content_node).strip()

            # 保存文件
        file_path = os.path.join(save_dir, f"小说_第{idx}章.txt")
        with open(file_path, 'w',  encoding='utf-8') as file:
            file.write(chapter_content)
            file.write('\n')

        print(f"成功下载第{idx}章")
        except requests.RequestException as e:
    print(f"请求章节{idx}失败: {e}")
    except Exception as e:
    print(f"处理章节{idx}时发生错误: {e}")

    print("所有章节下载完成")
```

第九步：运行项目，生成的文件如图 3-22 所示。

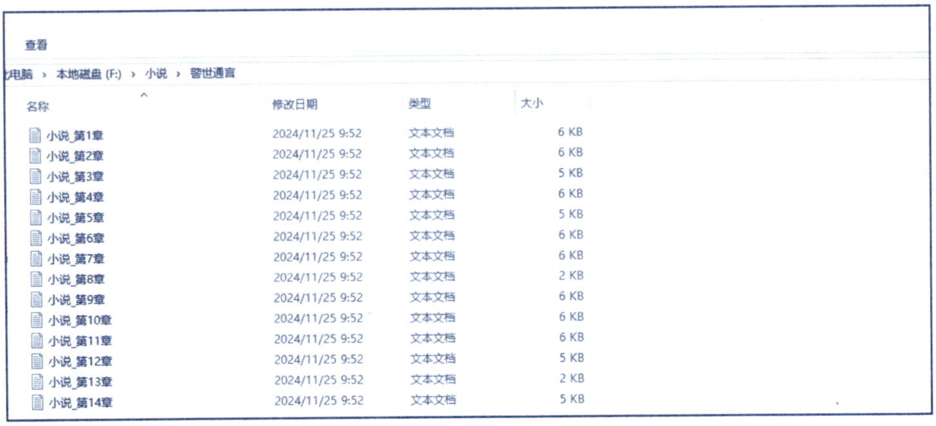

图 3-22　生成的文件

三、日志数据采集

使用 Flume 的核心是设置配置文件。在配置文件中，需要详细定义 Source、Channel 和 Sink 的相关信息。这里通过两个实例来介绍如何设置配置文件。

（一）采集 NetCat 数据显示到控制台

这里给出一个简单的实例：假设 Source 为 NetCat 类型（监听指定端口接收数据），通过 Telnet 连接该端口并发送数据，最终 Flume 将接收的数据通过控制台（屏幕）输出。下面首先介绍在 Windows 7 中的操作方法，然后介绍在 Windows 10 中的操作方法。

1. 在 Windows 7 中的操作方法

为了顺利完成后续操作，首先开启 Windows 7 的 Telnet 服务。具体方法是：打开【控制面板】，单击【程序】→【默认程序】，在窗口左下角单击【程序和功能】，再单击左侧顶部的【启用或关闭 Windows 功能】，将出现如图 3-23 所示的窗口，然后选中【Telnet 服务器】和【Telnet 客户端】后单击【确定】按钮。

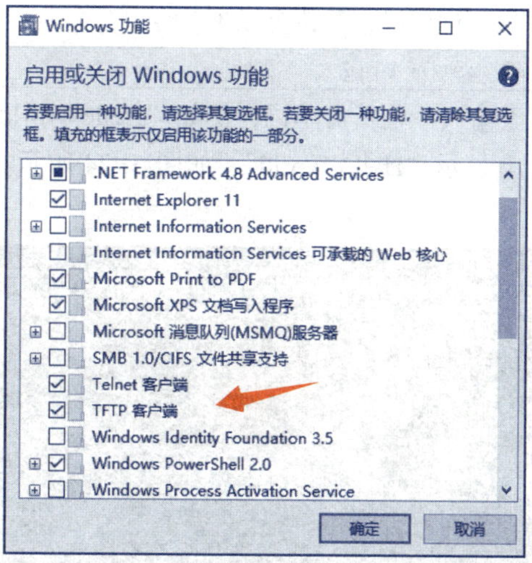

图 3-23　启用或关闭 Windows 功能

在 Flume 安装目录的 conf 子目录下，新建一个名为 example.conf 的配置文件，该文件的内容如下：

```
# 设置 Agent 上的各个组件名称
a1.sources = r1
a1.sinks = k1
a1.channels = c1
# 配置 Source
a1.sources.r1.type = netcat
a1.sources.r1.bind = localhost
a1.sources.r1.port = 44444
# 配置 Sink
a1.sinks.k1.type = logger
# 配置 Channel
a1.channels.c1.type = memory
a1.channels.c1.capacity= 1000
          a1.channels.c1.transactionCapacity = 100
# 把 Source 和 Sink 绑定到 Channel 上
a1.sources.r1.channels = c1
a1.sinks.k1.channel = c1
```

配置文件设置了 Source 类型为 NetCat，Channel 类型为 Memory，Sink 类型为 Logger。然后，新建一个 cmd 命令行窗口（这里称为 Flume 窗口），并执行以下命令：

```
> cd c:apache-flume-1,9,0-bin
> .bin\flume-ng agent --conf .\conf  --conf-file .\conf\
example.conf--name al --property flume.root.logger=INFO, console
```

再新建一个 cmd 命令行窗口，并执行以下命令：

```
> telnet localhost 44444
```

这时就可以从键盘输入一些英文单词，例如“Hello World”，切换到 Flume 窗口，就可以看到屏幕上显示“Hello World”，如图 3-24 所示。这说明 Flume 成功地接收到了信息。

```
2024-02-5 18:34:38,844 <SinkRunner-PollingRunner-
DefaultSinkProcessor>[INFO-
Org.apache.flume.sink.LoggerSink.process<LoggerSink.java:95>]
Event:{headers:{
} body:48 65 6C 6C 6F 20 57 6F 72 6C 64 0D        Hello
World.}
```

图 3-24　Flume 窗口中显示接收到的信息

2. 在 Windows 10 中的操作方法

在 Windows 10 中运行 Flume 的操作与 Windows 7 一致，差别主要在于 Telnet 操作。由于 Telnet 存在安全性问题，Windows 10 默认未安装 Telnet 客户端，因此无法执行 telnet localhost 44444 命令。为了能够执行 telnet localhost 44444 命令，可以通过 Windows 子系统使用 Linux 环境下的 telnet 命令，操作步骤如下：

进入 Windows 10 自带的软件商店，在软件商店中搜索“Ubuntu”并选择第一个搜索结果进行下载，如图 3-25 所示。下载结束后，单击【安装】按钮完成 Ubuntu 系统的安装。

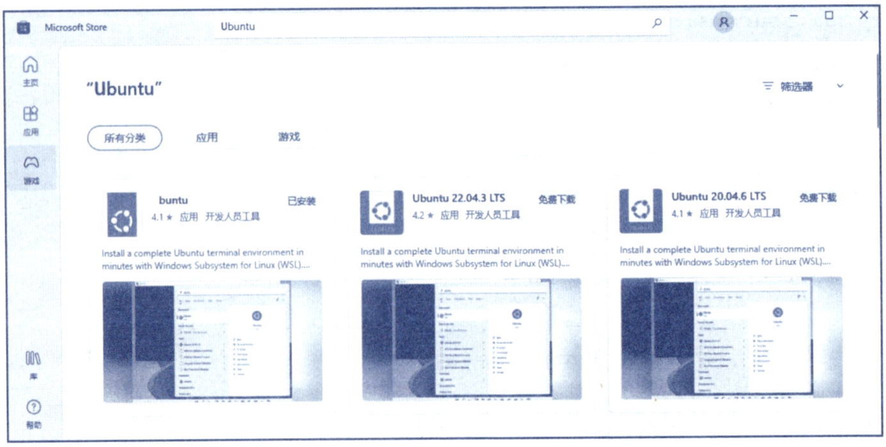

图 3-25　在软件商店中下载 Ubuntu

安装完成后，可以从【开始】菜单启动 Ubuntu。初次启动时需设置用户名和密码，设置以后就可以进入 Ubuntu 的命令行窗口。在命令提示符后面输入“telnet localhost 44444”命令即可。Ubuntu 子系统和原系统 Windows 10 的端口信息可以互通，效果等同于 Windows 7 中的 telnet 命令。这时从键盘输入一些英文单词，例如“Hello World”，切换到 Windows 10 中的 Flume 窗口，就可以看到屏幕上显示“Hello World”，说明 Flume 成功地接收到了信息。

（二）采集目录下的数据显示到控制台

假设 Windows 操作系统中有一个目录“C:\mylogs”，这个目录下不断有新的文件生成。使用 Flume 采集这个目录下的文件，并把文件内容显示到控制台（屏幕）。

在 Flume 安装目录的 conf 子目录下，新建一个名为 example.conf 的配置文件，该文件的内容如下：

```
# 设置 Agent 上的各个组件名称
a1.sources = r1
a1.channels = c1
a1.sinks = k1

# 配置 Source
a1.sources.r1.type = spooldir
a1.sources.r1.spoolDir = C: /mylogs/

# 配置 Channel
a1.channels.c1.type = memory
a1.channels.c1.capacity= 10000
a1.channels.c1.transactionCapacity=100

# 配置 Sink
a1.sinks.k1.type = logger
106
# 把 Source 和 Sink 绑定到 Channel 上
a1.sources.r1.channels = c1
a1.sinks.k1.channel =c1
```

清空“C:\mylogs”目录（即删除该目录下的所有内容），然后新建一个 cmd 命令行窗口（这里称为 Flume 窗口），并执行以下命令：

```
  > cd c:\apache-flume-1.9.0-bin
  >.\bin\flume-ng agent--conf .\conf --conf-file, \conf\example.
conf --name aproperty flume.root.logger=INFO.console
```

然后，在“C:\”目录下新建一个文件 mylog.txt，输入一些内容（例如“I love Flume”。保存该文件，并把该文件复制到“C:\mylogs”目录下。此时可以看到，mylog.txt 很快变成 mylog.txt.COMPLETED，同时在 Fume 窗口中显示 mylog.txt 中的内容。

四、数据库数据采集

实现数据的采集与汇聚，开放数据库是最直接的一种方式。当两个系统分别拥有独立的数据库时，同类型数据库之间的对接会更便捷。

（一）如果两个系统的数据库在同一个服务器上

如果两个系统的数据库在同一个服务器上，只要用户名设置没有问题，就可以直接相互访问。访问时，需在表名前指定目标数据库名称及表的所有者。

（二）如果两个系统的数据库不在一个服务器上

建议采用链接服务器的形式处理，或者使用开放数据集和开放数据源的方式，这需要在数据库的外围配置访问权限。本案例使用 Logstash 工具采集数据库数据。

1. Windows 下安装和运行 Logstash

登录 Elastic 网站，下载最新版本的 Logstash，如图 3-26 所示。

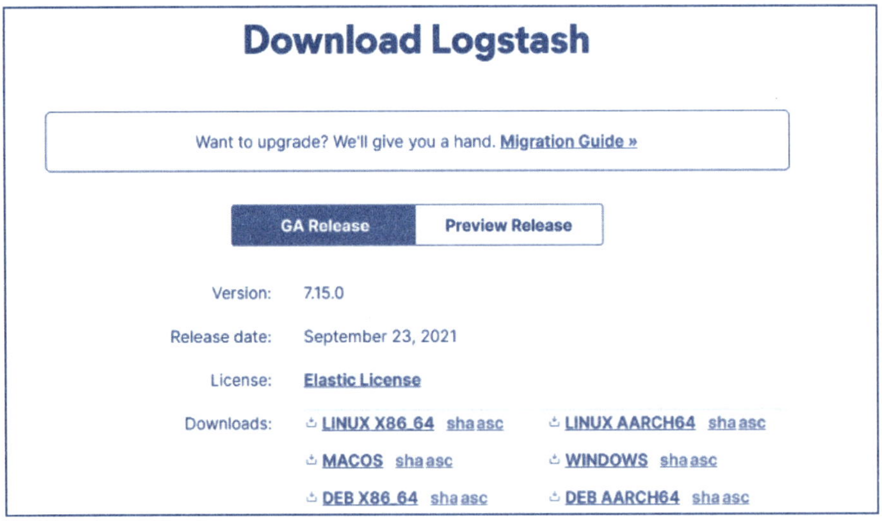

图 3–26 Logstash 下载页面

下载后，将安装包解压到磁盘根目录下。找到配置文件路径 C:\logstash-7.15.0\config\logstash-sample.cont，打开该文件，输入以下内容，如图 3–27 所示。

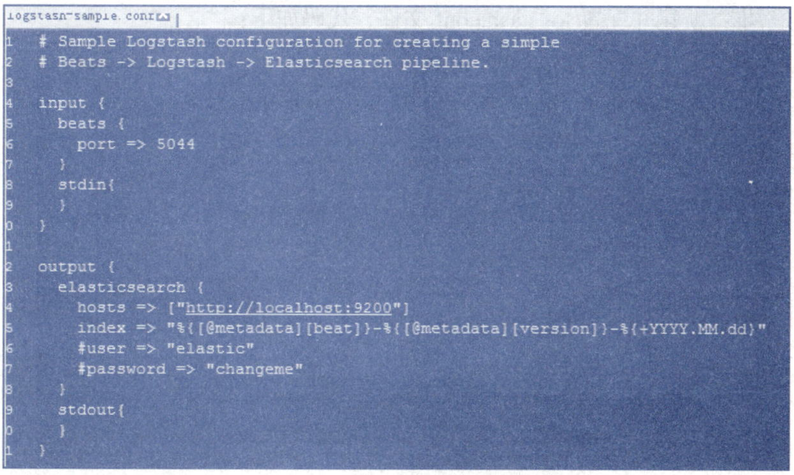

图 3–27　输入内容

进入 cmd，执行以下命令：

```
./logstash.bat-f"C:
\Users\Administrator\Desktop\canal\logstash\logstash-7.15.0-
windows-x86_64\logstash-7.15.0\config\logstash-sample.conf"
```

若如图 3–28 所示，则启动成功。

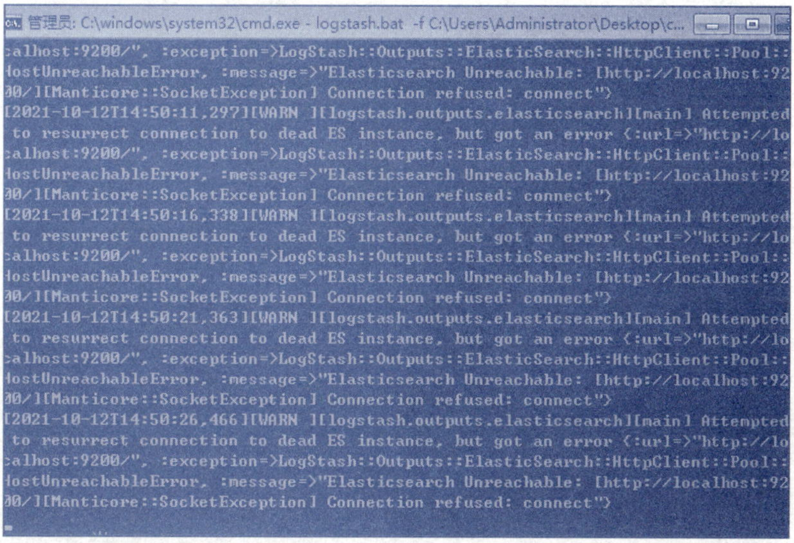

图 3–28　启动成功

2. 使用 Logstash 采集数据库数据

第一步：准备 MySQL 连接环境。在 Logstash 的 bin 目录中新建 lib 目录，放入 mysql-connector-java-5.1.48.jar 驱动包。

第二步：创建 SQL 查询文件。在 Logstash 的 bin 目录中新建 sql 文件夹，在该文件夹内新建 jdbc.sql 文件，代码如下：

```
> SELECT * FROM expand_outline_copy
```

第三步：新建并配置 logstash.conf 文件，代码如下：

```
# Sample Logstash configuration for creating a simple
# Beats ->Logstash -> Elasticsearch pipeline.
input {
stdin {
    }
jdbc {
# mysql jdbc connection string to our backup databse
jdbc_connection_string =>"jdbc: mysal: /ocalhost: 3306/test'
# the user we wish to excute our statement as
jdbc_ user => "root"
jdbc_password =>"root"
#t the path to our downloaded jdbc driver

jdbc_driver_library=>"./lib/mysql-connector-java-5.1.48.jar'
# the name of the driver class for mysgi
jdbc_driver_class =>"com.mysql.jdbc.Driver"
jdbc_paging enabled => "true"
jdbc_page size =>"50000"
statement_filepath =>".sqljdbc.sql"
schedule =>"* * * * *"
type => "jdbc"
}
     }
filter {
json {
source => "message"
remove_field => ["message"]
}
}
output {
csv {
path => "G: \Serverielkioutputvfile.csv"
fields => ["eo_id","semester","month"]
csv_options => {"col_sep" =>" "}
        }
     file{
codec =>json
```

```
path=>"G:\Server\elk\output\expand_outline_copy.json"
            }
Stdout {
codec => json_lines
}
}
```

第四步：启动 Logstash。进入 Logstash 的 bin 目录，在 cmd 中执行以下命令：

```
logstash -f ../config/logstash.conf
```

第五步：启动成功后，运行效果如图 3-29 所示。

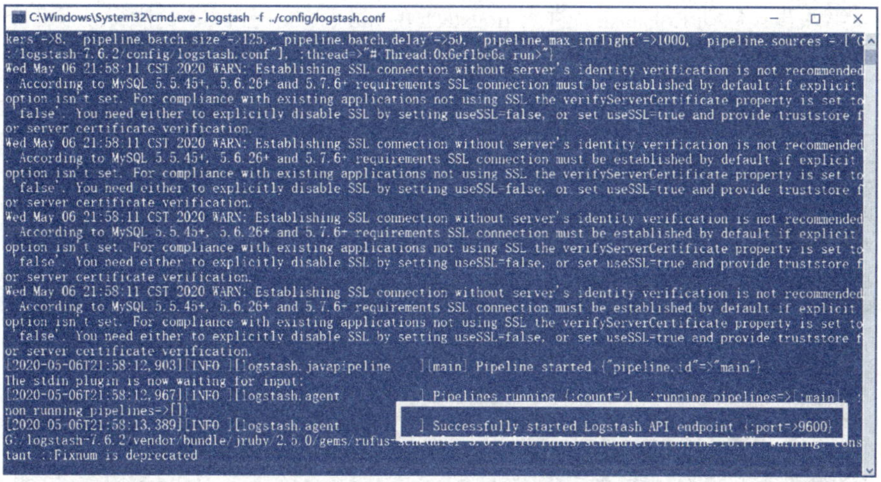

图 3-29　启动 Logstash

此时打开“C:\Server\elk\output”目录会发现有两个文件，如图 3-30 所示。

图 3-30　Logstash 生成文件

第六步：安装 logstash-output-jdbc 插件。进入 Logstash 根目录，在 cmd 中执行以下命令：

```
./bin/logstash-plugin install logstash-output-jdbc
```

第七步：更改 logstash.conf 配置文件，代码如下：

```
output {
Jdbc {
driver_jar_path =>"./lib/mysql-connector-java-5.1.48.jar"
```

```
    driver_class=>"com.mysql.jdbc.Driver"
    connection_string =>"jdbc: mysql: //localhost: 3306/
test?user=root&password=root"
    statement => [ "INSERT INTO expand_outline_copy (eo_id,
semester,month) VALUES(?, ?, ?)",
    "eo_id" , "semester", "month" ]
        }
    stdout {
    codec => json_lines
```

第八步：启动 Logstash，进入 Logstash 的 bin 目录，在 cmd 中执行以下命令：

```
    logstash -f ../config/logstash.conf
```

若启动成功，则如图 3-31 所示。

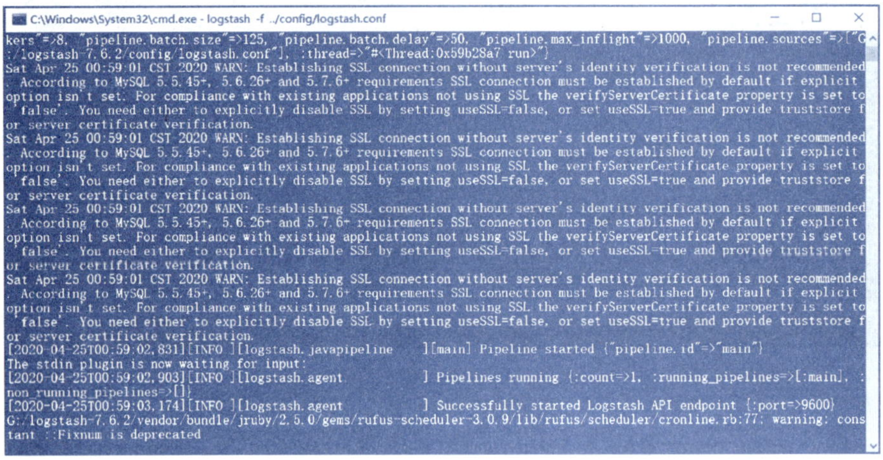

图 3-31　运行成功

通过如图 3-32 所示的效果可以看到 Logstash 采集的数据已成功写入 MySQL 数据库表中。

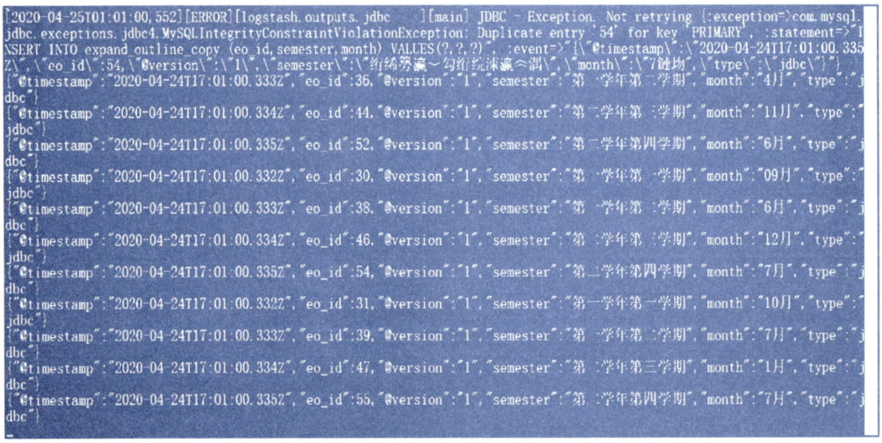

图 3-32　写入数据库

课堂思考

数据采集时，为什么要用数据库来存储采集的数据?

课堂讨论

采集的数据一般是面向某一主题的，这些数据是否全部有用，是否需要进行数据清洗?

工匠精神

全面性：全面性是指数据量足够产生分析价值、数据面足够支撑分析需求。例如，对于“查看商品详情”这一行为，需要采集触发行为时的环境信息、会话以及背后的用户 ID，需要统计在某一时段触发这一行为的人数、次数、人均次数、活跃比等。

多维性：多维性要求数据能从多个维度满足不同层次的分析需求。例如“查看商品详情”这一行为，通过“埋点”，我们才能知道用户查看的商品名称、价格、类型、商品 ID 等多个属性，从而知道用户看过哪些商品、什么类型的商品被查看得多、某一个商品被查看了多少次，而不仅仅是知道用户进入了商品详情页。

高效性：高效性包含技术执行的高效性、团队内部成员协同的高效性以及数据分析目标实现的高效性。数据采集必须明确采集目的，带着问题收集信息，使信息采集更高效、更有针对性。

项目练习

一、单项选择题

1. 下列不属于常见爬虫类型的是（　　）。

A. 通用网络爬虫　　B. 增量式网络爬虫

C. 浅层网络爬虫　　D. 聚焦网络爬虫

2. 下列不属于聚焦网络爬虫的常用策略的是（　　）。

A. 基于深度优先的爬取策略

B. 基于内容评价的爬取策略

C. 基于链接结构评价的爬取策略

D. 基于语境图的爬取策略

3. 下列不属于常用反爬虫手段的是（　　）。

A. 访问频度　　B. 验证码校验

C. 账号权限　　D. 人工筛选

4. 下列属于反爬虫目的的是（　　）。

A. 限制访问人数

B. 防止网站信息被竞争对手随意获取

C. 限制用户访问权限

D. 变换网页结构

5. 下列关于 Python 爬虫库的功能，描述不正确的是（　　）。

A. 通用爬虫库 urllib3　　B. 通用爬虫库 requests

C. 爬虫框架 Scrapy　　D. HTML/XML 解析器 pycurl

6. 下列不属于 Socket 库中的方法是（　　）。

A. 服务器端方法　　B. 公共方法

C. 通信方法　　D. 客户端方法

7. 下列属于 HTTP 必须实现的请求方法的是（　　）。

A. GET 与 HEAD　　B. POST 与 DELETE

C. TRACE 与 OPTIONS　　D. OPTIONS 与 CONNECT

8. 下列不属于 HTTP 头部类型的是（　　）。

A. 通用头　　B. 回复头　　C. 请求头　　D. 响应头

9. 下列有关 Cookie 机制描述错误的是（　　）。

A. 服务器能通过 Cookie 识别用户

B. 通过 Cookie 验证后不需重新提交表单

C. Cookie 按内存式或硬盘式进行存储

D. Cookie 不存在时效性

10. 下列不属于 HTTP 请求过程的是（　　）。

A. 生成请求　　B. 超时设置

C. 请求重定向　　D. 搜索文档

11. Apache 服务器是实现（　　）网络协议的服务器。

A. FTP　　B. DHCP　　C. HTTPD　　D. HTTP

12. 网络爬虫最常需要配置的请求头是（　　）。

A. User-Agent　　B. Accept-Encoding

C. Accept　　D. Referer

二、简答题

1. 简述数据采集的定义。
2. 简述数据来源的分类。
3. 简述数据质量的评估方法。

项目四

Excel 数据分析

Excel是常用的数据分析工具之一，具有制作电子表格、进行数据处理与分析、制作数据图表等功能。对于初学者而言，Excel是最方便、快捷、有效的数据分析工具。如果数据量较大，可能会用到Python、SQL等分析工具；但如果数据量较小，Excel完全能满足基本的分析功能需求。基本上所有的数据分析人员都是先学习使用Excel。Excel是基础，基础打好了，数据分析的高楼才不会塌。本项目将从Excel的角度讲解数据分析，并运用Excel对电商运营数据进行清洗与处理、函数计算，以及对数据进行可视化分析。

学习目标

★**知识目标**：学习使用Excel进行数据处理与可视化分析的方法。

★**技能目标**：掌握数据清洗与处理、数据计算的技能，能够借助Excel完成数据可视化分析。

★**素质目标**：具备科学、严谨和实事求是的职业素养，具备较强的理解能力和分析能力。

学习导图

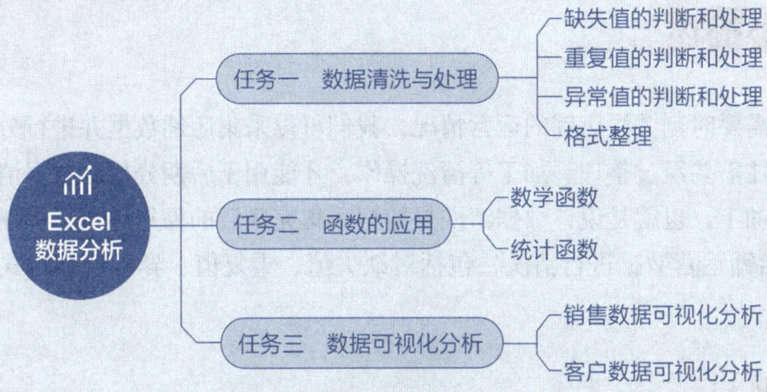

Excel数据分析
任务一　数据清洗与处理
缺失值的判断和处理
重复值的判断和处理
异常值的判断和处理
格式整理
任务二　函数的应用
数学函数
统计函数
任务三　数据可视化分析
销售数据可视化分析
客户数据可视化分析

任务一 数据清洗与处理

任务描述

如果需要时刻关注店铺的运营情况，我们可以采集店铺数据并进行分析。采集的数据往往需要经过整理、加工等清洗操作，才能用于后期分析。数据清洗是指数据整理、加工，也就是说，数据清洗是数据采集完成后的操作环节。本任务将运用 Excel 对店铺运营数据进行清洗，包括对缺失值、重复值、异常值和格式不统一的处理。

任务目标

1. 掌握处理缺失值的方法。
2. 掌握处理重复值的方法。
3. 掌握处理异常值的方法。
4. 掌握数据格式整理的方法。

知识准备

具备缺失值、重复值、异常值的判断和处理，以及数据格式整理的基本知识。

一、缺失值的判断和处理

缺失值即数据值为空的值，又称空值。由于人为和系统的原因，原始数据表中不可避免地会出现缺失值，数据清洗的第一步就是要找出缺失值并选择合适的方法进行处理。

（一）筛选缺失值

在数据量较少的情况下，筛选缺失值是很有效的方法。选中原始数据表的标题行，单击【数据】→【排序和筛选】→【筛选】按钮，每一列字段右侧都出现了下拉按钮，这时就可以对字段进行筛选了，如图 4-1 所示。

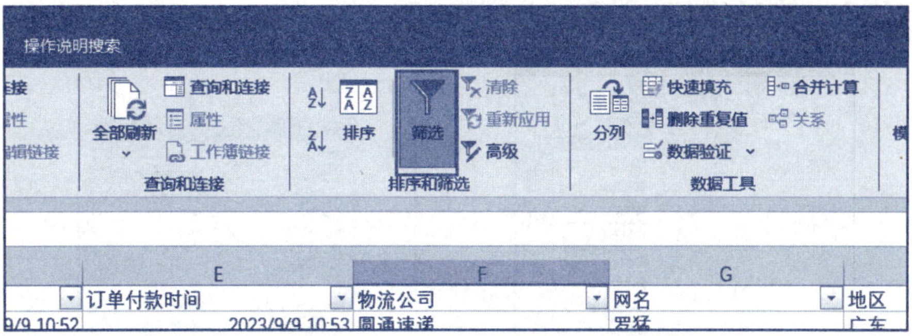

图 4–1　使字段出现可供筛选的下拉按钮

对【订单付款时间】列进行筛选，可以发现是有缺失值的，勾选【空白】复选框，就可以将缺失值筛选出来，如图 4–2 所示。同理，可以用这个方法找出其他字段列的缺失值。

图 4–2　筛选缺失值

（二）定位缺失值

定位缺失值要用到【定位条件】选项，具体操作如下。

选中整张表，单击【开始】→【编辑】→【查找和选择】→【定位条件】按钮，如图 4–3 所示。

在弹出的【定位条件】对话框中选择【空值】选项，如图 4–4 所示，单击【确定】按钮。

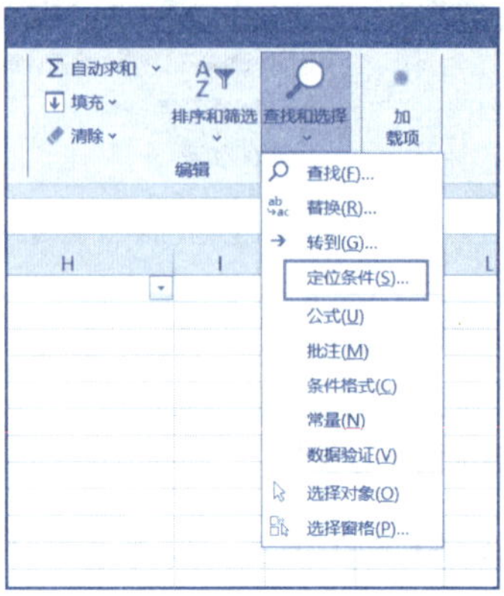

图 4-3　点击【定位条件】按钮

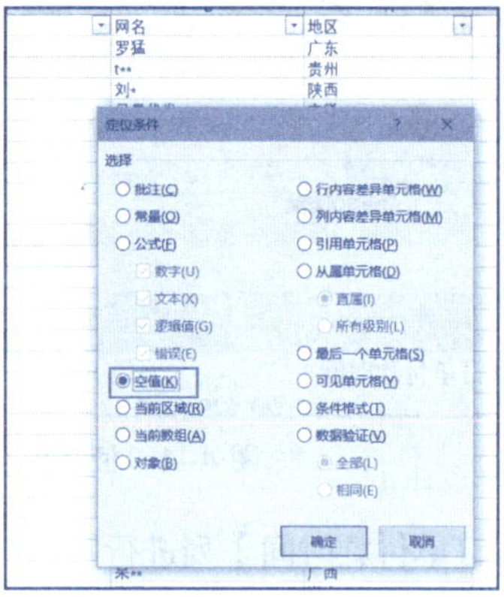

图 4-4　选择【空值】选项

最后的结果如图 4-5 所示。可以看到，整张表中所有的缺失值都被选中了。

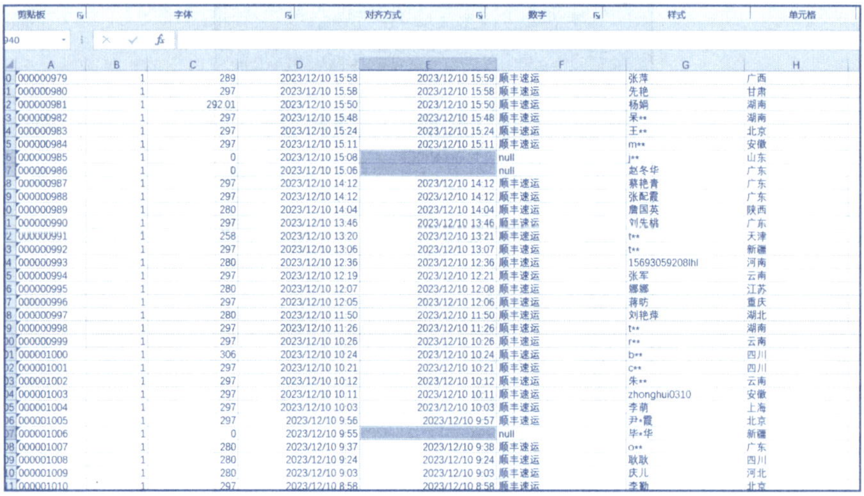

图 4-5　被选中的缺失值

（三）处理缺失值

对于缺失值的处理应结合实际的数据和业务需求，一般来说有以下三种处理方式。

1. 删除

删除就是将含有缺失值的整条记录删除。删除的优点是删除后整个数据集有完整记录，且操作简单；缺点是缺少的部分样本可能会导致整体结果出现偏差。

2. 保留

保留缺失值的优点是保证了样本的完整性；缺点是需要了解保留的原因、意义、导致缺失的原因。这种保留建立在只缺失单个数据且缺失值有明确意义的基础上。

3. 使用替代值

使用替代值是指用均值、众数、中位数等数据代替缺失值。使用替代值的优点是有理有据；缺点是可能会使缺失值失去其本身的含义。对于替代值，除了使用统计学中常用的描述数据的值，还可以人为地赋予一个具体的值。

例如，订单数据表中的缺失值出现在【订单付款时间】列，观察数据发现买家实际支付金额都为 0，这表示订单未付款，可对缺失值进行删除处理，即删除图 4-6 中的 9 条记录。

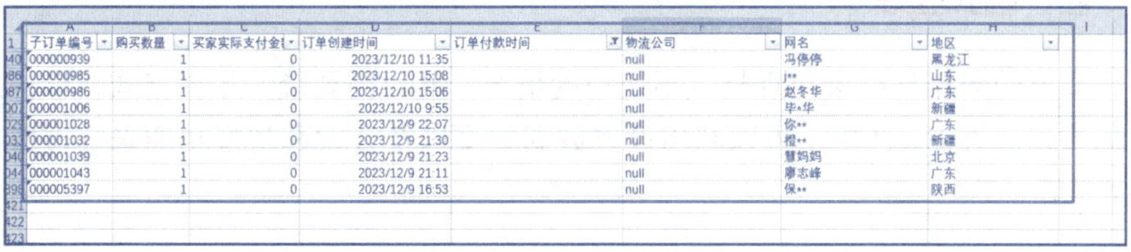

子订单编号	购买数量	买家实际支付金额	订单创建时间	订单付款时间	物流公司	网名	地区
000000939	1	0	2023/12/10 11:35		null	冯停停	黑龙江
000000985	1	0	2023/12/10 15:08		null	j**	山东
000000986	1	0	2023/12/10 15:06		null	赵冬华	广东
000001006	1	0	2023/12/10 9:55		null	毕*华	新疆
000001028	1	0	2023/12/9 22:07		null	你**	广东
000001032	1	0	2023/12/9 21:30		null	橙**	新疆
000001039	1	0	2023/12/9 21:23		null	慧妈妈	北京
000001043	1	0	2023/12/9 21:11		null	廖志峰	广东
000005397	1	0	2023/12/9 16:53		null	保**	陕西

图 4-6　删除缺失值记录

二、重复值的判断和处理

采集数据时，可能会出现数据重复的情况。对于这样的数据，我们没有必要重复统计，因此需要找出重复值并删除。

在【数据】→【数据工具】中单击【删除重复值】按钮，打开【删除重复值】对话框，单击选中表格中对应的复选框，检查该项目是否包含重复值，然后单击【确定】按钮即可，如图 4-7 所示。结果显示，订单数据表中不存在重复值，如图 4-8 所示。

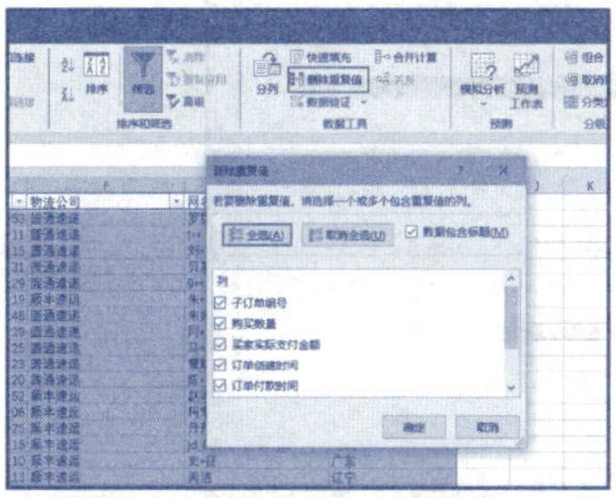

图 4-7　删除重复值

图 4-8　未发现重复值

三、异常值的判断和处理

（一）异常值的判断

异常值即数据中出现的个别偏离其余观测值范围较多的值。异常值的判断标准主要有两个：一个是统计学上的异常值，指一组数据中与平均数的偏差超过两倍标准差的值；另一个是在业务层面上，若某个类别变量出现的频率非常少，则可以判断为异常值。所以，对异常值的判断除了依靠统计学外，更多依靠的是对业务的理解。

（二）异常值的处理

异常值的处理有直接删除和更改异常值两种方法。

若异常值对数据分析没有特别大的帮助且会形成误导，则直接删除；若通过经验判断，有把握将异常值改为正常值，则选择更改异常值。更改异常值的好处是不必删除数据，保存了数据的完整性；坏处是不确定更改的异常值是否正确。这两种处理方法在实际情况中可酌情使用。

四、格式整理

采集的数据往往会出现格式不统一的情况，此时需要统一数据格式，以提高数据质量。在 Excel 中，可以利用设置数据类型以及查找和替换功能来整理数据格式。

（一）设置数据类型

选中【买家实际支付金额】列，在【开始】→【数字】中单击右下角的展开按钮，打开【设置单元格格式】对话框的【数字】选项卡，在【分类】列表中选中【数值】，在右侧界面设置小数位数为 2，然后单击【确定】按钮，如图 4-9 所示。

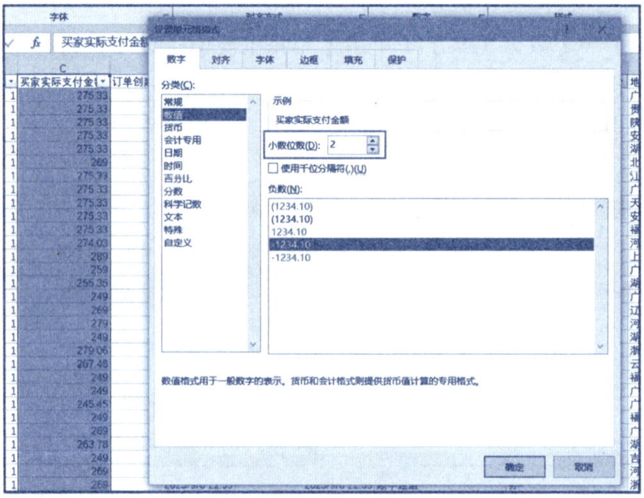

图 4-9　设置数据类型

（二）查找和替换

若格式不统一不是因为数据类型不统一，则可利用查找和替换功能进行统一修改。订单数据表中需要将“圆通 速递”统一为“圆通速递”，即去掉多余空格。在【开始】→【编辑】中单击【查找和替换】按钮，在打开的下拉列表中选择【替换】选项，打开【查找和替换】对话框的【替换】选项卡，在【查找内容】列表框中输入“圆通 速递”，在【替换为】列表框中输入“圆通速递”，然后单击【全部替换】按钮，完成 4 处替换，如图 4-10 所示。

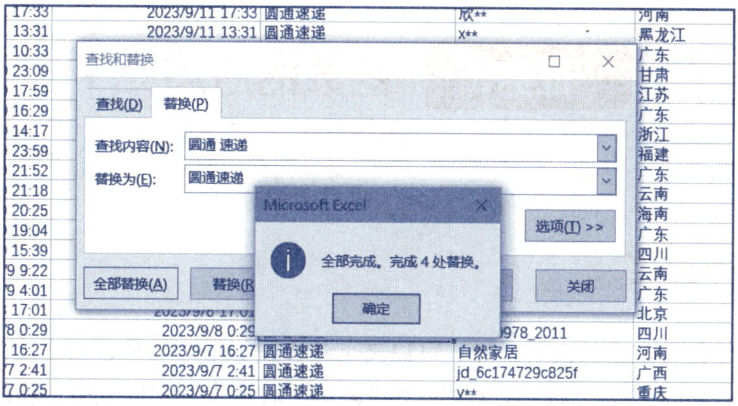

图 4-10　查找和替换

课堂思考

除了 Excel 的删除重复值功能，还可以通过什么方法查找重复值?

课堂讨论

缺失值判断的方法有哪些? 如何选择?

工匠精神

数据清洗是数据分析的重要环节，涉及伦理和道德原则、数据的准确性和可靠性、数据的可解释性和透明度，以及数据的可持续性和环境影响等问题。在进行数据清洗时，我们应该遵循正确的方法和原则，保护个人隐私和数据安全，提高数据的质量和准确性，促进数据的共享和交流，实现经济效益和环境效益的双赢。只有这样，我们才能充分利用数据的价值，推动科学研究和社会发展。

任务二 函数的应用

任务描述

Excel 拥有丰富的内置函数，可以满足各种数据处理需求，用户可以直接使用函数对某个区域内的数据进行一系列运算。对工作表中的数据进行运算，需要在单元格中创建和使用公式。对于一些复杂的运算，使用函数可以简化或缩短工作表中的公式，操作简单且便捷。本任务将运用 Excel 中的函数，对某电商店铺 9 月的订单信息进行运算分析，包括计算 9 月销售收入总额、9 月 1 日销售收入总额、9 月订单数、9 月平均订单金额，以及订单金额的最大值、最小值等指标。

任务目标

1. 掌握常用的数学函数的使用方法。
2. 掌握常用的统计函数的使用方法。

知识准备

1. 具备数学函数的相关知识。
2. 具备统计函数的相关知识。

一、数学函数

（一）SUM 函数

SUM 函数是求和函数，可以返回某一单元格区域中的数字、逻辑值与数字的文本表达式、直接键入的数字之和。SUM 函数的使用格式如下：

```
SUM(number1,number2,...)
```

SUM 函数的常用参数及其解释如表 4-1 所示。

表 4-1 SUM 函数的常用参数及其解释

参数	参数解释
number1	必需。表示要相加的第 1 个数字或区域。可以是数字、单元格引用或单元格区域引用，例如 1、A1、A1:B2。
number2,...	可选。表示要相加的第 2～255 个数字或区域，即可以像 number1 那样最多指定 255 个参数。

在【9 月订单数据】工作表中使用 SUM 函数计算 9 月销售收入总额，具体操作步骤如下：

第一步：输入公式。选中单元格 K1，输入“=SUM(C:C)”，如图 4-11 所示。

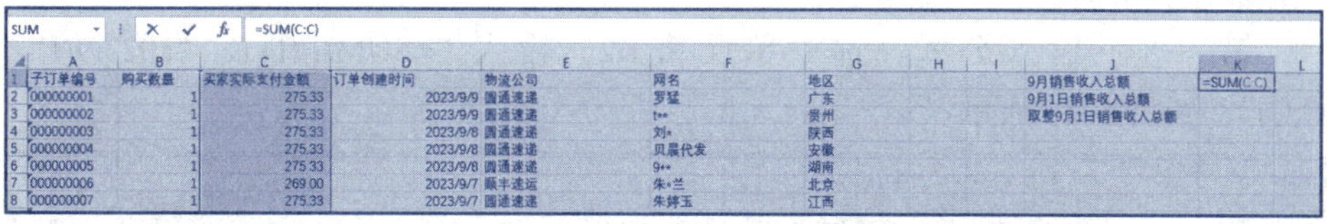

图 4-11 输入公式

第二步：确认公式。按【Enter】键即可使用 SUM 函数计算 9 月销售收入总额，计算结果如图 4-12 所示。

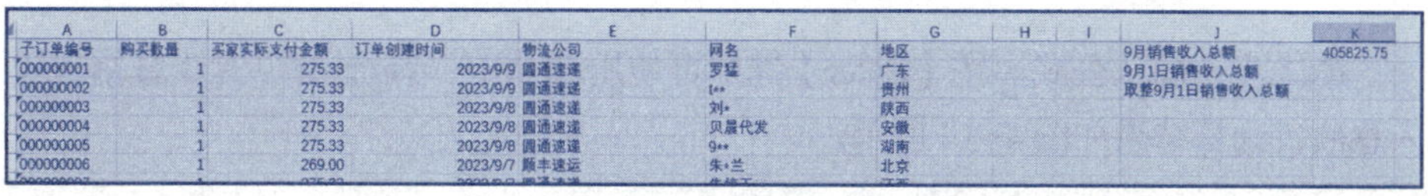

图 4-12 计算 9 月销售收入总额

（二）SUMIF 函数

SUMIF 函数是条件求和函数，即根据给定的条件对指定单元格的数值求和。SUMIF 函数的使用格式如下：

```
SUMIF(range,criteria,[sum_range])
```

SUMIF 函数的常用参数及其解释如表 4-2 所示。

表 4-2 SUMIF 函数的常用参数及其解释

参数	参数解释
range	必需。表示根据条件进行计算的单元格区域，即设置条件的单元格区域。区域内的单元格必须是数字、名称、数组或包含数字的引用，缺失值和文本值将会被忽略。
criteria	必需。表示求和的条件。其形式可以是数字、表达式、单元格引用、文本或函数。指定的条件（引用单元格和数字除外）必须用双引号引起来。
sum_range	可选。表示实际求和的单元格区域。如果省略此参数，那么 Excel 会将 range 参数中指定的单元格区域设为实际求和区域。

在 criteria 参数中还可以使用通配符（*、？、~），通配符的解释如表 4-3 所示。

表 4-3 通配符的解释

通配符	作用	示例	示例说明
*	匹配任意一串字符	周 *	任意以“周”开头的文本
		* 星级	任意以“星级”结尾的文本
?	匹配任意单个字符	周? ?	“周”后面一定是两个字符的文本
		? 星级	“星级”前面一定是一个字符的文本
~	不将 * 和 ? 视为通配符	周 ~ *	* 仅代表字符，不再有通配符的作用

在【9 月订单数据】工作表中使用 SUMIF 函数计算 9 月 1 日销售收入总额，具体操作步骤如下：

第一步：输入公式。选中单元格 K2，输入“=SUMIF(D:D，"2023/9/1"，C:C)”，如图 4-13 所示。

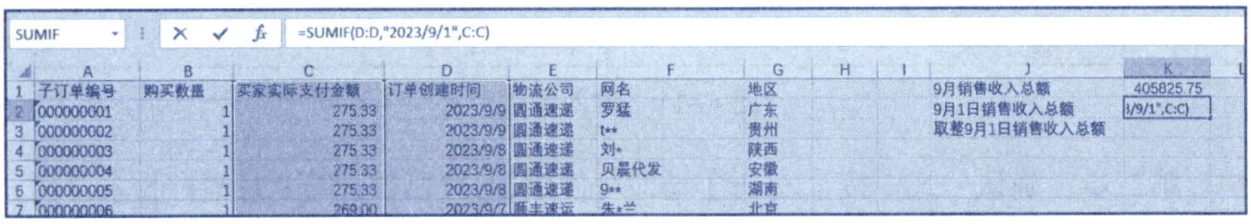

图 4-13 输入公式

第二步：确认公式。按【Enter】键即可使用 SUMIF 函数计算 9 月 1 日销售收入总额，计算结果如图 4-14 所示。

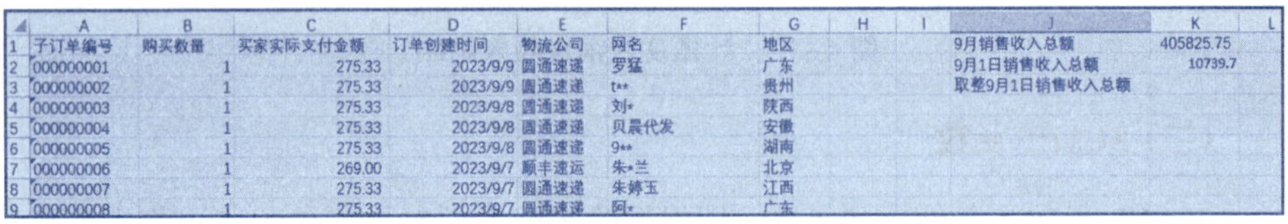

图 4-14 计算 9 月 1 日销售收入总额

（三）ROUND 函数

ROUND 函数可以将数值四舍五入到指定的位数。ROUND 函数的使用格式如下：

```
ROUND(number,num_digits)
```

ROUND 函数的常用参数及其解释如表 4-4 所示。

表 4-4 ROUND 函数的常用参数及其解释

参数	参数解释
number	必需。表示要四舍五入的数值。
num_digits	必需。表示要进行四舍五入运算的位数。

在【9 月订单数据】工作表中使用 ROUND 函数对 9 月 1 日销售收入总额进行四舍五入到整数，具体操作步骤如下：

第一步：输入公式。选中单元格 K3，输入“=ROUND(K2，0)”，如图 4-15 所示。

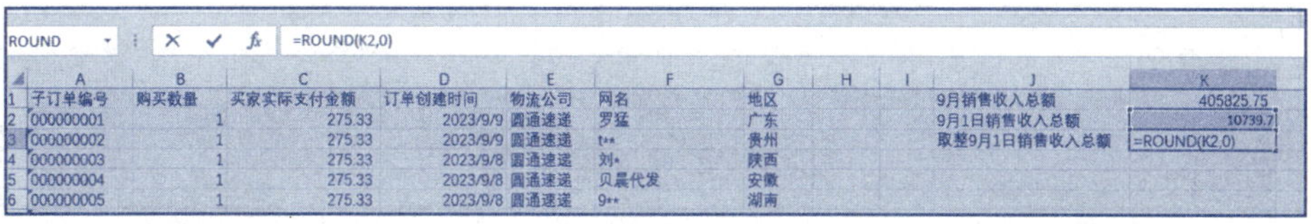

图 4-15　输入公式

第二步：确认公式。按【Enter】键即可使用 ROUND 函数对 9 月 1 日销售收入总额进行四舍五入到整数，结果如图 4-16 所示。

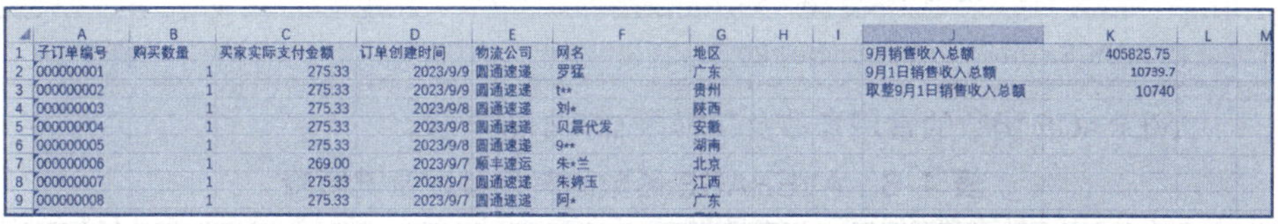

图 4-16　对 9 月 1 日销售收入总额进行四舍五入到整数

二、统计函数

（一）COUNT 函数

COUNT 函数可以统计包含数字的单元格个数以及参数列表中数字的个数，其使用格式如下：

```
COUNT(value1,value2,...)
```

COUNT 函数的常用参数及其解释如表 4-5 所示。

表 4-5　COUNT 函数的常用参数及其解释

参数	参数解释
value1	必需。表示要计算其中数字的个数的第 1 项。可以是数组、单元格引用或单元格区域引用。只有数值类型的数据才会被计算，例如数字、日期或代表数字的文本。
value2，…	可选。表示要计算其中数字的个数的第 2～255 项，即可以像参数 value1 那样最多指定 255 个参数。

在【9 月订单数据】工作表中使用 COUNT 函数统计 9 月订单数，具体操作步骤如下：

第一步：输入公式。选中单元格 J1，输入“=COUNT(C:C)”，如图 4-17 所示。

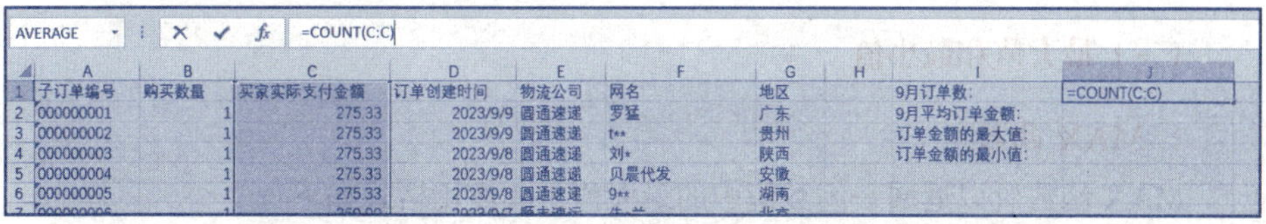

图 4-17　输入公式

第二步：确认公式。按【Enter】键即可使用 COUNT 函数统计 9 月订单数，统计结果如图 4-18 所示。

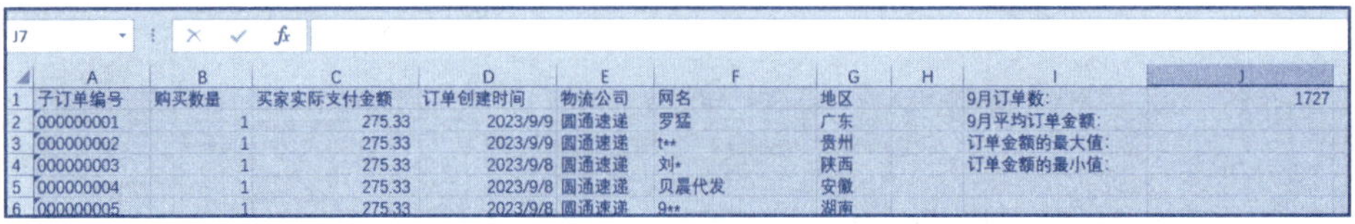

	A	B	C	D	E	F	G	H	I	J
1	子订单编号	购买数量	买家实际支付金额	订单创建时间	物流公司	网名	地区		9月订单数:	1727
2	000000001	1	275.33	2023/9/9	圆通速递	罗猛	广东		9月平均订单金额:	
3	000000002	1	275.33	2023/9/9	圆通速递	t**	贵州		订单金额的最大值:	
4	000000003	1	275.33	2023/9/8	圆通速递	刘*	陕西		订单金额的最小值:	
5	000000004	1	275.33	2023/9/8	圆通速递	贝晨代发	安徽			
6	000000005	1	275.33	2023/9/8	圆通速递	9**	湖南			

图 4-18　使用 COUNT 函数统计 9 月订单数

（二）AVERAGE 函数

AVERAGE 函数可以计算数据的平均数，其使用格式如下：

```
AVERAGE(number1,number2,...)
```

AVERAGE 函数的常用参数及其解释如表 4-6 所示。

表 4-6　AVERAGE 函数的常用参数及其解释

参数	参数解释
number1	必需。表示要计算平均数的第 1 个数字、单元格引用或单元格区域引用。
number2,...	可选。表示要计算平均数的第 2 ~ 255 个数字、单元格引用或单元格区域引用，最多可包含 255 个。

在【9 月订单数据】工作表中使用 AVERAGE 函数计算 9 月平均订单金额，具体操作步骤如下：

第一步：输入公式。选中单元格 J2，输入“=AVERAGE(C:C)”，如图 4-19 所示。

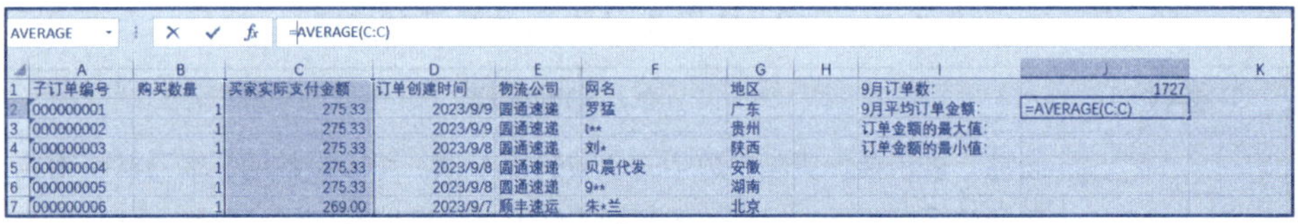

	A	B	C	D	E	F	G	H	I	J	K
1	子订单编号	购买数量	买家实际支付金额	订单创建时间	物流公司	网名	地区		9月订单数:	1727	
2	000000001	1	275.33	2023/9/9	圆通速递	罗猛	广东		9月平均订单金额:	=AVERAGE(C:C)	
3	000000002	1	275.33	2023/9/9	圆通速递	t**	贵州		订单金额的最大值:		
4	000000003	1	275.33	2023/9/8	圆通速递	刘*	陕西		订单金额的最小值:		
5	000000004	1	275.33	2023/9/8	圆通速递	贝晨代发	安徽				
6	000000005	1	275.33	2023/9/8	圆通速递	9**	湖南				
7	000000006	1	269.00	2023/9/7	顺丰速运	朱*兰	北京				

图 4-19　输入公式

第二步：确认公式。按【Enter】键即可使用 AVERAGE 函数计算 9 月平均订单金额，计算结果如图 4-20 所示。

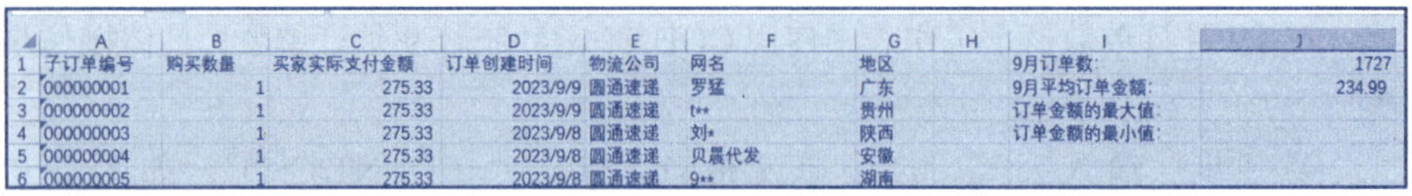

	A	B	C	D	E	F	G	H	I	J
1	子订单编号	购买数量	买家实际支付金额	订单创建时间	物流公司	网名	地区		9月订单数:	1727
2	000000001	1	275.33	2023/9/9	圆通速递	罗猛	广东		9月平均订单金额:	234.99
3	000000002	1	275.33	2023/9/9	圆通速递	t**	贵州		订单金额的最大值:	
4	000000003	1	275.33	2023/9/8	圆通速递	刘*	陕西		订单金额的最小值:	
5	000000004	1	275.33	2023/9/8	圆通速递	贝晨代发	安徽			
6	000000005	1	275.33	2023/9/8	圆通速递	9**	湖南			

图 4-20　使用 AVERAGE 函数计算 9 月平均订单金额

（三）最大值和最小值

1. MAX 函数

MAX 函数可以返回一组数值中的最大值，其使用格式如下：

```
MAX(number1,number2,...)
```

MAX 函数的常用参数及其解释如表 4-7 所示。

表 4-7　MAX 函数的常用参数及其解释

参数	参数解释
number1	必需。表示要查找最大值的第 1 个数字参数，可以是数字、数组或单元格引用。
number2,...	可选。表示要查找最大值的第 2~255 个数字参数，即可以像参数 number1 那样最多指定 255 个参数。

在【9 月订单数据】工作表中使用 MAX 函数计算订单金额的最大值，具体操作步骤如下：

第一步：输入公式。选中单元格 J3，输入“=MAX(C:C)”，如图 4-21 所示。

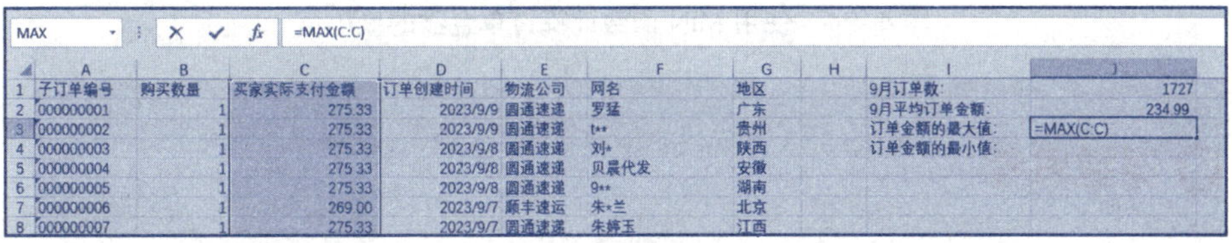

图 4-21　输入公式

第二步：确认公式。按【Enter】键即可使用 MAX 函数计算订单金额的最大值，计算结果如图 4-22 所示。

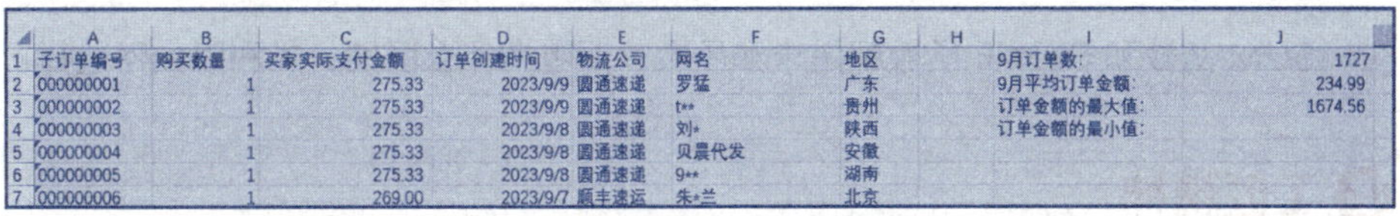

图 4-22　使用 MAX 函数计算订单金额的最大值

2. MIN 函数

MIN 函数可以返回一组数值中的最小值，其使用格式如下：

```
MIN(number1,number2,...)
```

MIN 函数的常用参数及其解释如表 4-8 所示。

表 4-8　MIN 函数的常用参数及其解释

参数	参数解释
number1	必需。表示要查找最小值的第 1 个数字参数，可以是数字、数组或单元格引用。
number2,...	可选。表示要查找最小值的第 2~255 个数字参数，即可以像参数 number1 那样最多指定 255 个参数。

在【9 月订单数据】工作表中使用 MIN 函数计算订单金额的最小值，具体操作步骤如下：

第一步：输入公式。选中单元格 J4，输入“=MIN(C:C)”，如图 4-23 所示。

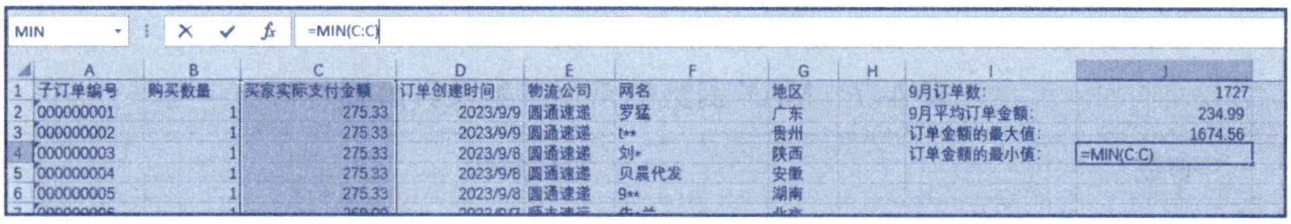

MIN | =MIN(C:C)

	A	B	C	D	E	F	G	H	I	J
1	子订单编号	购买数量	买家实际支付金额	订单创建时间	物流公司	网名	地区		9月订单数:	1727
2	000000001	1	275.33	2023/9/9	圆通速递	罗猛	广东		9月平均订单金额:	234.99
3	000000002	1	275.33	2023/9/9	圆通速递	t**	贵州		订单金额的最大值:	1674.56
4	000000003	1	275.33	2023/9/8	圆通速递	刘*	陕西		订单金额的最小值:	=MIN(C:C)
5	000000004	1	275.33	2023/9/8	圆通速递	贝晨代发	安徽			
6	000000005	1	275.33	2023/9/8	圆通速递	9**	湖南			

图 4-23　输入公式

第二步：确认公式。按【Enter】键即可使用 MIN 函数计算订单金额的最小值，计算结果如图 4-24 所示。

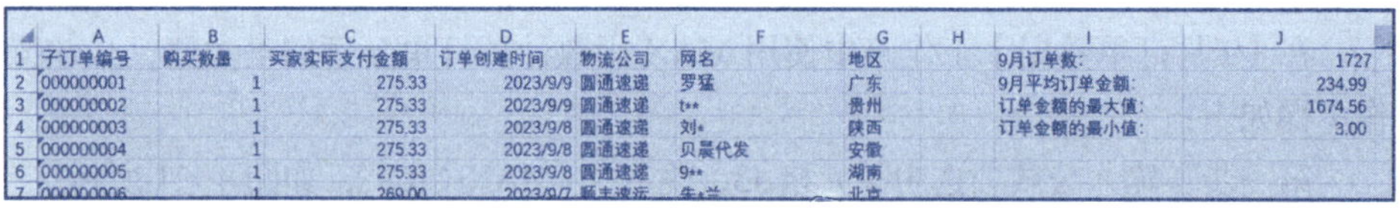

	A	B	C	D	E	F	G	H	I	J
1	子订单编号	购买数量	买家实际支付金额	订单创建时间	物流公司	网名	地区		9月订单数:	1727
2	000000001	1	275.33	2023/9/9	圆通速递	罗猛	广东		9月平均订单金额:	234.99
3	000000002	1	275.33	2023/9/9	圆通速递	t**	贵州		订单金额的最大值:	1674.56
4	000000003	1	275.33	2023/9/8	圆通速递	刘*	陕西		订单金额的最小值:	3.00
5	000000004	1	275.33	2023/9/8	圆通速递	贝晨代发	安徽			
6	000000005	1	275.33	2023/9/8	圆通速递	9**	湖南			

图 4-24　使用 MIN 函数计算订单金额的最小值

课堂思考

本任务中，若要计算 9 月 30 日销售收入总额，该如何操作?

课堂讨论

SUM 函数和 SUMIF 函数都是求和函数，两者有什么区别，求和时如何选择?

工匠精神

某电商店铺希望运用 Excel 中的函数对店铺的订单信息进行运算分析，在这个过程中，数据分析人员无论是使用公式还是使用函数，都需要认真思考、精心设计，这就是精益求精的工匠精神的体现。只有了解函数的使用思路与方法，才能提升工作效率，这体现了求真务实的科学态度。

任务三 数据可视化分析

任务描述

店铺运营后，我们需要采集数据对店铺的运营情况进行分析，以便采取有力的行动，例如店铺销售额波动的情况、相关指标的关联性等。本任务将运用 Excel 对某店铺运营数据进行分析，包括销售数据可视化分析和客户数据可视化分析。首先，基于统计日期分析支付金额的整体变动情况。然后，根据浏览量、直通车费用等分析销售业绩（支付金额）变动的原因，进而分析销售业绩与推广之间的相关性，并确定两者之间的相关程度。最后，根据客户订单数据对客户来源地域、物流方式偏好等进行分析，根据客户购买频次分析客户忠诚度。

任务目标

1. 掌握销售数据可视化分析的方法。
2. 掌握客户数据可视化分析的方法。

知识准备

1. 具备销售数据可视化分析方法的相关知识。
2. 具备客户数据可视化分析方法的相关知识。

一、销售数据可视化分析

（一）店铺销售额分析

1. 店铺月销售额分析

为了了解店铺月销售额和销售额的增长情况，需要对【9—11 月运营数据】工作表中的支付金额按月统计销售额和销售额的环比，并根据统计结果绘制簇状柱形图和折线图的组合图以进行可视化分析。

（1）使用数据透视表进行数据的汇总计算和处理。建立数据透视表，选中关键指标“统计日期”“支付金额”字段分别拖入“行”区域和“值”区域。其中“支付金额”拖入“值”区域 2 次，“统计日期”按月进行汇总，“求和项：支付金额 2”值显示方式设置为“差异百分比”、基本项为“上一个”，如图 4-25 所示。计算结果如图 4-26 所示。

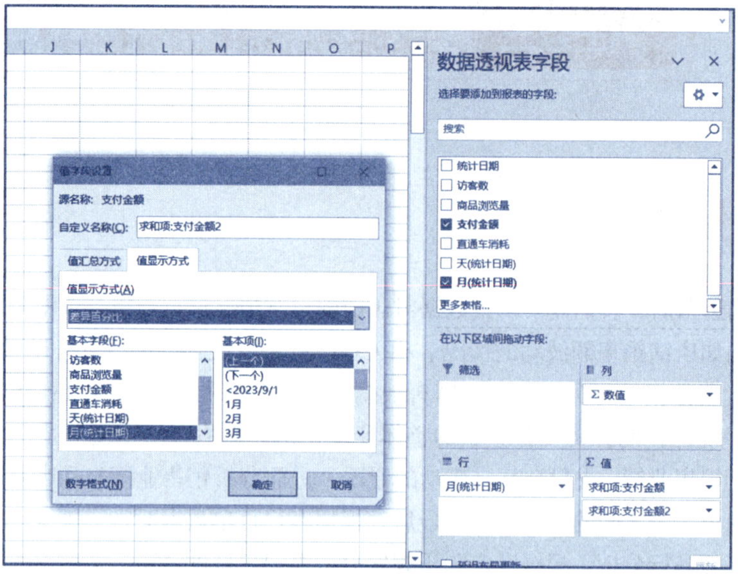

图 4-25　数据透视表字段

行标签	求和项:支付金额	求和项:支付金额2
9月	789043.6	
10月	780392.47	-1.10%
11月	864043.23	10.72%
总计	2433479.3	

图 4-26　销售额数据透视表

（2）将数据透视表中的字段名修改成易懂的字段名，效果如图 4-27 所示。

月份	月销售额	销售额环比
9月	789043.6	
10月	780392.47	-1.10%
11月	864043.23	10.72%
总计	2433479.3	

图 4-27　店铺月销售额数据透视表

（3）根据以上得到的数据，绘制店铺的月销售额和销售额环比的簇状柱形图和折线图的组合图，组合图设置如图 4-28 所示。

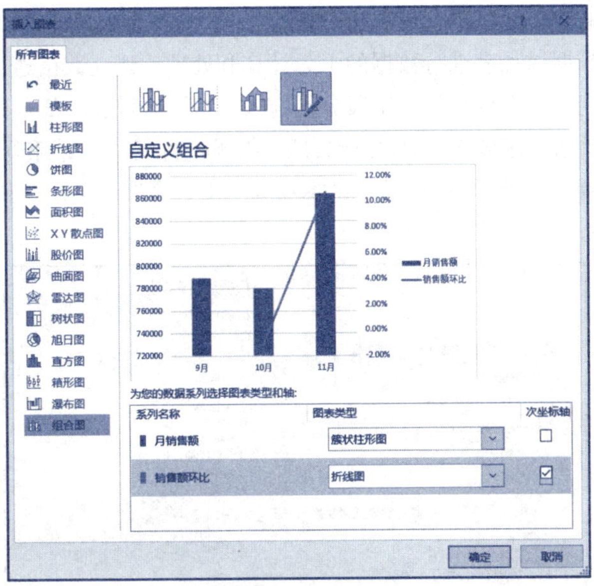

图 4-28　选择组合图

（4）添加图表标题，对图表进行适当美化，最终效果如图 4-29 所示。

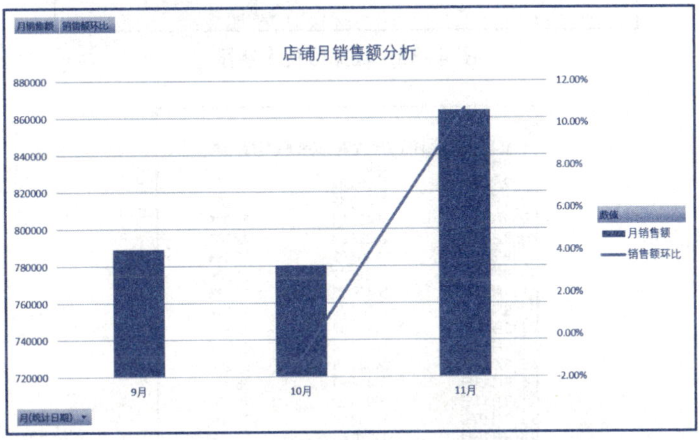

图 4-29　店铺月销售额分析组合图

由图 4-29 可知，2023 年 9 月至 10 月，店铺的销售额（支付金额）有略微的下降；而在 2023 年 11 月，店铺的销售额（支付金额）有明显增长，达到一个高峰。

主要原因在于：11 月有“双十一”促销活动，会对 10 月部分订单转化产生重大影响，一些客户会选择在 11 月 1 日以后支付，这样就造成 11 月销售额（支付金额）的明显增长。

2. 店铺每日销售额分析

为了了解店铺每日销售额和销售额的增长情况，需要对【9—11 月运营数据】工作表中的支付金额按天统计销售额和销售额的环比，并根据统计结果绘制簇状柱形图和折线图的组合图以进行可视化分析。

（1）使用数据透视表进行数据的汇总计算和处理。建立数据透视表，选中关键指标“统计日期”“支付金额”字段分别拖入“行”区域和“值”区域。其中“支付金额”拖入“值”区域2次，“统计日期”按天进行汇总，“求和项：支付金额2”值显示方式设置为“差异百分比”、基本项为“上一个”，如图4-30所示。计算结果如图4-31所示。

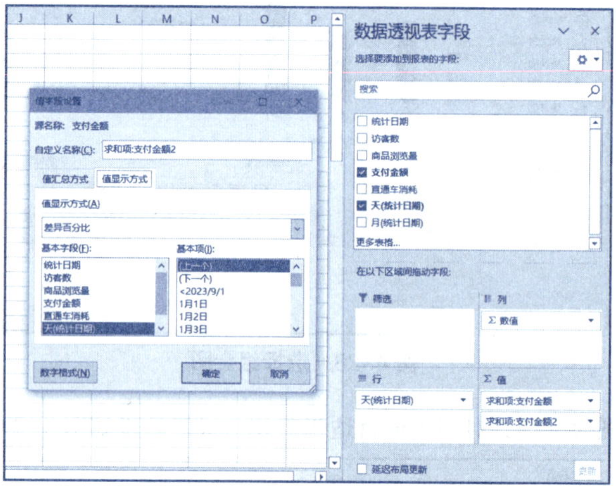

图4-30　数据透视表字段

行标签	求和项:支付金额	求和项:支付金额2
9月1日	21081.73	
9月2日	19964.87	-5.30%
9月3日	23478.46	17.60%
9月4日	35435.04	50.93%
9月5日	20283.83	-42.76%
9月6日	25453.01	25.48%
9月7日	19897	-21.83%
9月8日	16499.36	-17.08%
9月9日	13209.79	-19.94%
9月10日	14915.07	12.91%
9月11日	11477.64	-23.05%
9月12日	34924.79	204.29%
9月13日	54418.19	55.82%
9月14日	15906.09	-70.77%
9月15日	32082.35	101.70%
9月16日	39830.56	24.15%
9月17日	34122.04	-14.33%
9月18日	39930.55	17.02%
9月19日	33115.27	-17.07%
9月20日	34026.19	2.75%
9月21日	22003.36	-35.33%
9月22日	33205.16	50.91%
9月23日	26131.93	-21.30%
9月24日	26084.77	-0.18%
9月25日	35112.45	34.61%
9月26日	19247.07	-45.18%
9月27日	17013.85	-11.60%
9月28日	17873.26	5.05%
9月29日	28324.74	58.48%
9月30日	23995.18	-15.29%
10月1日	24943.26	3.95%
10月2日	22804.29	-8.58%
10月3日	21986.39	-3.59%
10月4日	16034.05	-27.07%
10月5日	14903.86	-7.05%

图4-31　销售额数据透视表

（2）将数据透视表中的字段名修改成易懂的字段名，效果如图4-32所示。

日期	销售额	销售额环比
9月1日	21081.73	
9月2日	19964.87	-5.30%
9月3日	23478.46	17.60%
9月4日	35435.04	50.93%
9月5日	20283.83	-42.76%
9月6日	25453.01	25.48%
9月7日	19897	-21.83%
9月8日	16499.36	-17.08%
9月9日	13209.79	-19.94%
9月10日	14915.07	12.91%
9月11日	11477.64	-23.05%
9月12日	34924.79	204.29%
9月13日	54418.19	55.82%
9月14日	15906.09	-70.77%
9月15日	32082.35	101.70%
9月16日	39830.56	24.15%
9月17日	34122.04	-14.33%

图 4-32　店铺每日销售额数据透视表

（3）根据以上得到的数据，绘制店铺的每日销售额和销售额环比的簇状柱形图和折线图的组合图，组合图设置如图 4-33 所示。

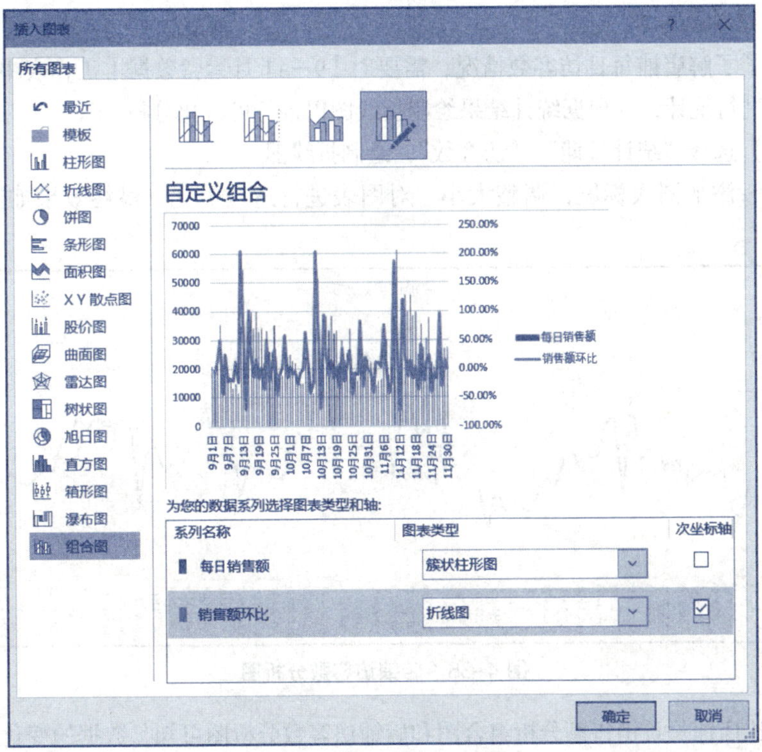

图 4-33　选择组合图

（4）添加图表标题，调整大小，对图表进行适当美化，最终效果如图 4-34 所示。

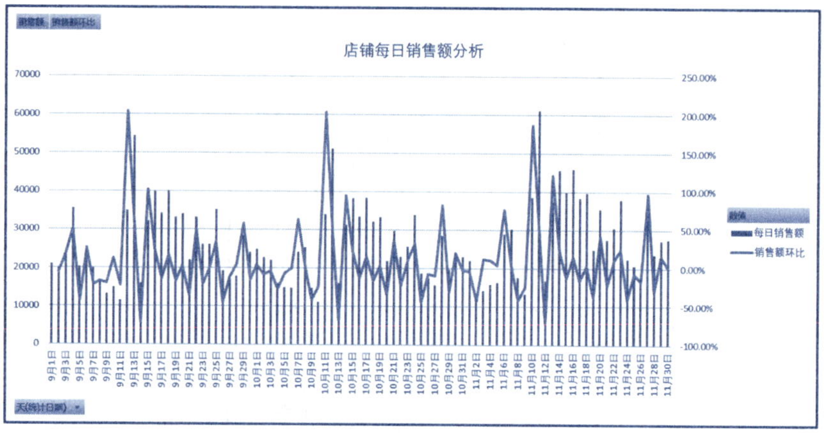

图 4-34　店铺每日销售额分析组合图

由图 4-34 可知，9 月 13 日是一个销售高峰，10 月 12 日是一个销售高峰，11 月 11 日达到最高点，11 月 11 日以后销售额（支付金额）明显下降，原因与店铺月销售额变化原因相同。

3. 访客数分析

为了了解店铺每日访客数情况，需要对【9—11 月运营数据】工作表中的访客数按天进行统计，并根据统计结果绘制折线图以进行可视化分析。

（1）选择“统计日期”“访客数”，绘制折线图。

（2）添加图表标题，调整大小，对图表进行适当美化，最终效果如图 4-35 所示。

图 4-35　店铺访客数分析图

对比店铺每日销售额分析组合图和店铺访客数分析图可知，数据的变化趋势非常相近，访客数会影响店铺销售。

（二）推广费用分析

为了了解店铺每日销售额（支付金额）与推广费用（直通车消耗）的关系，需要对【9—11 月运营数据】工作表中的支付金额与直通车消耗按天进行统计，并根据统计结果绘制散点图以进行可视化分析。

（1）插入散点图，编辑数据系列，“X 轴系列值”为直通车消耗，“Y 轴系列值”为销售额，如图 4-36 所示。

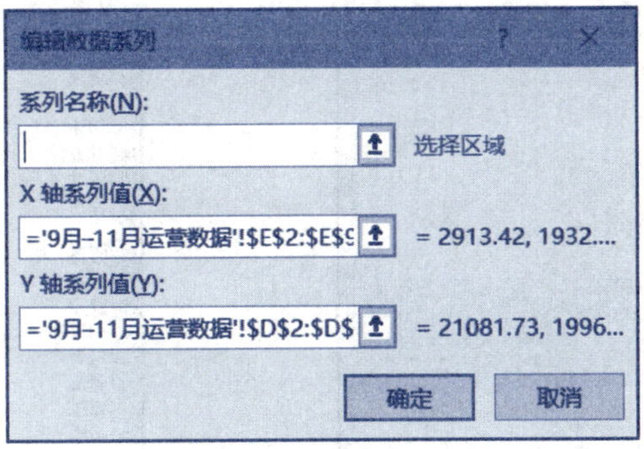

图 4-36 编辑轴系列值

（2）编辑图表布局，为图表添加图表标题和坐标轴标题，并适当对图表进行美化，效果如图 4-37 所示。

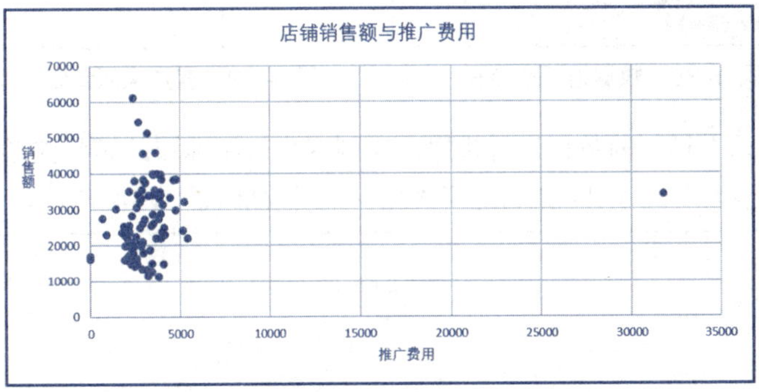

图 4-37 店铺销售额与推广费用散点图

由图 4-37 可知，店铺销售额与推广费用有相关性，但不存在因果关系。

二、客户数据可视化分析

分析店铺客户数据能够帮助店铺实现“千人千面”，使店铺可以针对不同人群制定差异化的运营策略。对店铺客户特征进行整体分析，能够为店铺精准营销提供基础。

（一）客户来源地域分析

为了了解店铺客户地域群体特征，需要对【9—11 月订单数据】工作表中的地区进行统计，并根据统计结果绘制簇状柱形图以进行可视化分析。

（1）使用数据透视表进行数据的汇总计算和处理。建立数据透视表，选中关键指标“地区”“网名”字段分别拖入“行”区域和“值”区域，如图 4-38 所示。计算结果如图 4-39 所示。

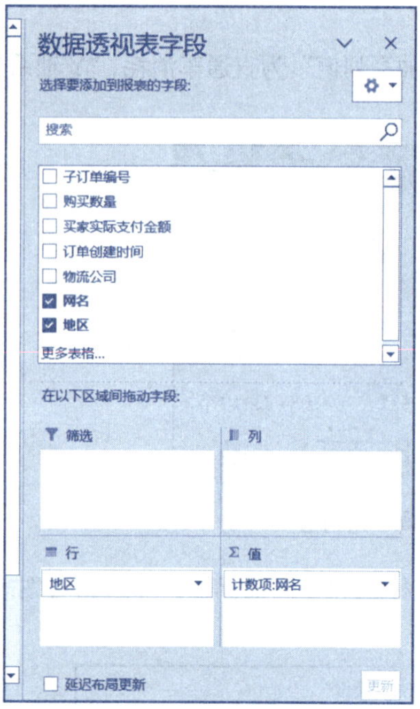

图 4-38 数据透视表字段

	A	B
3	行标签	计数项:网名
4	安徽	180
5	北京	169
6	福建	260
7	甘肃	94
8	广东	783
9	广西	147
10	贵州	142
11	海南	47
12	河北	164
13	河南	224
14	黑龙江	68
15	湖北	191
16	湖南	288
17	吉林	68
18	江苏	475
19	江西	135
20	辽宁	157
21	内蒙古	82
22	宁夏	14
23	青海	18
24	山东	295
25	山西	120
26	陕西	110
27	上海	210
28	四川	310
29	天津	67
30	西藏	9
31	新疆	182
32	云南	226
33	浙江	392
34	重庆	121
35	总计	5748

图 4-39 客户来源地域数据透视表

（2）对以上得到的数据进行排序，绘制客户来源地域的簇状柱形图。添加图表标题，调整大小，对图表进行适当美化，最终效果如图 4-40 所示。

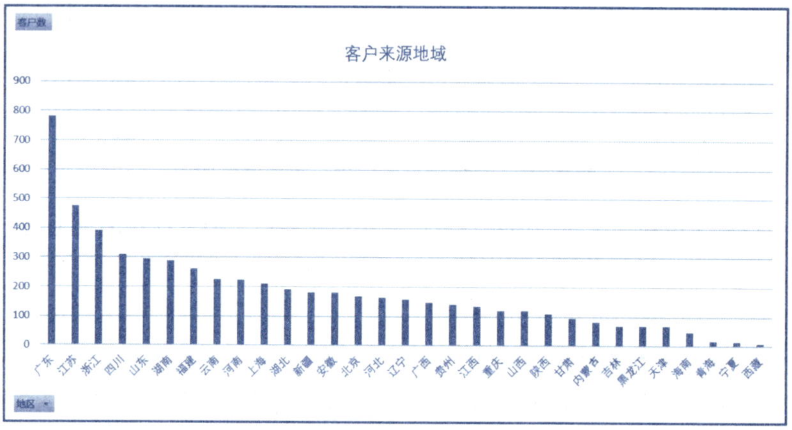

图 4-40 客户来源地域分析图

由图 4-40 可知，客户主要来源于广东、江苏、浙江、四川，店铺推广时可以在这些地域重点投放广告。

（二）客户物流方式偏好分析

为了了解店铺客户物流方式偏好，需要对【9—11 月订单数据】工作表中的物流公司进行统计，并根据统计结果绘制饼图以进行可视化分析。

（1）使用数据透视表进行数据的汇总计算和处理。建立数据透视表，选中关键指标“物流公司”“子订单编号”字段分别拖入“行”区域和“值”区域，如图 4-41 所示。计算结果如图 4-42 所示。

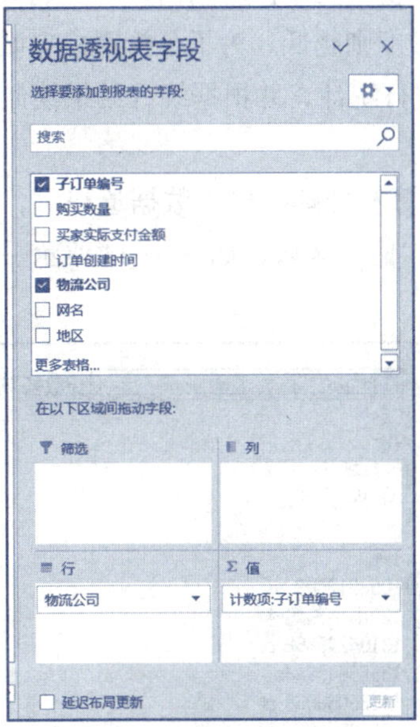

图 4-41　数据透视表字段

行标签	计数项:子订单编号
顺丰速运	5197
圆通速递	543
中通快递	8
总计	5748

图 4-42　客户物流方式偏好数据透视表

（2）根据以上得到的数据，绘制客户物流方式偏好饼图。添加图表标题、数据标签，数据标签显示方式为“百分比”，调整大小，对图表进行适当美化，最终效果如图 4-43 所示。

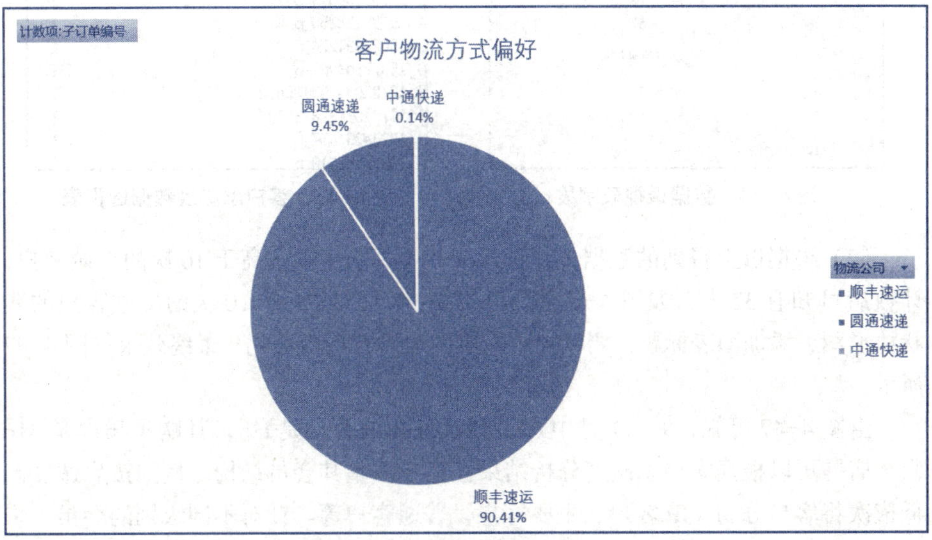

图 4-43　客户物流方式偏好分析图

由图 4-43 可知，客户偏好顺丰速运，注重物流速度。店铺发货选择物流公司时应该将物流速度作为重要的评估因素之一。

（三）客户忠诚度分析

店铺可以通过购买频次进行客户忠诚度分析。在单位时间内，客户购买频次越高，忠诚度则越高；客户购买频次越低，忠诚度则越低。为了分析客户忠诚度，需要对【9—11 月订单数据】工作表中的网名进行统计，并根据统计结果绘制簇状柱形图以进行可视化分析。

（1）使用数据透视表进行数据的汇总计算和处理。建立数据透视表，选中关键指标“网名”字段分别拖入“行”区域和“值”区域，如图 4-44 所示。计算结果如图 4-45 所示。

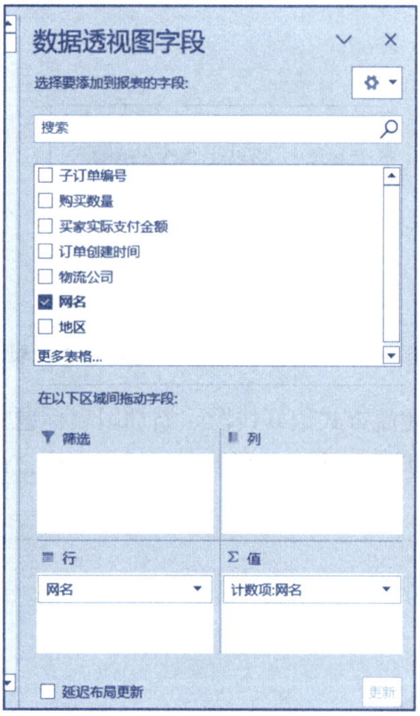

图 4-44 数据透视表字段

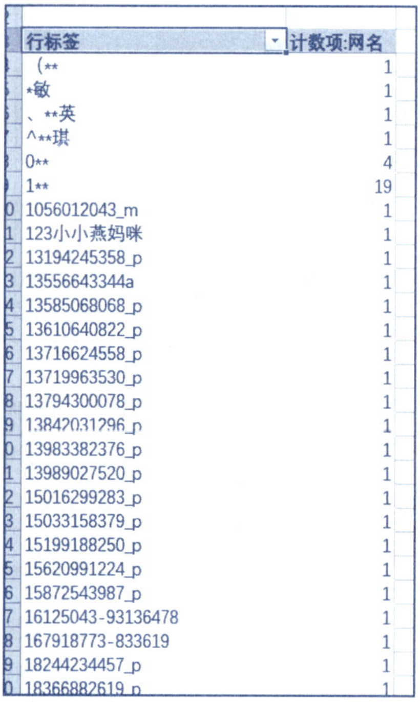

行标签	计数项:网名
(**	1
*敏	1
、**英	1
^**琪	1
0**	4
1**	19
1056012043_m	1
123小小燕妈咪	1
13194245358_p	1
13556643344a	1
13585068068_p	1
13610640822_p	1
13716624558_p	1
13719963530_p	1
13794300078_p	1
13842031296_p	1
13983382376_p	1
13989027520_p	1
15016299283_p	1
15033158379_p	1
15199188250_p	1
15620991224_p	1
15872543987_p	1
16125043-93136478	1
167918773-833619	1
18244234457_p	1
18366882619_p	1

图 4-45 客户忠诚度数据透视表

（2）根据以上得到的数据，筛选出 9—11 月购买频次高于 10 次的忠诚客户，计数后可知有 37 人，如图 4-46 所示。绘制购买频次高于 10 次的忠诚客户的簇状柱形图，添加图表标题，调整大小，对图表进行适当美化，最终效果如图 4-47 所示。

由图 4-47 可知，9—11 月中购买频次最高的客户是 t**，其购买频次是 416 次。店铺可以根据客户忠诚度分析结果搭建或调整其会员结构。例如按忠诚度高低依次将客户分为 VIP 客户、主要客户、普通客户等。针对不同级别的会员，采取不同的营销策略，尤其是对忠诚度较高的会员加强营销。店铺可为忠诚客户建立专属优惠群，入群客户可不定期领取优惠券、享受商品折扣及团购优惠等福利。这一方式既能有效引导老客户复购，又能进一步增强忠诚客户的黏性。同时，在识别忠诚客户后，店铺可通过设置拉新优惠、提供拉新奖励等方式，激励忠诚客户为店铺引流新客户。

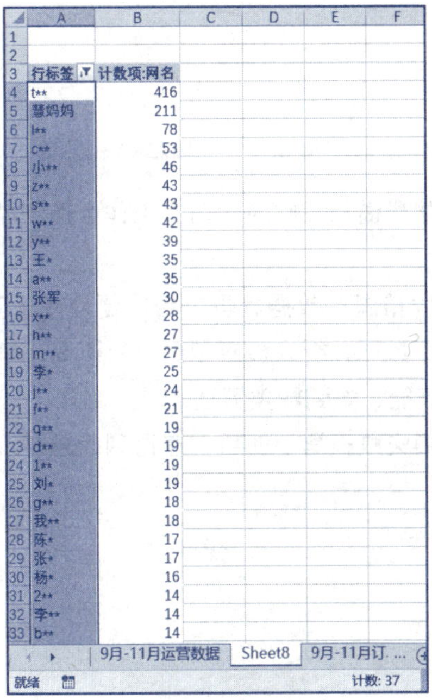

行标签	计数项:网名
t**	416
慧妈妈	211
l**	78
c**	53
小**	46
z**	43
s**	43
w**	42
y**	39
王*	35
a**	35
张军	30
x**	28
h**	27
m**	27
李*	25
j**	24
f**	21
q**	19
d**	19
1**	19
刘*	19
g**	18
我**	18
陈*	17
张*	17
杨*	16
2**	14
李**	14
b**	14

9月-11月运营数据　Sheet8　9月-11月订 ...

就绪　计数: 37

图 4-46　购买频次高于 10 次的忠诚客户

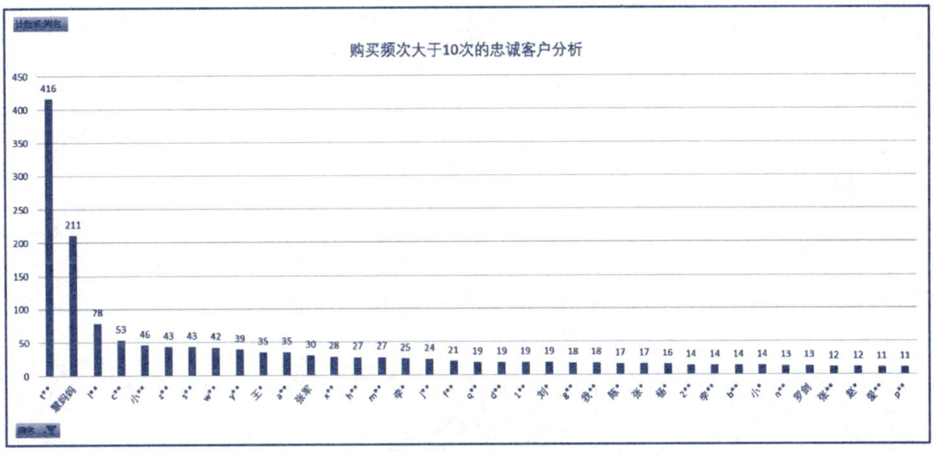

图 4-47　购买频次高于 10 次的忠诚客户分析图

课堂思考

柱形图、折线图、饼图、散点图的适用场景分别是什么?

课堂讨论

可以将哪些图表类型组合起来进行数据展示?

工匠精神

实事求是、科学严谨： 在解决学习或工作中遇到的问题时，要理论联系实际。

学无止境、博大精深： 数据分析方法广泛应用于管理、金融、财务、统计、决策等领域。数据分析人员应做到一丝不苟、学以致用，不断完善自己的 Excel 职业技能，做到触类旁通。

改革创新、不怕失败： 勇于创新，在遇到问题时，要敢于提问、积极互动、不怕失败。

项目练习

一、单项选择题

1. 对店铺运营数据进行清洗处理，不包括以下哪个操作？（　　）

A. 缺失值处理　　B. 重复值处理

C. 异常值处理　　D. 统计求和

2. （　　）即数据值为空的值，又称“空值”。

A. 缺失值　　B. 重复值　　C. 异常值　　D. 平均值

3. （　　）即数据中出现的个别偏离其余观测值范围较多的值。

A. 缺失值　　B. 重复值　　C. 异常值　　D. 平均值

4. （　　）函数是条件求和函数，即根据给定的条件对指定单元格的数值求和。

A. SUM　　B. SUMIF　　C. COUNT　　D. ROUND

5. （　　）函数可以统计包含数字的单元格个数以及参数列表中数字的个数。

A. SUM　　B. SUMIF　　C. COUNT　　D. ROUND

6. （　　）函数可以返回一组数值中的最大值。

A. AVERAGE　　B. MAX　　C. MIN　　D. ROUND

7. 现计划对某款冲锋衣及其竞品从防水、防风、透气、保暖、耐磨 5 个维度进行比较，选用（　　）较为合适。

A. 柱形图　　B. 散点图　　C. 雷达图　　D. 折线图

8. 现计划在图表中展现某店铺第四季度的销售额在全年销售额中的占比情况，适合选用（　　）。

A. 热力图　　B. 雷达图　　C. 折线图　　D. 饼图

9. 处理缺失值的方式包括（　　）。

A. 删除　　B. 保留　　C. 使用替代值　　D. 以上都是

10. 下列行为不符合数据分析人员职业道德要求的是（　　）。

A. 依法合规采集所需的各类数据

B. 不私自泄露企业的任何非公开数据

C. 在制作图表时，改变呈现方式，人为缩小数据间的巨大差异

D. 实事求是，对企业统计数据不瞒报、不谎报

二、操作题

1. 某网店以经营空调为主，现统计该网店 6 月空调销售情况，如表 4-9 所示。

表 4-9 某网店 6 月空调销售统计表

空调品牌	销售地区	销售数量 / 台	销售单价 / 元
美的空调	北京	340	2000
美的空调	广州	320	2000
美的空调	上海	370	2000
美的空调	成都	260	2000
美的空调	重庆	289	2000
美的空调	武汉	310	2000
TCL 空调	北京	120	1850
TCL 空调	广州	135	1850
TCL 空调	上海	250	1850
TCL 空调	成都	240	1850
TCL 空调	重庆	180	1850
TCL 空调	武汉	267	1850
海尔空调	北京	620	1900
海尔空调	广州	590	1900
海尔空调	上海	387	1900
海尔空调	成都	254	1900
海尔空调	重庆	263	1900
海尔空调	武汉	325	1900

根据表中的数据，按下列要求在 Excel 中进行数据计算：

（1）分别计算出各销售地区不同空调品牌的销售总额。

（2）分别计算出北京、广州、上海、重庆的空调销售数量。

（3）按空调品牌分类，计算各空调品牌的销售总量与销售总额。

2. 某电商品牌运营人员需要对 2024 年第一季度累计在天猫、京东、苏宁易购及其他线上平台产生的网络销售额占比进行分类统计并制作图表，以便在后期数据报告中使用。运营人员采集完原始数据并进行统计后，列出统计数据表，如表 4-10 所示。

表 4-10 某品牌 2024 年第一季度网络销售额占比

平台	天猫	京东	苏宁易购	其他
第一季度网络销售额	43.98%	36.91%	12.56%	6.55%

请根据表格数据，选择合适的图表进行数据可视化分析。

三、课赛融通题

1. 模拟商务数据分析与应用国赛赛题，运用 Excel 对书中提供的数据进行数据清洗、计算和可视化分析。

2. 运用 Excel 对店铺浏览量与直通车消耗的关系进行可视化分析。

项目五 Python 数据分析

随着电商行业竞争加剧，仅靠Excel等软件进行数据分析已显掣肘。Python语言在数据分析中的应用应运而生。本项目将运用Python编程，对电商运营数据进行清洗和处理；运用Python数据分析方法，对电商运营数据进行分析：基于价格、支付日期等字段，分析支付金额等整体销售业绩指标，探索支付金额变动的情况，并根据浏览量、直通车费用、淘宝客费用等分析其变动原因；基于支付金额、买家所在地区等字段，分析买家地区分布特征；基于消费次数和买家实际支付金额，分析买家消费频次、消费区间分布及人群贡献度；基于RFM模型，识别店铺的主要买家，并对各类买家进行分层，以便采取有针对性的措施，实现客户价值提升和精准留存。

学习目标

★**知识目标：** 学习Python数据分析的思路，熟悉Python数据分析常用库的使用。

★**技能目标：** 掌握库的使用场景，能对电商常用场景进行数据分析和建模。

★**素质目标：** 具备数据分析思维，具备较好的计算机素养，具备较高的知识综合运用能力。

学习导图

- Python 数据分析
  - 任务一　Python 数据分析库介绍
    - Pandas 数据分析库
    - NumPy 科学计算库
    - Matplotlib 可视化图形库
  - 任务二　Python 数据清洗
    - 数据清洗的概念
    - 数据清洗的常用方法
    - 数据处理的常用函数
  - 任务三　销售数据变动分析及可视化
    - 销售业绩指标波动情况
    - 销售收入波动原因
    - 根据广告费预测销售业绩变动
  - 任务四　客户消费特征分析
    - 客户整体消费趋势分析
    - RFM 模型内涵解析
    - RFM 模型的构建及评析

任务一 Python 数据分析库介绍

任务描述

电商最重要的工作之一是引流，而引流的前提是店铺定位清晰，并对购买商品的买家进行客户数据分析。Pandas、NumPy 和 Matplotlib 是数据分析业务中不可或缺的 Python 库。本任务通过对店铺销售信息等数据的分析，使学生熟悉 Python 数据分析常用库 Pandas、NumPy 和 Matplotlib 的功能及应用场景。

任务目标

1. 熟悉 Python 数据分析常用库的功能。
2. 熟悉 Python 数据分析常用库的应用场景。

知识准备

1. 具备关于 Python 开发环境和基本语法的相关知识。
2. 具备关于 Python 库的安装及模块引进的相关知识。

一、Pandas 数据分析库

Pandas 是 Python 的一个数据分析包，最初由 AQR Capital Management 于 2008 年 4 月开发，并于 2009 年底开源，目前由专注于 Python 数据包开发的 PyData 团队继续开发和维护，属于 PyData 项目的一部分。

Pandas 的名称源自面板数据（Panel Data）和数据分析（Data Analysis）。作为开源的第三方 Python 库，它基于 NumPy 和 Matplotlib 构建而成，与 NumPy、Matplotlib 并称为数据分析"三剑客"。

Pandas 已成为 Python 数据分析的必备高级工具，其目标是成为强大、灵活且可支持多编程语言的数据分析工具。Pandas 为时间序列分析提供了良好的支持，最初作为金融数据分析工具，应用于金融量化交易领域，如今应用范围已扩展至农业、工业、交通等多个行业。

（一）创建数据并保存

1. 创建二维数组数据

```
import pandas as pd
```

```
import NumPy as np
Idit = {'城市':['广州','安顺','咸阳','六安','怀化','北京',
'上饶','江门','天津','宿州','龙岩'],
'职业':['教师','医生','会计','护士','焊工','驾驶员','厨师',
'保安','营业员','清洁工','教练'],
'年龄':[29,35,26,45,38,24,29,37,24,45,54],
'体重':[64,59,60,73,62,68,80,50,70,75,53],
'身高':[168,169,165,175,158,178,171,163,180,170,156],
'性别':['男','男','女','男','女','男','男','女','男','男',
'女']}
df = pd.DataFrame(Idit)
print(df)
```

输出结果为：

	城市	职业	年龄	体重	身高	性别
0	广州	教师	29	64	168	男
1	安顺	医生	35	59	169	男
2	咸阳	会计	26	60	165	女
3	六安	护士	45	73	175	男
4	怀化	焊工	38	62	158	女
5	北京	驾驶员	24	68	178	男
6	上饶	厨师	29	80	171	男
7	江门	保安	37	50	163	女
8	天津	营业员	24	70	180	男
9	宿州	清洁工	45	75	170	男
10	龙岩	教练	54	53	156	女

2. 以 .csv 和 .xlsx 保存数据

保存路径为：d:/数据分析技术教材/cj（注：将DataFrame保存为Excel文件时，必须安装openpyxl或xlwt库中的至少一个）。同时，必须命名并创建数组。

```
Import openpyxl
# 以 .csv 保存文件
path_csv = r'f:/数据分析技术教材/cj/创建数组.csv'
df.to_csv(path_csv)
# 以 .xlsx 保存文件
path_xlsx= r'd:/数据分析技术教材/cj/创建数组.xlsx'
df.to_excel(path_xlsx)
```

（二）读取数据并查看指定几行

1. 读取数据

（1）读取 .csv 数据。

```
df = pd.read_csv(path_csv)
```

（2）读取 .xlsx 数据。

```
df = pd.read_excel(path_xlsx)
```

2. 查看数据

（1）查看头部 5 行数据。

```
print(df.head(5))
```

输出结果为：

	城市	职业	年龄	体重	身高	性别
0	广州	教师	29	64	168	男
1	安顺	医生	35	59	169	男
2	咸阳	会计	26	60	165	女
3	六安	护士	45	73	175	男
4	怀化	焊工	38	62	158	女

（2）查看尾部 5 行数据。

```
print(df.tail(5))
```

输出结果为：

	城市	职业	年龄	体重	身高	性别
6	上饶	厨师	29	80	171	男
7	江门	保安	37	50	163	女
8	天津	营业员	24	70	180	男
9	宿州	清洁工	45	75	170	男
10	龙岩	教练	54	53	156	女

（3）随机查看 5 行数据。

```
print(df.sample(5))
```

输出结果为：

	城市	职业	年龄	体重	身高	性别
1	安顺	医生	35	59	169	男
8	天津	营业员	24	70	180	男
9	宿州	清洁工	45	75	170	男
10	龙岩	教练	54	53	156	女
3	六安	护士	45	73	175	男

（三）查看数据格式

1. 查看数据类型

```
print(df.dtypes())
```

输出结果为：

城市 object
职业 object
年龄 int64
体重 int64
身高 int64
性别 object
dtype:object

2. 查看数据信息

```
print(df.info())
```

输出结果为：

RangeIndex:11 entries， 0 to 10

Data columns (total 6 columns):

#	Column	Non-Null Count	Dtype
0	城市	11 non-null	object
1	职业	11 non-nulll	object
2	年龄	11 non-nulll	int64
3	体重	11 non-nulll	int64
4	身高	11 non-nulll	int64
5	性别	11 non-nulll	object

dtypes: int64(3)， object(3)
memory usage: 656.0+ bytes
None

可以看出，有 4 列字符型数据和 3 列数值型数据。

（四）查看数值型数据整体信息

对于数值型数据，通过以下方法查看，可以粗略发现其中是否有异常数据。异常是指数据明显不符合常理，例如最大年龄是 200 岁，最小年龄是负值。

```
print(df.describe())
```

输出结果为：

	年龄	体重	身高
count	11.000000	11.000000	11.000000
mean	35.090909	64.909091	168.454545

std	9.843318	9.289290	7.633658
min	24.000000	50.000000	156.000000
25%	27.500000	59.500000	164.000000
50%	35.000000	64.000000	169.000000
75%	41.500000	71.500000	173.000000
max	54.000000	80.000000	180.000000

（五）增加或删减行列数据

1. 对原有数据增加一列

例如，对原有数据增加 CustomerName 一列，代码如下：

```
df['姓名']=['罗猛','t**','刘*','贝晨代发','9**','朱*兰','朱婷玉',
'阿*','马*','慧妈妈','陈*芬']
print(df)
```

输出结果为：

	城市	职业	年龄	体重	身高	性别	姓名
0	广州	教师	29	64	168	男	罗猛
1	安顺	医生	35	59	169	男	t**
2	咸阳	会计	26	60	165	女	刘*
3	六安	护士	45	73	175	男	贝晨代发
4	怀化	焊工	38	62	158	女	9**
5	北京	驾驶员	24	68	178	男	朱*兰
6	上饶	厨师	29	80	171	男	朱婷玉
7	江门	保安	37	50	163	女	阿*
8	天津	营业员	24	70	180	男	马*
9	宿州	清洁工	45	75	170	男	慧妈妈
10	龙岩	教练	54	53	156	女	陈*芬

2. 对原有数据中的一列或几列进行删除

例如，删除性别列，代码如下：

```
df.drop(['性别'],axis=1,inplace=True)
print(df)
```

输出结果为：

	城市	职业	年龄	体重	身高	姓名
0	广州	教师	29	64	168	罗猛
1	安顺	医生	35	59	169	t**
2	咸阳	会计	26	60	165	刘*
3	六安	护士	45	73	175	贝晨代发
4	怀化	焊工	38	62	158	9**

5	北京	驾驶员	24	68	178	朱*兰
6	上饶	厨师	29	80	171	朱婷玉
7	江门	保安	37	50	163	阿*
8	天津	营业员	24	70	180	马*
9	宿州	清洁工	45	75	170	慧妈妈
10	龙岩	教练	54	53	156	陈*芬

若要删除多列，例如删除三列，代码如下：

```
    df.drop(['要删除的列名1','要删除的列名2','要删除的列名3'],axis=1,
inplace=True)
```

3. 根据需要，提取原有数据一列或几列进行指定操作

```
dfd = df['城市']
print(dfd)
```

输出结果为：

```
0    广州
1    安顺
2    咸阳
3    六安
4    怀化
5    北京
6    上饶
7    江门
8    天津
9    宿州
10   龙岩
Name: 城市, dtype:object
```

若要提取几列，代码如下：

```
dfd = df[['要提取的列名1','要提取的列名2','要提取的列名3']]
```

（六）判断重复数据及去重

1. 判断数据中的某列或某几列数据是否存在重复

（1）判断单列数据是否存在重复。

```
flag = df['城市'].duplicated()
df['is_repeat'] = flag
print(df[['城市','is_repeat']])
```

输出结果为：

	城市	is_repeat
0	广州	False
1	安顺	False

2	咸阳	False
3	六安	False
4	怀化	False
5	北京	False
6	上饶	False
7	江门	False
8	天津	False
9	宿州	False
10	龙岩	False

若 is_repeat 的值是 True，则意味着重复。从输出结果可以看出，is_repeat 的值都为 False，意味着不存在重复。

（2）判断某几列数据是否存在重复。

```
flag = df.duplicated(subset=['城市','年龄'])
df['is_repeat'] = flag
print(df)
```

输出结果为：

	城市	职业	年龄	体重	身高	姓名	is_repeat
0	广州	教师	29	64	168	罗猛	False
1	安顺	医生	35	59	169	t**	False
2	咸阳	会计	26	60	165	刘*	False
3	六安	护士	45	73	175	贝晨代发	False
4	怀化	焊工	38	62	158	9**	False
5	北京	驾驶员	24	68	178	朱*兰	False
6	上饶	厨师	29	80	171	朱婷玉	False
7	江门	保安	37	50	163	阿*	False
8	天津	营业员	24	70	180	马*	False
9	宿州	清洁工	45	75	170	慧妈妈	False
10	龙岩	教练	54	53	156	陈*芬	False

从输出结果可以看出，is_repeat 的值都为 False，意味着城市、年龄两列数据不存在重复。

2. 判断数组整行是否重复

```
flag = df.duplicated()
df['is_repeat'] = flag
print(df)
```

由于原数组不存在重复值，这里可以自行将原数据复制一行。例如将原数据组中“安顺”这行复制、粘贴到“天津”这行，输出结果为：

	城市	职业	年龄	体重	身高	姓名	is_repeat
0	广州	教师	29	64	168	罗猛	False
1	安顺	医生	35	59	169	t**	False
2	咸阳	会计	26	60	165	刘*	False
3	六安	护士	45	73	175	贝晨代发	False
4	怀化	焊工	38	62	158	9**	False
5	北京	驾驶员	24	68	178	朱*兰	False
6	上饶	厨师	29	80	171	朱婷玉	False
7	江门	保安	37	50	163	阿*	False
8	安顺	医生	35	59	169	t**	True
9	宿州	清洁工	45	75	170	慧妈妈	False
10	龙岩	教练	54	53	156	陈*芬	False

由于索引 8 这行 is_repeat 的值为 True，意味着数组存在整行数据重复，索引 1 和索引 8 这两行存在重复。

3. 对重复数据进行去重

假如城市、年龄两列数据查询存在重复，则可以使用以下代码删除：

```
    df.drop_duplicates(subset = ['城市','年龄'],keep='last',
inplace=True)
```

输出结果为：

	城市	职业	年龄	体重	身高	姓名	is_repeat
1	广州	教师	29	64	168	罗猛	False
2	咸阳	会计	26	60	165	刘*	False
3	六安	护士	45	73	175	贝晨代发	False
4	怀化	焊工	38	62	158	9**	False
5	北京	驾驶员	24	68	178	朱*兰	False
6	上饶	厨师	29	80	171	朱婷玉	False
7	江门	保安	37	50	163	阿*	False
8	安顺	医生	35	59	169	t**	False
9	宿州	清洁工	45	75	170	慧妈妈	False
10	龙岩	教练	54	53	156	陈*芬	False

可以看出，进行重复值删除并保留后者后，整个行数变成 10 行，原索引 1 这行因存在重复而被删除。

二、NumPy 科学计算库

NumPy 是一个开源的 Python 科学计算库，是 Python 中诸多数据科学库的重要基础。熟悉和精通 NumPy 科学计算库，对于理解和应用其他基于 NumPy 而衍生的库非常重要，其他应用较多的库（例如 Pandas、Scikit-Learn 等）都要用到

NumPy 库的一些功能。

这里主要介绍 NumPy 数组对象、如何创建数组、NumPy 数值类型转换、数组转置、数组切片和索引、数组堆叠、NumPy 常用统计函数等。

（一）NumPy 数组对象

NumPy 中的多维数组称为 ndarray，这是 NumPy 中最常见的数组对象。ndarray 对象通常包含两个部分：ndarray 数据和描述数据的元数据。

NumPy 数组通常是由相同种类的元素组成的，即数组中的数据项的类型一致。因为数组元素的类型相同，所以在计算时能快速确定存储数据所需空间的大小。

与 Python 列表相比，NumPy 使用了优化过的算法，能够运用向量化运算处理整个数组，速度较快；而 Python 列表则通常需要借助循环语句遍历列表，运行效率相对较差。

（二）创建 ndarray 数组

首先需要导入 NumPy 库，导入时通常使用“np”作为简写，这也是数据分析行业通用的写法。这样写的好处是，由于业内公认，便于与其他程序兼容、保持一致，利于修改、完善和协作。

创建 ndarray 数组的方式有很多种，以下是使用较多的几种方式：

1. 利用列表（list）或元组（tuple）创建数组

（1）利用列表（list）创建一维数组。

例如，创建对应年龄、体重、身高的一维数组，代码如下：

```
Age_list1 = np.array([35,59,169])
print(Age_list1)
```

输出结果为：[35 59 169]

（2）利用元组（tuple）创建一维数组。

例如，创建对应年龄、体重、身高的一维数组，代码如下：

```
Age_tuple1 = np.array((26,60,165))
print(Age_tuple1)
```

输出结果为：[26 60 165]

（3）利用列表（list）创建二维数组。

例如，创建对应年龄、体重、身高的二维数组，代码如下：

```
Age_list2 = np.array([[35,59,169],[26,60,165]])
print(Age_list2)
```

输出结果为：

[[35 59 169]

[26 60 165]]

注意：列表法只能创建一维或二维数组。元组法只能创建一维数组。

2. 利用 np.arange() 方法创建多维数组

（1）利用 np.arange() 方法创建一维数组。例如：

```
Arr_1 = np.arange(10)
print(Arr_1)
```

输出结果为：[0 1 2 3 4 5 6 7 8 9]

（2）利用 np.arange() 方法创建二维数组。例如：

```
Arr_2 = np.array([np.arange(6),np.arange(6)])
print(Arr_2)
```

输出结果为：

[[0 1 2 3 4 5]

[0 1 2 3 4 5]]

又如：

```
Arr_2 = np.array([np.arange(6),np.arange(6),np.arange(6)])
print(Arr_2)
```

输出结果为：

[[0 1 2 3 4 5]

[0 1 2 3 4 5]

[0 1 2 3 4 5]]

（3）利用 np.arange() 方法创建多维数组。例如：

```
Arr_3 = np.arange(32).reshape(2,4,4)
print(Arr_3)
```

输出结果为：

[[[0 1 2 3]

[4 5 6 7]

[8 9 10 11]

[12 13 14 15]]

[[16 17 18 19]

[20 21 22 23]

[24 25 26 27]

[28 29 30 31]]]

注意：数组的总元素数量等于各维度大小的乘积。例如上述三维数组，总元素数 32=2（组）× 4（行）× 4（列）。

Reshape(c,m,n) 三个维度的含义：c 代表几组，m 代表几行，n 代表几列。当没有 c 时，默认 1 组，Reshape(m,n) 代表 m 行 n 列。

3. 利用 numpy.random 创建随机元素数组

（1）利用 np.random.random() 获取随机数或创建数组。

若要生成一个随机的浮点数，代码如下：

```
c = np.random.random()
print(c)
```

输出结果为：0.5654508972932126

注意：随机的浮点数的范围是 [0,1)。

可以通过设置参数 size，创建 m 行、n 列的数组，代码如下：

```
c = np.random.random(size=(5,4))
print(c)
```

输出结果为：

[[0.70961847 0.58171629 0.57804651 0.38991224]

[0.99707335 0.96062356 0.57762431 0.61356587]

[0.18152196 0.86365239 0.8637626 0.94716347]

[0.79082852 0.7512764 0.42865343 0.17938354]

[0.88989158 0.6324017 0.0281413 0.61890184]]

可以看出，随机输出的数组元素仍然在 0 至 1 之间。

（2）利用 np.random.randint() 生成一个随机整数或创建数组。

```
randint(low,high,size,dtype='l')
```

注意：生成的数值大于等于 low，小于 high。如果 high 没有或等于 none，则生成的数值在 0 至 low 之间。当 size 没有或等于 none 时，则仅仅返回满足要求的单一随机数。当 size =(c,m,n) 时，则输出数组的 shape =(c,m,n)，数组中的每个元素都满足 m、n 的要求。dtype 指想要输出的格式，例如 int、int64 等。

例如，print（np.random.randint（10）），输出结果为随机整数：8。

又如，print（np.random.randint（12，size=（3,4））），输出结果为数组：

[[6 5 10 0]

[7 9 7 2]

[3 0 7 7]]

（3）利用 np.random.rand() 生成 [0, 1) 区间内的随机数。

例如，print(np.random.rand(1))，输出结果为：1 个随机数 [0.63277841]。

又如，print(np.random.rand(3,4))，输出结果为：3 × 4 的数组。

[[0.21146088 0.81220099 0.01249777 0.38073612]

[0.20102169 0.42686823 0.69342592 0.20626003]

[0.49226196 0.21588793 0.34196638 0.58499913]]

（4）利用 np.random.choice() 随机选取序列的一个元素。

np.random.choice() 可以从序列（字符串、列表、元组等）中随机选取，返回一个列表、元组或字符串的随机项。例如：

```
print(np.random.choice(['罗猛','t**','刘*','贝晨代发','9**',
'朱*兰','朱婷玉','阿*','t**','慧妈妈','陈*芬']))
```

输出结果为：t**。

```
print np.random.choice(6, 4)
```

输出结果为（4 个小于 6 的元素）：[0 1 2 5]

（三）NumPy 数值类型转换

每一种数据类型都有相应的数据转换函数。

（1）将数据转化为整数，用 int8() 函数。

例如，np.int8(15.111)，输出结果为：15。

（2）将数据转化为浮点数，用 float64() 函数。

例如，np.float64(21)，输出结果为：21.0。

（3）将数据转化为布尔类型，用 bool（参数），返回为 True 或 False。当参数为 0 时，输出结果为 False。

例如，print(bool(2))，输出结果为：True。

（4）在创建 ndarray 数组时，可以指定数值类型。

示例 1：

```
a = np.arange(8,dtype = int)
print(a)
```

输出结果为：

[0 1 2 3 4 5 6 7]

示例 2：

```
b = np.array([1.50,5.78,7.01], dtype='int8')
print(b)
```

输出结果为：

[1 5 7]

（四）数组转置——T 方法

例如，原数组为：

```
b = np.arange(20).reshape(5,4)
```

输出结果为：

[[0 1 2 3]
[4 5 6 7]
[8 9 10 11]
[12 13 14 15]
[16 17 18 19]]

利用 b.T 对 b 数组进行转置，输出结果为：

[[0 4 8 12 16]
[1 5 9 13 17]
[2 6 10 14 18]
[3 7 11 15 19]]

（五）数组切片和索引

1. 一维数组的切片和索引

数组 A =[a1,a2,a3,a4,a5,...]

Python 列表使用符号 [n:m] 来表示一个切片，指从索引 n 到索引 m 的连续元素。注意索引从 0 开始，包含索引为 n 的元素，不包含索引为 m 的元素。例如，A[1:5:n] 表示从索引 1 开始，每隔 n 个数选择一个元素，直到索引 5，不包含索引 5 的元素。

以名字数列为例：

```
A =['罗猛','t**','刘*','贝晨代发','9**','朱*兰','朱婷玉','阿*','t**','慧妈妈','陈*芬']
print(A[2:10:2])
```

表示从索引 2 开始，每隔 2 个数选择一个元素，直到索引 10，不包括索引 10 的元素。

输出结果为：['刘*','9**','朱婷玉','t**']。

若 n 省略，则默认步长为 1。那么 A[1:5] 的输出结果为：['t**','刘*','贝晨代发','9**']。

若起始位省略，默认从 A[0] 开始，那么 A[:7:3] 的输出结果为：['罗猛','贝晨代发','朱婷玉']。

2. 二维数组的切片和索引

二维数组行列切片的公式如下：

[行切片 , 列切片]，即 [开始行 : 终止行 : 步长 , 开始列 : 终止列 : 步长]

例如：

```
import NumPy as np
b = np.array(['罗猛','t**','刘*','贝晨代发','9**','朱*兰','朱婷玉','阿*','t**','慧妈妈','陈*芬','赵岑','柯军哈哈哈','丹丹 jd_6157d4ba080d9','史*征','周洁','刘丽红','衣**','何**','方**'])
b= b.reshape(4,5)
print(b)
```

输出结果为：

[['罗猛' 't**' '刘*' '贝晨代发' '9**']
['朱*兰' '朱婷玉' '阿*' 't**' '慧妈妈']
['陈*芬' '赵岑' '柯军哈哈哈' '丹丹 jd_6157d4ba080d9' '史*征']
['周洁' '刘丽红' '衣**' '何**' '方**']]

若要获取第 4 行数据，列切片就不必关注。由于二维数组起始位置也是从索引 0 开始，即从 b[0] 开始，则获取第 4 行数据代码为 print(b[3])，输出结果为：['周洁' '刘丽红' '衣**' '何**' '方**']。

若要获取第 4 行第 5 列的数据，则代码为 print(b[3,4])，输出结果为：['方**']。

若要获取所有行第 3 列数据，则代码为 print(b[:,2])，输出结果为：['刘*' '阿*' '柯军哈哈哈 ' '衣**']。

若要获得所有列第 3 行数据，则代码为 print(b[2,:])，输出结果为：['陈*芬 ' '赵岑 ' '柯军哈哈哈 ' '丹丹 jd_6157d4ba080d9' '史*征 ']。

（六）数组堆叠

1. 一维数组堆叠

水平方向堆叠用函数 hstack()，例如：

```
A = ['罗猛 ','t**','刘*','贝晨代发 ','9**']
B = ['朱*兰 ','朱婷玉 ','阿*','t**','慧妈妈 ']
print(np.hstack((A,B)))
```

输出结果为：

['罗猛 ' 't**' '刘 *' '贝晨代发 ' '9**' '朱 * 兰 ' '朱婷玉 ' '阿 *' 't**' '慧妈妈 ']

垂直方向堆叠用函数 vstack()，例如：

```
print(np.vstack((A,B)))
```

输出结果为：

[['罗猛 ' 't**' '刘 *' '贝晨代发 ' '9**']
['朱 * 兰 ' '朱婷玉 ' '阿 *' 't**' '慧妈妈 ']]

2. 二维数组堆叠

除了用一维数组的方法外，还可以用 concatenate() 方法。但是需要注意的是，采用 concatenate() 方法时，当 axis=0 时，沿垂直方向堆叠；当 axis=1 时，沿水平方向堆叠。

例如：

```
a = [[3  4  5  6  7],
[2  6  9 11  5]]
b = [[6  2  1  3  7],
[4  5  8  7  9]]
print(np.concatenate((a,b),axis=1))
```

输出结果为：

[[3 4 5 6 7 6 2 1 3 7]
[2 6 9 11 5 4 5 8 7 9]]

或采用以下代码：

```
print(np.hstack((A,B)))
```

又如：

```
print(np.concatenate((a,b),axis=0))
```

输出结果为：

```
[[3 4 5 6 7]
 [2 6 9 11 5]
 [6 2 1 3 7]
 [4 5 8 7 9]]
```

或采用以下代码：

```
print(np.vstack((a,b)))
```

（七）NumPy 常用统计函数

在使用函数时需要指定 axis 轴的方向，即 axis=0 或 axis=1。若不指定，axis 轴的方向则默认统计整个数组。

1. 简单计算

np.sum()：返回总和。

np.mean()：返回平均数。

np.max()：返回最大值。

np.min()：返回最小值。

np.ptp()：数组沿指定轴返回最大值与最小值的差值，即极差。

np.cumsum()：返回累积和。

np.cumprod()：返回累积乘积。

2. 方差计算

np.std()：返回标准差。

np.var()：返回方差。

三、Matplotlib 可视化图形库

Matplotlib 是一个重要的数据可视化库，绘图时可根据需求选择不同的使用方法。常见模式和方法如下：

（1）pyplot 模式：直接调用封装好的 API 函数进行绘图。

（2）pylab 模式：模拟 matlab 的操作方式，不及 pyplot 模式使用广泛，不受市场喜欢。

（3）面向对象模式：最接近底层的绘图方式，当使用该种方式时必须先产生 figure 对象，然后在画布上产生坐标轴对象，最后在坐标轴上画图。

下文将介绍直接绘图方法和面向对象绘图方法。使用前，必须先引进 pyplot 模块，代码为 import matplotlib.pyplot as plt。

（一）使用 pyplot 直接绘制常见可视化图形

1. 折线图的绘制方法

我们常采用 pyplot 库的 plot() 函数绘制折线图，该函数的用法如下：

```
    plt.plot (x,y,marker='D',color='r',linestyle='-',linewidth=1,
markersize=6)
```

x 和 y 分别表示点的 x 坐标和 y 坐标。x 和 y 可以满足某种函数关系。marker 表示点的标记形式。例如，D 是菱形标记，d 是窄菱形标记，o 是实心圈标记。color 表示线条颜色。例如，b 表示蓝色，g 表示绿色，r 表示红色。linestyle 表示线形。例如，- 表示实线，-- 表示破折线，-. 表示点划线。linewidth 表示线宽。

假设下单金额为投入直通车消耗的平方。使用 pyplot 直接绘制反映直通车广告效果的折线图，代码如下：

```
    import matplotlib.pyplot as plt
    import NumPy as np
    plt.rcParams['font.sans-serif']=['SimHei']
    plt.title(" 直通车效果 ")
    plt.xlabel(' 直通车消耗 - 元 ')
    plt.ylabel(' 下单金额 - 元 ')
    x = np.linspace(15,20,35)
    y = x**2
    plt.plot(x,y,linestyle="--",color='g',marker="o")
    plt.show()
```

输出结果如图 5-1 所示：

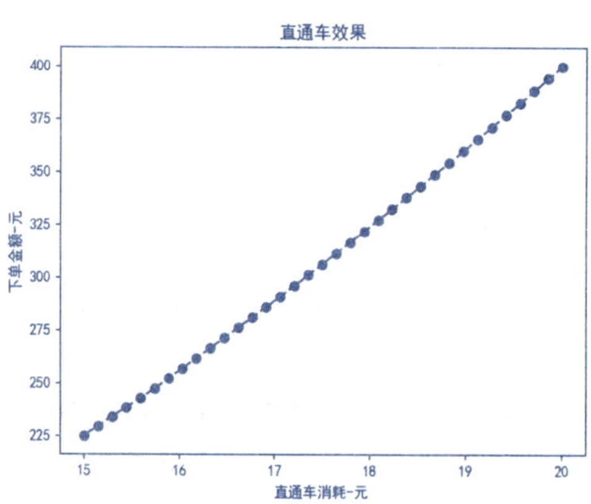

图 5-1　直通车效果折线图

2. 柱形图的绘制方法

我们常采用 pyplot 库的 bar() 函数绘制柱形图。bar() 函数的适用场合是二维数据集（每个数据点包括两个值 x 和 y），通过 y 值的大小对比，显示不同 x 类别之间的差异，或一段时间内（x 为时间）的数据变化趋势。该函数的用法如下：

```
    bar(x,height,width=0.8,bottom=None,align='center',data=None,
**kwargs)
```

x 表示 x 轴的坐标。height 表示柱形图的高度。width 表示柱形图的宽度，一般为 0.8。bottom 表示 y 坐标的起始高度。align 表示 x 轴上的坐标与柱体对齐的位置，可选 center（中心对称）或 edge（边缘对称）；**kwargs 表示其余的相关参数，例如 color 表示柱体的填充颜色，tick_label 表示每个柱体的标签名称，alpha 表示柱体填充颜色的透明度，edgecolor 表示柱体的边框颜色，linewidth 表示柱体边框线的宽度。

使用 pyplot 直接绘制反映直通车广告效果的柱形图，代码如下：

```
import matplotlib.pyplot as plt
import NumPy as np
plt.rcParams['font.sans-serif']=['SimHei']
plt.title(" 直通车效果 ")
plt.xlabel(' 直通车消耗 - 元 ')
plt.ylabel(' 下单金额 - 元 ')
x = np.arange(1,14,2)
y = [10,20,30,40,50,60,70]
pl = plt.bar(x,y,width=0.8,color='r')
plt.bar_label(pl,labels=y,padding=0.2)
plt.show()
```

输出结果如图 5-2 所示：

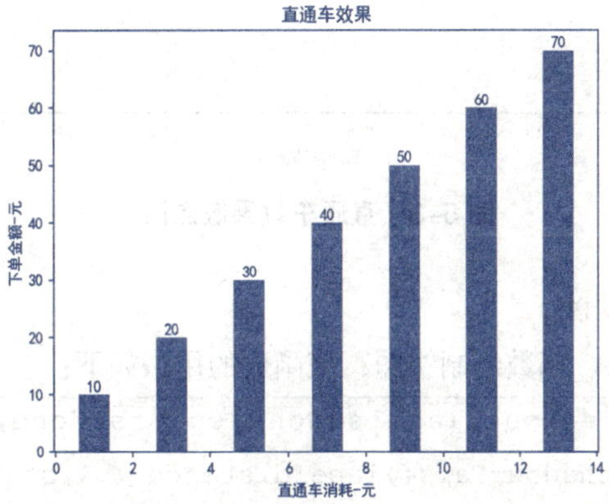

图 5-2　直通车效果柱形图

3. 散点图的绘制方法

我们可以通过 scatter() 函数绘制散点图，该函数的用法如下：

```
scatter(x,y,s=None,c=None,marker=None,linewidths=None,**kwargs)
```

x 和 y 表示数据点坐标。s 表示数据点绘制的大小，可选，默认值为 20。c 表示色彩或颜色序列，可选，默认 b（蓝色）。marker 表示标记的样式，可选，默认 o（实心圈标注）。linewidths 表示标记点的长度，默认值为 None。**kwargs 表示其余的相关参数，可选。

使 pyplot 直接绘制反映直通车效果的散点图，代码如下：

```
import matplotlib.pyplot as plt
plt.rcParams['font.sans-serif']=['SimHei']
plt.title(" 直通车效果 ")
plt.xlabel(' 直通车消耗 - 元 ')
plt.ylabel(' 下单金额 - 元 ')
x = np.arange(1,14,2)
y= [10,20,30,40,50,60,70]
plt.scatter(x,y,marker="*")
plt.show()
```

输出结果如图 5-3 所示：

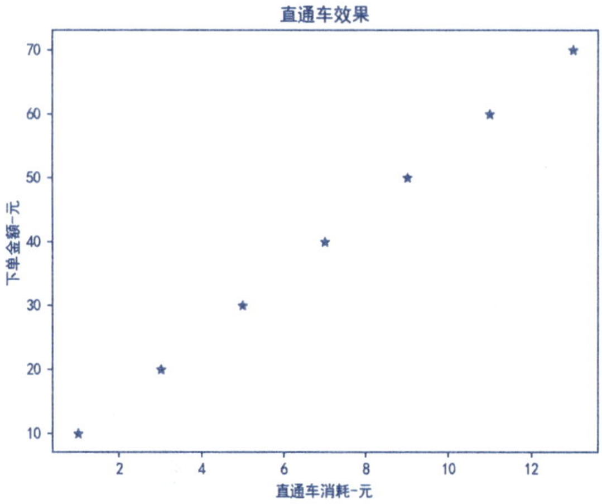

图 5-3　直通车效果散点图

4. 饼图的绘制方法

我们可以通过 pie() 函数绘制饼图，该函数的用法如下：

```
pie(x,explode=None,labels=None,colors=None,autopct=None,
pctdistance=0.6,shadow=False,labeldistance=1.1,startangle=None,radius=None,counterclock=True,wedgeprops=None,textprops=None,center=(0,0),frame=False,rotatelabels=False,*,data=None)
```

x 表示每一部分的比例，即每个扇形所占的比重，pie() 函数可自动计算各个部分所占的比重。labels 指每一部分饼图外侧显示的说明文字。explode 指每一部分距中心的距离。startangle 指起始绘制角度，默认从 x 轴正方向逆时针画图，例如 startangle=90 表示从 y 轴正方向画图。shadow 指阴影，默认值为 False，即不画阴影。labeldistance 指 label 绘制位置相对于半径的比例，默认值为 1.1；若小于 1，则绘制在饼图内侧。autopct 控制饼图内百分比设置，可以使用 format 字符串或者 '%1.1f%%' 指定小数点前后位数，位数不够用空格补齐。pctdistance 类似于标签文本距圆心位置，指定 autopct 的位置刻度，默认值为 0.6。radius 控制饼图半径，默认值为 1。counterclock 指定指针方向，是布尔值，可选参数，默认值为 True，即逆时针。wedgeprops 指字典类型，可选参数，默认值为 None。textprops 设置标签和比例文字的格式，是字典类型，可选参数，默认值为 None。center 是浮点类型的列表，可选参数，默认值为 (0,0)，即图标中心位置。frame 是布尔类型，可选参数，默认值为 False；若为 True，则表示绘制带有表的轴框架。rotatelabels 是布尔类型，可选参数，默认值为 False；若为 True，则表示旋转每个 label 到指定的角度。

使用 pyplot 直接绘制反映不同商品下单金额占比情况的饼图，代码如下：

```
import matplotlib.pyplot as plt
import NumPy as np
plt.rcParams['font.sans-serif']=['SimHei']
plt.title(" 不同商品下单金额占比情况 ")
x =[35,20,25,30,75,18,50]
labels=[" 奶瓶 "," 尿不湿 "," 儿童霜 "," 小棉棒 "," 保温杯 "," 奶嘴 "," 奶粉 "]
explode = [0,0,0,0,0.08,0,0.06]
plt.rcParams['font.sans-serif']=['SimHei']
plt.pie(x,labels=labels,explode=explode,autopct=r"%1.1f%%")
plt.show()
```

输出结果如图 5-4 所示：

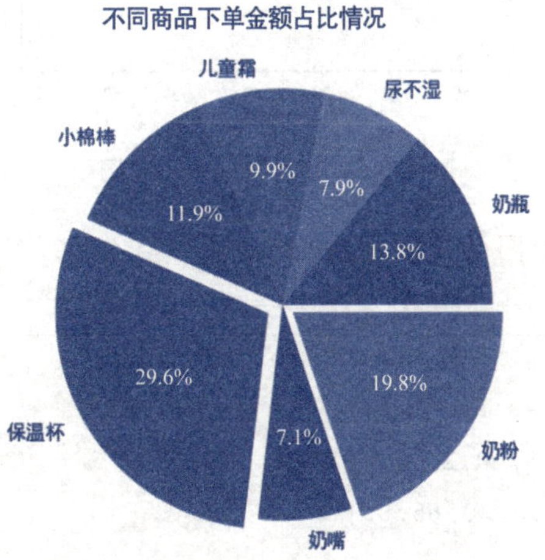

图 5-4　不同商品下单金额占比情况饼图

（二）使用面向对象绘图方法绘制常见可视化图形

面向对象绘图是另一种常见的绘图方法，其核心是显式定义画布（Figure）和子图（Axes），并通过子图对象的方法在指定的子图区域内完成绘图操作，适合复杂图形的绘制。

1. 面向对象折线图的绘制方法

代码如下：

```
import matplotlib.pyplot as plt
x= [10,20,30,40,50,60,70]
y= [20,30,35,50,70,65,80]
fig = plt.figure() # 创建 figure 对象
ax = fig.add_axes([0.1,0.1,0.5,0.5]) # 添加图框
plt.rcParams['font.sans-serif']=['SimHei'] # 设置中文
ax.set_title(" 直通车效果 ")# 设置标题
ax.set_xlabel(' 直通车消耗 - 元 ')
ax.set_ylabel(' 下单金额 - 元 ')
ax.plot(x,y,linestyle="--",color='r',marker="*") # 在图框内绘图
plt.show()
```

输出结果如图 5-5 所示：

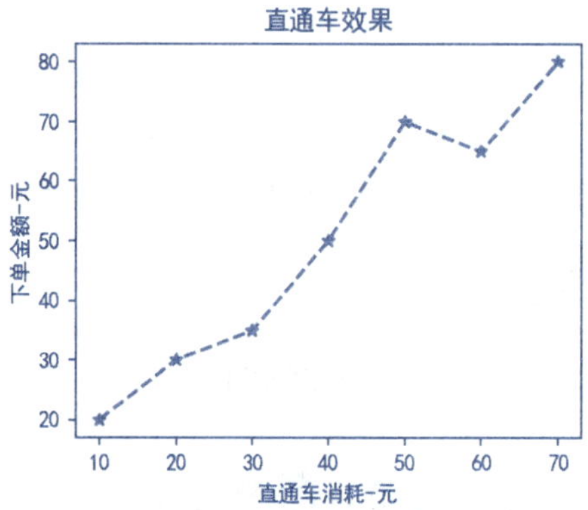

图 5-5　直通车效果折线图

2. 面向对象柱形图的绘制方法

代码如下：

```
import matplotlib.pyplot as plt
import NumPy as np
x= np.arange(1,14,2)
y= [20,30,35,50,70,65,80]
fig = plt.figure()
ax = fig.add_axes([0.1,0.1,0.5,0.8])
plt.rcParams['font.sans-serif']=['SimHei'] # 设置中文
ax.set_title(" 直通车效果 ") # 设置标题
ax.set_xlabel(' 直通车消耗 - 元 ')
```

```
ax.set_ylabel('下单金额-元')
pl = ax.bar(x+0.8,y,width=0.8,color='b')
plt.bar_label(pl,labels=y,padding=0.2) #添加数据标签
plt.show()
```

输出结果如图 5-6 所示：

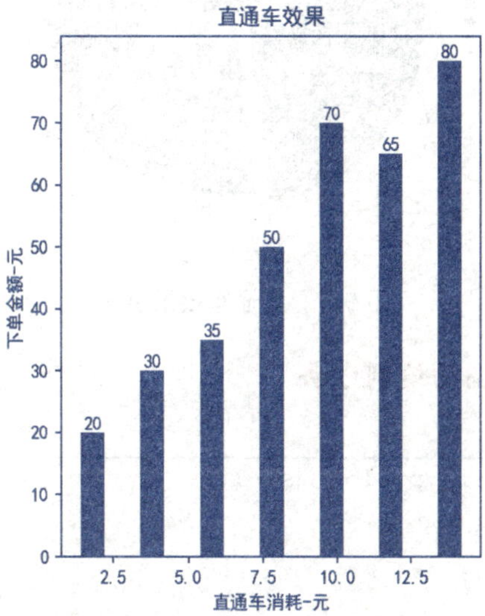

图 5-6　直通车效果柱形图

3. 面向对象饼图的绘制方法

代码如下：

```
import matplotlib.pyplot as plt
x = [35,20,25,30,75,18,50]
labels=["纺织","机电","电子","零售","矿石","教育","医疗"]
explode = [0,0,0,0,0.08,0,0.06]
plt.rcParams['font.sans-serif']=['SimHei']
fig = plt.figure()
ax = fig.add_axes([0.1,0.1,0.8,0.8])
plt.rcParams['font.sans-serif']=['SimHei'] #设置中文
ax.set_title("直通车效果") #设置标题
ax.set_xlabel('直通车消耗-元')
ax.set_ylabel('下单金额-元')
ax.pie(x,labels=labels,explode=explode,autopct=r"%1.1f%%")
plt.show()
```

输出结果如图 5-7 所示：

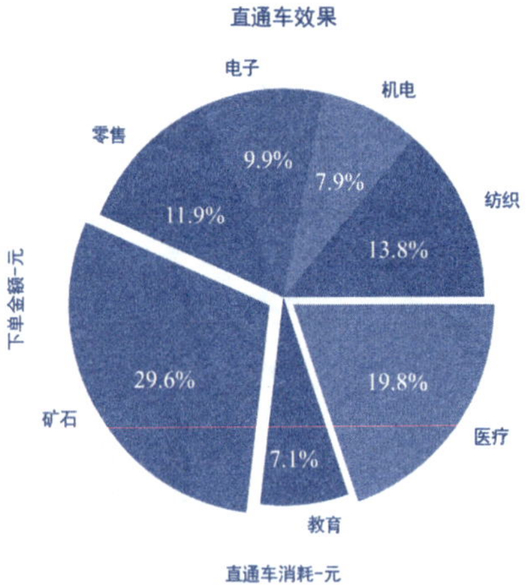

图 5-7 直通车效果饼图

4. 面向对象散点图的绘制方法

代码如下：

```
import matplotlib.pyplot as plt
import NumPy as np
fig = plt.figure()
ax = fig.add_axes([0.1,0.1,0.8,0.8])
plt.rcParams['font.sans-serif']=['SimHei'] # 设置中文
ax.set_title(" 直通车效果 ") # 设置标题
ax.set_xlabel(' 直通车消耗 - 元 ')
ax.set_ylabel(' 下单金额 - 元 ')
x = np.arange(1,14,2)
y= [20,30,35,50,70,65,80]
ax.scatter(x,y,marker="*")
plt.show()
```

输出结果如图 5-8 所示：

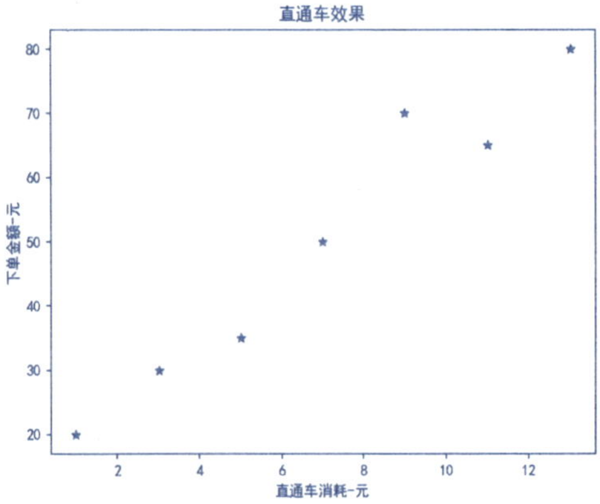

图 5-8 直通车效果散点图

（三）多子图可视化图形显示

引进 matplotlib.pyplot 模块，利用 plt.subplot() 方法可以将画布划分为多个子图，但每条 subplot 命令只创建一个子图。该函数的用法如下：

```
subplot(nrows,ncols,index,**kwargs)
```

nrows 代表行数，ncols 代表列数，即根据 nrows 行数和 ncols 列数将整个绘图区域分成 nrows 行和 ncols 列。index 用于对子图进行编号，图案根据 nrows 行和 ncols 列划分的块再按从左往右、从上往下的顺序排列，并对当前子图进行编号、索引。

例如，plt.subplot(221) 表示将整个图像窗口分为 2 行 2 列，当前子图的位置为 1，对应左上角位置的子图。plt.subplot(223) 表示将整个图像窗口分为 2 行 2 列，当前子图的位置为 3，对应左下角位置的子图。

若绘制多子图，分别占图框的 1 和 4 位置，则代码如下：

```
import matplotlib.pyplot as plt
import NumPy as np
plt.figure()
plt.suptitle('广告效果')
x = np.array([0,8])
y = np.array([0,80])
plt.subplot(2,2,1)
plt.plot(x,y)
plt.title('直通车')
plt.xlabel('直通车投入-元')
plt.ylabel('销售额-元')
x = np.array([1,2,3,4,5])
y = np.array([2,5,3,7,9])
plt.subplot(2,2,4)
plt.plot(x,y)
plt.title('淘宝客')
plt.xlabel('淘宝客投入-元')
plt.ylabel('销售额-元')
plt.show()
```

输出结果如图 5-9 所示：

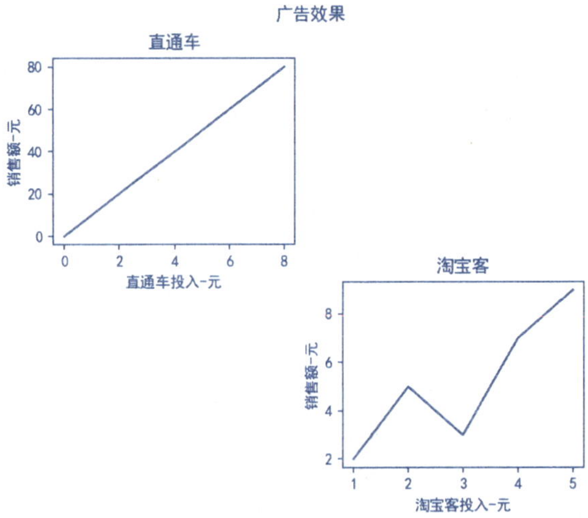

图 5-9　广告效果多子图显示

（四）可视化绘图的网格显示

我们常用 grid() 函数绘制可视化图形的网格线。该函数有以下两种用法：

1. 使用 pyplot 直接画图，命令为 plt.grid()

```
plt.grid(b=None,which='major',axis='both',**kwargs)
```

b 表示是否显示网格线。如果 b 为 None，代表网格线可见；如果 b 为 True，代表网格线不可见。which 表示网格线显示的尺度，字符串取值，取值范围为 {'major', 'minor', 'both'}，'major' 代表显示主刻度，'minor' 代表显示次刻度，'both' 代表主次刻度都显示。which 默认值为 'both'。axis 指定网格线显示的轴，取值范围为 {'both', 'x', 'y'}，默认值为 'both'。**kwargs 代表二维空间的线条对象属性等参数，可选。

2. 使用面向对象绘图方法画图，命令为 ax.grid()

```
ax.grid(b=None,which='major',axis='both',**kwargs)
```

b 是布尔值或 None，True 表示显示网格，False 表示不显示网格。若为 None（默认值），则使用 rcParams["axes.grid"] 的值。which 是字符串，指定显示哪种网格线。'major' 表示主网格线（通常是较大的间隔），'minor' 表示次网格线（通常是较小的间隔），'both' 表示都显示。默认是 'major'。axis 是字符串，指定在哪个轴上显示网格线。'x' 表示 x 轴，'y' 表示 y 轴，'both' 表示两者都显示。默认是 'both'。**kwargs 是其他关键字参数，用于控制网格线的样式，例如，color、linestyle、linewidth 等。

若使用面向对象绘图方法画图，则代码如下：

```
import matplotlib.pyplot as plt
import NumPy as np
```

```
fig = plt.figure()
ax = fig.add_axes([0.1,0.1,0.8,0.8])
plt.rcParams['font.sans-serif']=['SimHei'] # 设置中文
ax.set_title(" 直通车效果 ") # 设置标题
ax.set_xlabel(' 直通车投入 - 元 ')
ax.set_ylabel(' 下单金额 - 元 ')
x = np.arange(1,14,2)
y= [20,30,35,50,70,65,80]
ax.scatter(x,y,marker="*")
ax.grid(linestyle="--") # 若直接绘图，则用 plt.grid(linestyle="--")
plt.show()
```

输出结果如图 5-10 所示：

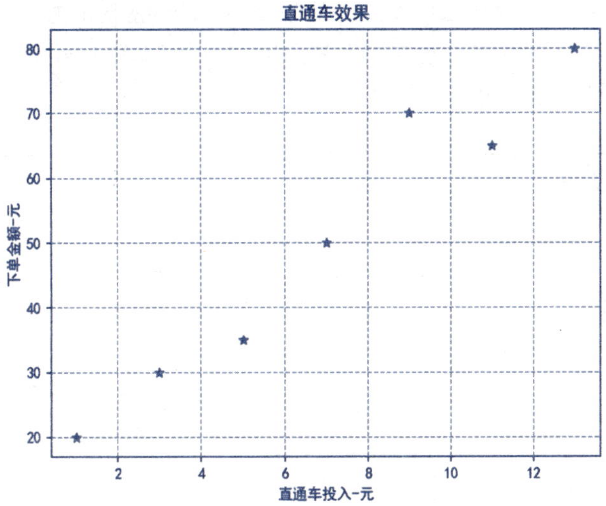

图 5-10　直通车效果网格显示

课堂思考

Pandas 和 NumPy 的主要区别是什么？

课堂讨论

可视化库还有哪些？它们之间有什么不同？

工匠精神

精确性： 工匠精神强调对细节的关注和追求完美。Pandas 和 NumPy 提供了精确的数据运算和数学计算功能，我们在使用时需要根据分析目的，挑选适合的方法，精准选择需要展现的可视化图形。

高效性： 工匠精神强调效率，这在 Python 的数据处理中也有所体现。Pandas 和 NumPy 以及其他库在数据处理中的功能是不一样的，我们需要选择处理时间较短的库，以提高运算的效率。

扩展性： Python 的数据分析库提供了丰富的功能，同时也鼓励用户进行定制和扩展。例如，我们可以通过编写自定义函数或使用第三方库来扩展 Pandas 和 NumPy 的功能，增强对复杂问题的应对能力。

此外，工匠精神还体现在使用 Pandas、NumPy 和 Matplotlib 时对灵活性、易用性等的追求。

任务二　Python 数据清洗

任务描述

如果需要时刻了解店铺的运营情况，我们可以采集店铺数据并进行分析。但采集的数据往往存在缺失、重复、异常或格式不统一等情况，需要对数据进行清洗和处理，以便后续进行分析。本任务将运用 Python 对店铺运行数据进行清洗，包括对缺失值、重复值、异常值和格式不统一的处理。

任务目标

1. 熟悉数据清洗的处理步骤。
2. 熟悉数据清洗的处理方法。

知识准备

具备数据清洗的相关知识，包括概念、常用方法和函数。

一、数据清洗的概念

数据清洗是数据分析前的关键预处理过程，其核心目的是提升数据质量。数据清洗的操作包括对缺失值、重复值、异常值、格式不统一的处理等。

但是并不是所有的数据清洗都需要将上述的操作执行一遍，具体可根据实际的数据和需求选择处理方法。

二、数据清洗的常用方法

（一）缺失值处理

1. 判断数据表是否有缺失值

判断数据表是否有缺失值的常见函数有 info() 和 isna()。

（1）使用 info() 函数判断数据表是否有缺失值。

使用方法：DataFrame.info()。

以“2023 年数据分析技术表 1.csv”文件为例，使用 info() 函数进行缺失值分析。代码如下：

```
import pandas as pd
df1 = pd.read_csv(r'f:\数据分析技术教材\数据集\2023年数据分析技
```

```
术表 1.csv',encoding="ANSI")
    df1.info()
```

输出结果为：

<class 'pandas.core.frame.DataFrame'>

RangeIndex： 183 entries, 0 to 182

Data columns (total 6 columns):

#	Column	Non-Null Count	Dtype
0	统计日期	183 non-null	object
1	访客数	183 non-null	int64
2	商品浏览量	183 non-null	int64
3	支付金额	183 non-null	float64
4	直通车消耗	183 non-null	float64
5	淘客佣金	183 non-null	float64

dtypes： float64(3), int64(2), object(1)

memory usage： 8.7+ KB

info() 函数返回的是字段不为空的数据的个数。从输出结果可以看出，2023 年数据分析技术表 1 文件中的各字段没有缺失值，并且统计日期是 object 类型，不是数值类型，需要进一步处理。

（2）使用 isna() 函数判断数据表是否有缺失值。

使用方法：DataFrame.isna().any()。

以 “2023 年数据分析技术表 1.csv” 文件为例，使用 isna() 函数进行缺失值分析。代码如下：

```
    import pandas as pd
    df1  = pd.read_csv(r'f:\ 数据分析技术教材 \ 数据集 \2003 年数据分析技术
表 1.csv',encoding = "ANSI"
    df1.isna().any()
```

输出结果为：

统计日期	False
访客数	False
商品浏览量	False
支付金额	False
直通车消耗	False
淘客佣金	False

dtype： bool

isna() 函数返回的是包含 True 和 False 的系列。从输出结果可以看出，“2023 年数据分析技术表 1.csv” 文件中的各字段返回值均为 False，表明该数据表没有缺失值。

2. 数据表的缺失值处理

（1）补充数据表的缺失值。

假如某一字段含有缺失值，可以采用 DataFrame.fillna() 补充。

以“2023 年数据分析技术表 2.csv”文件为例，使用 fillna() 函数补充缺失值。代码如下：

```
import pandas as pd
df2 = pd.read_csv(r'f:\数据分析技术教材\数据集\2023 年数据分析技术表 2.csv',encoding="ANSI")
df2.fillna()
```

输出结果为：

Data columns(total 8 columns):

#	Column	Non-Null Count	Dtype
---	---------------------------	----------------------	------------
0	子订单编号	6419 non-null	float64
1	购买数量	6419 non-null	int64
2	买家实际支付金额	6419 non-null	float64
3	订单创建时间	6419 non-null	object
4	订单付款时间	6410 non-null	object
5	物流公司	6379 non-null	object
6	网名	6419 non-null	object
7	地址	6419 non-null	object

dtypes：float64(2), int64(1), object(5)

memory usage：401.3+ KB

可以看出，订单付款时间和物流公司两列数据存在缺失值。全部数据有 6419 个，而这两项数据分别有 6410、6379 个。

用 print(df2.isna().any()) 命令，输出结果如下：

子订单编号	False
购买数量	False
买家实际支付金额	False
订单创建时间	False
订单付款时间	True
物流公司	True
网名	False
地址	False

dtype：bool

由于买家实际支付金额数据不缺，我们可以用订单创建时间替代订单付款时间。因为涉及较少数据，且支付金额不大，所以不影响分析。代码如下：

```
df2.订单付款时间 = df2.订单付款时间.fillna(df2['订单创建时间'])
```

对于物流公司名称数据缺失，我们可以用“缺失”两字替代，不影响分析。代码如下：

```
df2.物流公司 = df2.物流公司 .fillna('缺失')
print(df2.isna().any())
```

输出结果为：

子订单编号　　False
购买数量　　False
买家实际支付金额　False
订单创建时间　False
订单付款时间　False
物流公司　　False
网名　　False
地址　　False
dtype：bool

df2.isna().any() 的值均为 false，说明缺失值已经补充完整。

也可以用均值、中位数或众数补充缺失值，例如对买家实际支付金额数据缺失值的处理，代码如下：

```
df2.买家实际支付金额 = df2.买家实际支付金额.fillna(df2['买家实际支付金额'].mean())
df2.买家实际支付金额 = df2.买家实际支付金额.fillna(df2['买家实际支付金额'].median())
df2.买家实际支付金额 = df2.买家实际支付金额.fillna(df2['买家实际支付金额'].mode())
```

如果缺失值并不影响分析结果，可以暂时忽略，但可以保留该字段所在数据，以备不时之需。

（2）删除缺失值。

如果缺失的数据对整体指标的变化影响不大，对分析结果的影响不大，可以进行简单处理，即对无效的数据进行删除。

（二）重复值处理

判断“2023 年数据分析技术表 1.csv”文件中的数据是否整行重复，可以采用以下方法：

```
import pandas as pd
df1 = pd.read_csv(r'f:\数据分析技术教材\数据集\2023年数据分析技术表1.csv',encoding="ANSI")
flag = df1.duplicated()
df1['is_repeat'] = flag
print(df1)
```

输出结果为：

	统计日期	访客数	商品浏览量	支付金额	直通车消耗	淘客佣金	is_repeat
0	2023/6/1	1995	5313	14873.490	983.59	10.24	False
1	2023/6/2	1316	3675	5598.040	291.95	10.99	False
2	2023/6/3	1939	5089	5944.890	809.11	11.34	False
3	2023/6/4	1911	6993	10794.231	736.61	0.00	False
4	2023/6/5	1862	5138	10701.789	698.92	50.13	False
...	...	...	...	...	...	...	...
178	2023/11/26	3682	8757	17349.300	2151.38	42.00	False
179	2023/11/27	4081	9331	34120.290	2623.87	31.26	False
180	2023/11/28	3752	8456	23620.800	2142.53	44.64	False
181	2023/11/29	4074	10535	27217.200	3017.40	30.36	False
182	2023/11/30	3024	10521	27472.500	664.83	51.84	False

[183 rows x 7 columns]

可以看出，“2023 年数据分析技术表 1.csv”文件中的数据没有重复值。

（三）异常值处理

数据缺失值处理完成后，需进一步检查是否存在异常值。对于电商数据集中的数值型字段，可先使 Pandas 的 describe() 方法生成描述性统计信息，通过观察数据的整体分布趋势，从业务经验角度初步判断是否存在异常。describe() 函数涉及的常用指标包括样本量、均值、标准差、最小值、最大值、中位数、下四分位数、上四分位数等指标。

对“2023 年数据分析技术表 1.csv”文件中的数据集进行异常值分析，代码如下：

```
df1.describe()
```

输出结果为：

	统计日期	访客数	...	直通车消耗	淘客佣金
count	183	183.000000	...	183.000000	183.000000
mean	2023-08-31 00:00:00	3400.448087	...	2148.287377	26.671257
min	2023-06-01 00:00:00	1113.000000	...	0.000000	0.000000
25%	2023-07-16 12:00:00	1988.000000	...	983.505000	9.955000
50%	2023-08-31 00:00:00	3024.000000	...	1850.310000	23.360000
75%	2023-10-15 12:00:00	4431.000000	...	2912.950000	37.425000
max	2023-11-30 00:00:00	8775.000000	...	31773.390000	119.640000
std	NaN	1680.661168	...	2547.891612	22.485986

[8 rows x 6 columns]

通过分析输出的结果，发现采用的数据集并无异常值存在。

（四）格式转化

在处理数据时，若时间维度数据或量化数据以字符串类型存储，需转换成它应有的数据类型。若“2023 年数据分析技术表 1.csv”文件中的“订单日期”这个时间维度数据是字符串类型，则可采用 to_datetime 方法转换成时间类型。转换后，建议使用 dtypes 查看数据类型，确认转换是否成功。代码如下：

```
    import pandas as pd
    df1 = pd.read_csv(r'f:\数据分析技术教材\数据集\2023年数据分析技术表1.csv',encoding="ANSI")
    df1['统计日期'] = pd.to_datetime(df1['统计日期'])
    print(df1.dtypes)
```

输出结果如下：

```
统计日期        datetime64[ns]
访客数          int64
商品浏览量      int64
支付金额        float64
直通车消耗      float64
淘客佣金        float64
dtype：object
```

可以看出，“统计日期”字段的数据类型已变为 datetime64[ns] 格式。

三、数据处理的常用函数

（一）数据表数据类型、格式及特征检查

在进行数据清洗前，需对数据表进行检查，常用方法包括 values()、unique()、isnull()、info()、dtypes、shape 等。利用 values() 可以查看数据集中的数值；利用 unique() 可以查看某列中的唯一值，也就是可以查看数据集中是否有重复值；利用 isnull() 可以检查数据是否为缺失值，整体数据集和单列数据都可以检查；进一步利用 isnull().value_counts() 可获得缺失值数据量；利用 info() 可以检查数据表的整体信息；利用 dtypes 可以一次性查看数据表中所有数据的格式，也可以单独查看指定列；利用 shape 可以返回一个反映数组维度的元组。

（二）数据表清洗

清洗数据表需处理缺失值、删除重复值、调整格式等，常用方法包括：利用 dropna() 可以删除含有缺失值的行，例如 dropna(how='any') 可以删除数据表中含有缺失值的行；利用 fillna() 可以填充缺失值；利用 astype() 可以更改数据格式；利用 drop_duplicates() 可以删除数据集中的重复值，例如 drop_duplicates(keep='last') 保留最后一个重复值；利用 replace() 可以替代异常值；利用 map(str.strip) 可以清除空格。

（三）数据表预处理

数据表预处理是对清洗后的数据表进一步处理，便于后续分析，常用方法包括：利用 sort_values() 可以对数据集进行排序；利用 merge() 可以对数据集进行合

并；利用 split() 可以对数据集进行拆分；利用 groupy() 可以对数据集进行分组；利用 reshape() 可以调整数组维度；利用 astype() 可以强制转换 NumPy 数据类型；利用 rename() 可以更改列名。

（四）数据表数据提取

在数据处理中，经常需要对数据集中的相关数据进行提取，常用 loc 和 iloc。loc 可以按行 / 列标签（索引名）提取数据，例如 df_inner.loc[:4] 表示提取行标签从起始到4的所有行（包含4）及所有列。iloc 按默认数字位置（从0开始的索引）提取数据，例如 df_inner.iloc[:4,:5] 表示提取前 4 行（0—3 行）和前 5 列（0—4 列）。

课堂思考

数据分析对缺失值的处理有几种方法，这几种方法之间有什么不同?

课堂讨论

如何使用 merge() 函数？如何使用 iloc？

工匠精神

对数据保持敬畏之心：如同工匠雕琢作品般，数据清洗人员应对数据保持敬畏之心，认识到数据的价值，并认真对待每一个数据项。对于缺失或异常的数据，应谨慎处理，确保数据的完整性和准确性。

持续学习和提升技能：电子商务发展日新月异，新的数据源和格式不断涌现。工匠精神要求数据清洗人员持续学习和提升技能，以便更好地理解和处理这些数据。数据清洗人员应时刻关注行业动态，学习新的数据处理技术和方法。

追求极致的数据质量：工匠精神的核心是对卓越的执着追求。对于数据清洗而言，这意味着要努力提高数据质量，包括识别并处理重复值、异常值和缺失值，确保数据的准确性和一致性。

创新和改进：在数据清洗过程中，创新和改进是必不可少的。面对复杂或独特的数据问题，应勇于尝试新的解决方案，不断优化数据处理流程。

坚守责任感和职业道德：数据清洗是确保决策正确性的关键环节。在这个过程中，应保持高度的责任感和职业道德，对数据的完整性和准确性负责。

任务三 销售数据变动分析及可视化

任务描述

店铺运营过程中，我们需要采集数据对店铺的运转情况进行分析，例如店铺业绩波动的情况、相关指标的关联性、销售提升路径等，以便采取有力的行动。本任务将运用 Python 数据分析方法，对电商运营数据进行分析，基于价格、支付日期等字段，分析支付金额等销售业绩指标的表现，探究支付金额的变动趋势；结合浏览量、直通车费用、淘宝客费用等分析销售业绩变动的原因；构建广告投入和买家支付金额之间的模型关系，并用之预测买家支付金额的变动情况，为广告策略调整提供支持。

任务目标

1. 熟悉销售业绩指标波动的处理和分析。
2. 熟悉销售业绩变化的模型构建和预测。

知识准备

1. 具备电子商务经营的相关知识，例如基本指标和概念。
2. 具备 Python 常用库和基本编程思路的相关知识。

一、销售业绩指标波动情况

（一）销售收入（支付金额）与月份的关系

为了便于分析每月销售收入数据，需要按月统计电子商务数据集——“2023 年数据分析技术表 1.csv”中的支付金额数据，这里主要使用 Pandas 中 DataFrame 对象的 resample() 方法和 to_period() 方法实现日期数据的统计与显示，代码如下：

```
import pandas as pd
import matplotlib.pyplot as plt
df1= pd.read_csv(r'f:\数据分析技术教材\数据集\2023年数据分析技术表1.csv',encoding="ANSI")
df1=df1[['统计日期','支付金额']]
```

```
    df1['统计日期'] = pd.to_datetime(df1['统计日期'])
    df1= df1.set_index('统计日期',drop=True)        #设置日期为索引，
并删除原来的日期列
    df_m=df1.resample('M').sum().to_period('M')
    '''
    resample()进行重采样，指的是把时间序列的频度变为另一个频度的过程，例如
"QS"是每个季度第一天，为开始日期，"Q"是每个季度最后一天
    df2=df1.resample('QS').sum().to_period('Q')
    '''
    plt.rc('font',family='SimHei',size=10)
    #绘制子图
    fig = plt.figure(figsize=(9,5))
    ax=fig.subplots(1,1)    #创建 Axes 对象
    #分别设置图表标题
    ax.set_title('按月分析销售收入')
    df_m.plot(kind='bar',ax=ax,color='g')   #柱形图
    #调整图表距上部和底部的空白
    plt.subplots_adjust(top=0.95,bottom=0.15)
    plt.show()
```

输出结果如图 5-11 所示：

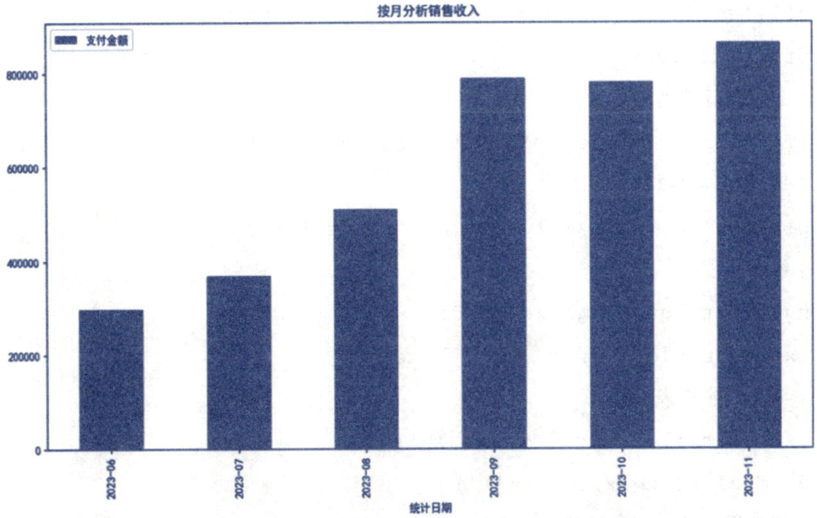

图 5-11　按月分析销售收入柱形图

可以看出，2023 年 6 月至 8 月，店铺的销售收入（支付金额）有略微的上涨；2023 年 9 月店铺的销售收入（支付金额）明显上涨；2023 年 10 月，店铺的销售收入（支付金额）有略微的下降；而 2023 年 11 月店铺的销售收入（支付金额）又有

明显上涨。

这与纺织品的销售节奏与季节、产品周期及平台活动高度相关。6月是春夏款推广尾声，秋冬款还未启动，因此进入销售淡季；7月有零星秋冬款开始推广，支付金额略高于6月；7月底至8月初，秋冬款推广正式启动，支付金额进一步提升，支付金额提升的重要原因是秋冬款的淡季销售价格一般高于春夏款，因此8月销售数量可能不及6月和7月，但支付金额高于7月；9月，北方地区客户开始换季采购，叠加推广竞争进入白热化，销量持续增加，形成一波销售高峰；10月支付金额低于9月，主要受两方面影响：一是国庆黄金周的短期消费提振有限，二是“双十一”活动的提前分流——近两年来，“双十一”从11月1日开始，价格通常比日常低20%左右，客户倾向于将10月15日后的订单推迟到11月支付，导致10月订单向11月转移；11月作为全年核心销售时段，支付金额达到全年最高。

（二）销售收入（支付金额）与具体日期的关系

代码如下：

```
import pandas as pd
import matplotlib.pyplot as plt
df1= pd.read_csv(r'f:\数据分析技术教材\数据集\2023年数据分析技术表1.csv',encoding="ANSI")
df1=df1[['统计日期','支付金额']]
df1['统计日期'] = pd.to_datetime(df1['统计日期'])
df1 = df1.set_index('统计日期',drop=True)        #设置日期为索引，并删除原来的日期列
df_d=df1.resample('D').sum().to_period('D')
#图表字体为黑体，字号为10
plt.rc('font', family='SimHei',size=10)
#绘制子图
fig = plt.figure(figsize=(9,5))
ax=fig.subplots(1,1)    #创建Axes对象
#分别设置图表标题
ax.set_title('按天分析支付金额')
df_d.plot(ax=ax,color='r')            #折线图
#调整图表距上部和底部的空白
plt.subplots_adjust(top=0.95,bottom=0.15)
plt.show()
```

输出结果如图5-12所示：

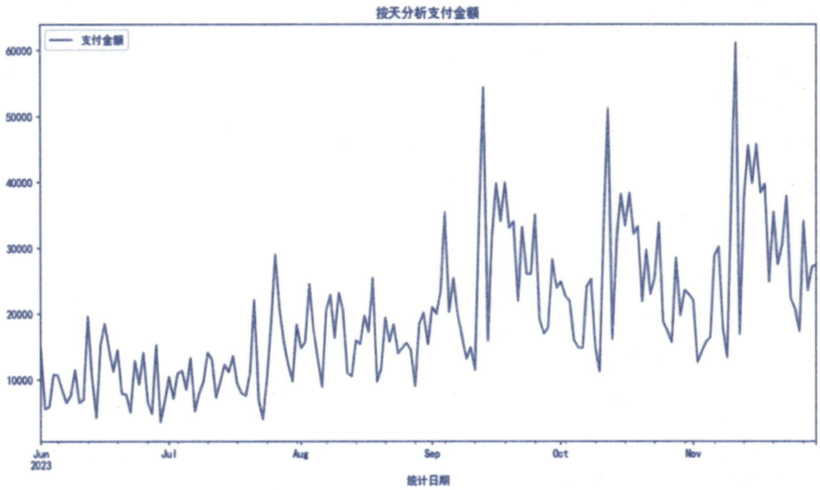

图 5-12 按天分析支付金额折线图

可以看出，2023 年 6 月至 9 月按天支付金额整体呈上升趋势。9 月 13 日为一个销售高峰期，10 月 12 日为一个销售高峰期，10 月 15 日以后的销售明显呈下降趋势；11 月 1—11 日的销售收入明显上涨，11 月 11 日以后又开始下降，原因同销售收入（支付金额）与月份的关系。其余时间支付金额呈回归趋势。

二、销售收入波动原因

（一）基于访问量分析

独立访客数（UV）指一定时间内访问店铺的独立用户数量，通常以 IP 地址区分。页面访问量（PV）指一定时间内用户对店铺页面的总访问次数，同一用户多次访问页面会被重复计入。

使用独立访客数（UV）和页面访问量（PV）指标，可以分析访问用户的趋势和规律。利用可视化工具绘制相应的图表，可以更好地展示数据，进而找出访问高峰和低谷，以及分析用户访问偏好。由于数据涉及 9 月、10 月及 11 月，包含“双十一”这一特殊日期，因此可针对 11 月 11 日这一天的前后段时间进行具体分析，以便更好地评估活动对店铺经营业绩的影响，为平台后续活动的策划提供参考。

1. 独立访客数（UV）与统计日期的关系

代码如下：

```
import pandas as pd
import matplotlib.pyplot as plt
df1= pd.read_csv(r'f:\数据分析技术教材\数据集\2023年数据分析技术表1.csv',encoding="ANSI")
df1=df1[['统计日期','访客数']]
df1['统计日期'] = pd.to_datetime(df1['统计日期'])
```

```
df1 = df1.set_index('统计日期',drop=True)
df_f=df1.resample('D').sum().to_period('D')
# 图表字体为黑体，字号为 10
plt.rc('font',family='SimHei',size=10)
# 绘制子图
fig = plt.figure(figsize=(9,5))
ax=fig.subplots(1,1)    # 创建 Axes 对象
ax.set_title('按天统计访客数')
df_f.plot(ax=ax,color='b')
plt.subplots_adjust(top=0.95,bottom=0.15)
plt.show()
```

输出结果如图 5-13 所示：

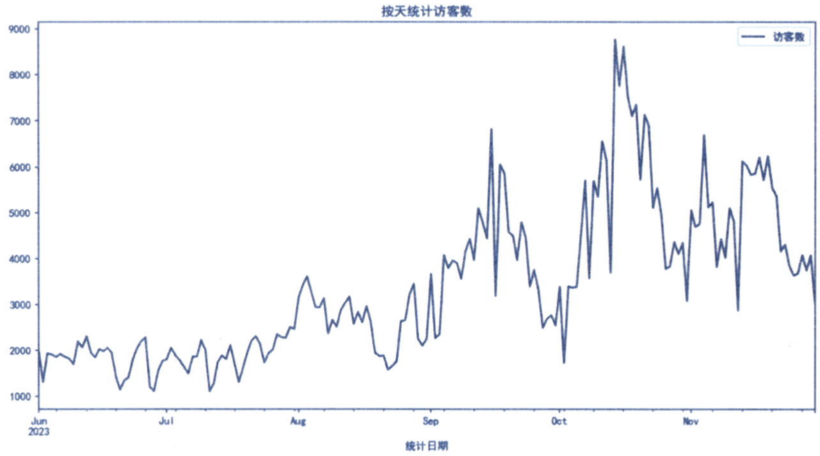

图 5-13 按天统计访客数折线图

可以看出，2023 年 6 月至 9 月独立访客数整体呈上升趋势。9 月 13—15 日为一个访客高峰期，10 月 13 日访客数急剧增加，10 月 15 日访客数达到顶峰，11 月 4 日前后和 11 月 14—20 日期间分别有一个高峰期。原因如下：8 月，秋冬款开始推广，店铺流量逐步提升；10 月 13—15 日，整个平台和各店铺都在为“双十一”蓄客做准备，此时访客数会达到一个高峰，访客数甚至比 11 月还要高。10 月 15 日前后流量获取非常关键，直接决定“双十一”的成败，所以此时要达到流量顶峰，流量来自付费流量和免费流量。9 月付费流量会抬升 10 月免费流量，因为 9 月直通车会提高店铺权重和商品权重，进而增加自然流量，所以 10 月以后整体付费流量开始逐步撤离，表现为直通车费用降低，但流量不降。到了 11 月以后，流量逐步降低，因为这时换季购买逐步完成，客户逐步离场，商家也不会增加付费流量，后面开始要准备第二年春夏款新的推广周期。

2. 页面访问量（PV）与统计日期的关系

代码如下：

```
import pandas as pd
import matplotlib.pyplot as plt
df1= pd.read_csv(r'f:\数据分析技术教材\数据集\2023年数据分析技术表1.csv',encoding="ANSI")
df1=df1[['统计日期','页面访问量']]
df1['统计日期'] = pd.to_datetime(df1['统计日期'])
df1 = df1.set_index('统计日期',drop=True)
df_f=df1.resample('D').sum().to_period('D')
#图表字体为黑体，字号为10
plt.rc('font',family='SimHei',size=10)
#绘制子图
fig = plt.figure(figsize=(9,5))
ax=fig.subplots(1,1)    #创建Axes对象
ax.set_title('按天统计页面访问量')
df_f.plot(ax=ax,color='b')
plt.subplots_adjust(top=0.95,bottom=0.15)
plt.show()
```

输出结果如图 5-14 所示：

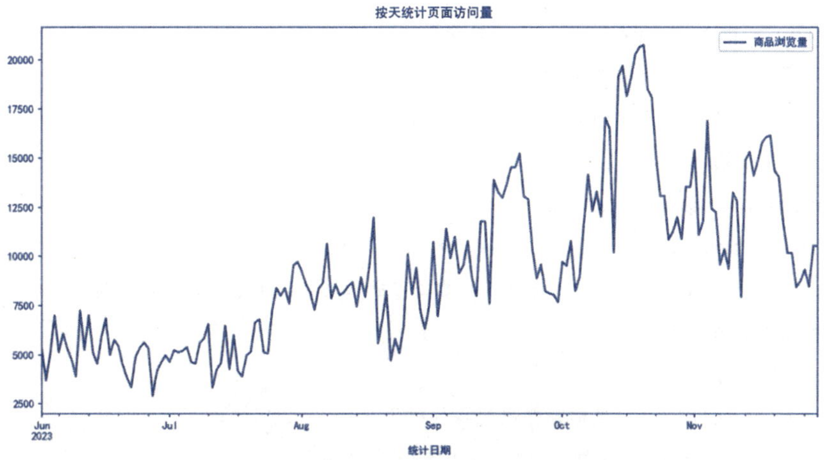

图 5-14　按天统计页面访问量折线图

可以看出，2023 年 6 月至 9 月按天统计页面访问量整体呈上升趋势。9 月 14—23 日是一个页面访问量小高峰，10 月 15—23 日达到峰值，11 月 4 日前后、11 月 14—21 日期间分别有一个高峰期，其余时间页面访问量呈回归趋势。页面访问量变化趋势与独立访客数变化趋势基本一致，原因也基本相同。而且这二者的变化与销售业绩的变化趋势基本一致，反映了流量对销售业绩的重要性。

（二）基于广告费分析（直通车消耗＋淘宝客佣金）

销售业绩的变化与投入的广告费用有一定的关系。数据集中的广告费用来源有两个：一是直通车消耗，二是淘宝客佣金。以下分别分析直通车消耗、淘宝客佣金与销售业绩之间的关系。以下用支付金额替代销售业绩。

1. 直通车消耗与支付金额的关系

为了更清晰地对比直通车消耗与支付金额这两组数据的变化和趋势，我们绘制双 y 轴折线图。其中主 y 轴用来绘制直通车消耗数据，次 y 轴用来绘制支付金额数据。代码如下：

```
import pandas as pd
import matplotlib.pyplot as plt
df1 = pd.read_csv(r'f:\数据分析技术教材\数据集\2023年数据分析技术表1.csv',encoding="ANSI")
df1 = df1[['统计日期','支付金额','直通车消耗']]
df1['统计日期'] = pd.to_datetime(df1['统计日期'])
df1= df1.set_index('统计日期',drop=True)
# 按月统计金额
df_y=df1.resample('M').sum().to_period('M')
y1=pd.DataFrame(df_y['直通车消耗'])
y2=pd.DataFrame(df_y['支付金额'])
# 图表字体为黑体，字号为11
plt.rc('font',family='SimHei',size=10)
#绘制子图
fig = plt.figure(figsize=(9,5))
ax1 = fig.add_subplot(111)  #创建Axes对象
plt.title('直通车消耗与支付金额关系折线图') #分别设置图表标题
#图表x轴标题
x=[9,10,11]
# plt.xticks,把坐标轴变成想要的样子
plt.xticks(x,['9月','10月','11月'])
ax1.plot(x,y1,color='orangered',linewidth=2,linestyle='-',
marker='o',mfc='w',label='直通车消耗')
plt.legend(loc='upper left')
ax2 = ax1.twinx()                          #添加一条y轴坐标轴
ax2.plot(x,y2,color='b',linewidth=2,linestyle='-',
marker='o',mfc='w',label='支付金额')
#调整图表距上部和底部的空白
plt.subplots_adjust(right=0.85)
```

```
    plt.legend(loc='upper center')
    plt.show()
```

输出结果如图 5-15 所示：

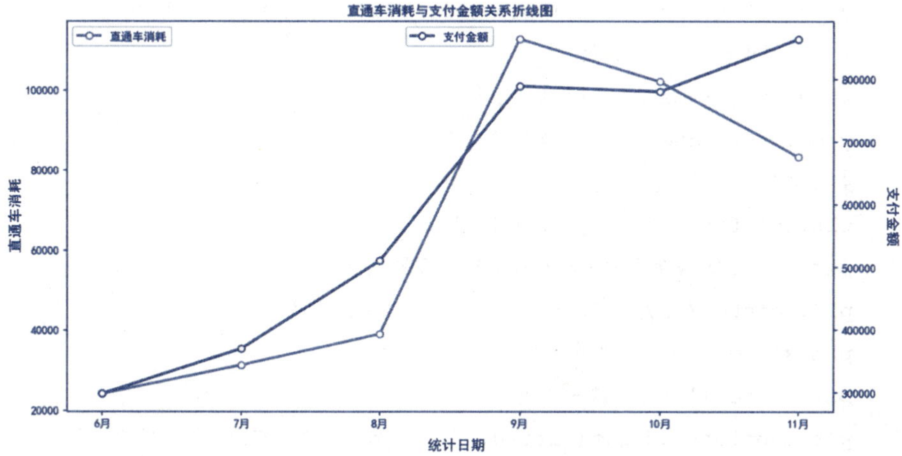

图 5-15 直通车消耗与支付金额关系折线图

通过折线图可以发现，6 月至 9 月，直通车消耗与支付金额的变化和趋势基本一致，直通车消耗呈上涨趋势，即直通车花费的费用越来越多，销售收入（支付金额）也呈上涨趋势。9 月至 11 月，从整体的趋势来看，直通车消耗呈下降趋势，即直通车花费的费用越来越少，并且从 10 月开始下降得更快。9 月至 10 月，支付金额呈下降趋势，10 月至 11 月，支付金额呈快速上涨趋势。从规律性来看，9 月至 10 月，直通车消耗与支付金额变化趋势基本一致，10 月以后，店铺的支付金额呈快速上涨趋势。原因如下：6 月至 7 月，春夏款的销售接近尾声，推广力度会减弱；8 月至 9 月是秋冬款的推广关键期，商家会猛推直通车，这两个月的直通车消耗是为了 10 月的店铺权重和商品权重增加，从而获取免费流量，也是为了“双十一”的获客。只有有了这两个月的直通车发力，才会有后面 10 月至 11 月的销售高峰。

2. 淘宝客佣金与支付金额的关系

对比折线图，散点图更加直观，因为散点图去除了时间维度的影响，只关注淘宝客佣金与支付金额两组数据间的关系。在绘制散点图之前，我们将淘宝客佣金设置为 x，即自变量，将支付金额设置为 y，即因变量。下面根据每个月淘宝客佣金和支付金额的数据绘制散点图，x 轴是自变量淘宝客佣金数据，y 轴是因变量支付金额数据。代码如下：

```
    import pandas as pd
    import matplotlib.pyplot as plt
    df1= pd.read_csv(r'f:\数据分析技术教材\数据集\2023年数据分析技术表1.csv',encoding="ANSI")
    df1=df1[['统计日期','淘宝客佣金','支付金额']]
```

```
df1['统计日期'] = pd.to_datetime(df1['统计日期'])
df1= df1.set_index('统计日期',drop=True)
# 按月统计金额
df_s=df1.resample('M').sum().to_period('M')
# x为广告费，y为销售收入
x=pd.DataFrame(df_s['淘宝客佣金'])
y=pd.DataFrame(df_s['支付金额'])
# 图表字体为黑体，字号为11
plt.rc('font',family='SimHei',size=11)
plt.figure("淘宝客佣金与支付金额散点图")
plt.scatter(x,y,color='r')      # 真实值散点图
plt.xlabel('淘宝客佣金－元')
plt.ylabel('支付金额－元')
plt.subplots_adjust(left=0.15)  # 图表距画布右侧之间的空白
plt.show()
```

输出结果如图 5-16 所示：

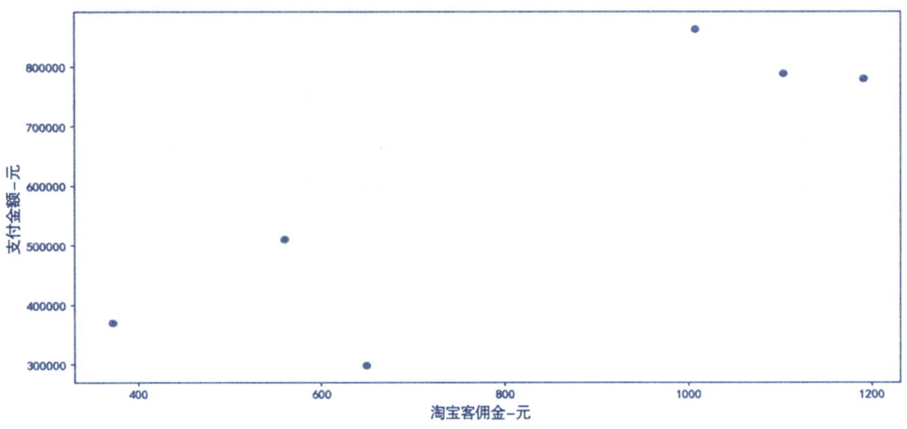

图 5-16　淘宝客佣金与支付金额关系散点图

从数据点的分布情况可以发现，自变量x和因变量y有着基本相同的变化趋势，当淘宝客佣金增加后，支付金额总体呈上涨趋势。但当淘宝客佣金上涨到 1100 元后，支付金额呈略微下降趋势。原因在于淘宝客佣金的影响较小，而且很难看出。淘宝客佣金对于店铺的影响较小有多个原因，淘宝客带来的流量对店铺整体销售的影响微乎其微，主要的影响在于直通车和搜索引擎构成的整体流量。实际上，98% 以上的店铺流量是由直通车和搜索引擎流量贡献的，淘宝客基本上可以忽略不计。

三、根据广告费预测销售业绩变动

从前期分析可见，广告费投入（直通车消耗与淘宝客佣金之和）与支付金额的变化并非完全同步，但总体趋势呈同向关联。这种不同步主要源于时间滞后效应和

市场反应周期。为进一步明确两者之间的量化关系，可通过线性回归模型进行建模，并基于此进行预测。将预测结果绘制成图表，可使模型的解释力和预测效果清晰可辨。

（一）建立广告费和支付金额之间的线性回归模型

代码如下：

```
import pandas as pd
from sklearn import linear_model
import matplotlib.pyplot as plt
import NumPy as np
df1= pd.read_csv(r'f:\数据分析技术教材\数据集\2023年数据分析技术表1.csv',encoding="ANSI")
df1['广告费'] = df1['直通车消耗']+df1['淘宝客佣金']
print(df1['广告费'])
df1 =df1[['统计日期','广告费','支付金额']]
#数据处理
df1['统计日期'] = pd.to_datetime(df1['统计日期'])
df1= df1.set_index('统计日期',drop=True)
#按月统计金额
df_g=df1.resample('M').sum().to_period('M')
clf=linear_model.LinearRegression()   #创建线性回归模型
# x为广告费，y为销售收入
x=pd.DataFrame(df_g['广告费'])
y=pd.DataFrame(df_g['支付金额'])
clf.fit(x,y) #拟合线性回归模型
k=clf.coef_ #获取回归系数
b=clf.intercept_ #获取截距
print(k,b)
```

输出结果为：

[[5.69969594]] [224062.7511935]

（二）评估模型的精准度

通过计算预测值和真实值的偏差，可以评估模型的精准度。代码如下：

```
plt.rcParams['font.sans-serif']=['SimHei'] #设置中文
plt.title("广告效果") #设置标题
plt.xlabel('广告费-元')
plt.ylabel('支付金额-元')
y1 = k*x + b
```

```
plt.scatter(x,y,color='r',marker="o")
plt.plot(x,y1,linestyle='-',color='g',marker="*")
plt.show()  # 展现
```

输出结果如图 5-17 所示：

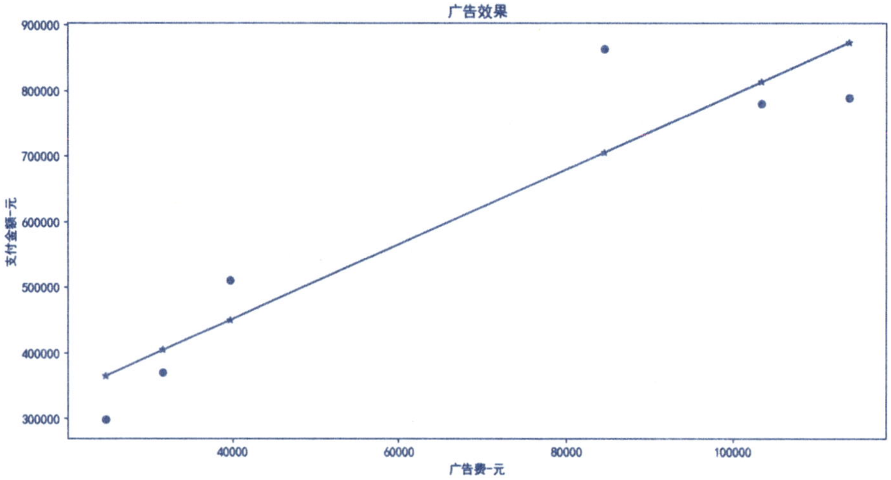

图 5-17　广告效果线性回归模型

可以看出，实际值均匀分布在回归线两侧，且集中在直线附近，说明线性回归模型拟合度较好。

我们也可通过 Scikit-Learn 的 metrics 模块提供的评价指标量化评估回归模型，主要包括以下四种方法：

explained_variance_score：解释方差得分，取值范围为 [0,1]。

mean_absolute_error：平均绝对误差。

mean_squared_error：均方误差。

r2_score：判定系数，取值范围为 [0,1]。

r2_score 主要根据预测结果评估模型的精准度。如果评分结果是 0，则说明预测结果等同于用均值猜测，无解释力；如果评分结果是 1，则说明预测结果非常准；如果评分结果是 0 至 1 之间的数，则看靠近 0，还是靠近 1，从而说明预测结果的好坏程度；如果结果是负数，则说明预测结果差于用均值猜测，导致这种情况的原因是数据没有明显线性关系。

代码如下：

```
from sklearn.metrics import r2_score
y_true = [a,b,c,d]    # 真实值
score=r2_score(y_true,y_theory)    # y_theory 为预测值，预测评分
print(score)
```

注意：score 分数越高越好，越高说明预测结果越好，一般大于 0.7 即可。

（三）利用模型进行预测

根据未来 3 个月计划投入的广告费，预测未来 3 个月的支付金额，代码如下：

```
x=np.array([1200,130000,1600])
x=x.reshape(3,1)      # 数组重塑
y_pred =clf.predict(x)
print(y_pred)
```

输出结果为：

[[230902.38631854]

[965023.22307301]

[233182.26469356]]

当然，以上仅是基础预测示例，旨在帮助理解方法逻辑。实际上，纺织品类等强季节性行业的预测需结合行业推广周期。例如，春款的推广是 1 月启动，3—4 月结束；夏款则是 4 月启动，6—7 月结束；秋冬款是 8 月启动，11 月达到峰值，12 月结束。

课堂思考

销售业绩波动的原因有哪些？应分别如何处理？

课堂讨论

如何根据预期销售目标选择广告费用的投入，以及选择怎样的投入渠道？

工匠精神

深度挖掘数据：收集每日销售额、产品库存量、竞争对手价格等多维度数据，运用时间序列分析、趋势分解等方法对数据进行深度挖掘，精准识别部分产品在特定时间段的销售波动规律。

提出切实可行的建议：基于对销售波动原因的分析，提出切实可行的建议。例如，针对季节性波动，淡季时降低产品价格，增加库存周转率；针对竞争对手的降价策略，建议维持合理定价区间，同时加强品牌宣传和客户关系管理。

任务四 客户消费特征分析

任务描述

买家是店铺运营的重点关注对象，提升买家满意度是店铺经营的核心目标。因此，需要分析买家行为与消费特征。本任务将基于支付金额、买家所在地区等字段，进行买家地区分布分析；基于消费次数和买家实际支付金额，分析买家消费频次和消费区间分布，以及店铺销售的主要贡献人群；基于 RFM 模型，识别店铺销售的主要支付买家，并对各类买家进行分层，以便采取有针对性的措施，实现客户价值提升和精准留存。

任务目标

1. 熟悉支付金额与地区、买家消费频次的关系分析。
2. 熟悉 RFM 模型的构建和使用。

知识准备

1. 具备常用统计指标相关知识，包括概念和意义。
2. 具备 RFM 模型的相关知识。

一、客户整体消费趋势分析

（一）支付金额与地区的关系

首先，我们使用 Pandas 库中的 read_csv() 方法读取 CSV 文件，并将数据存储在 DataFrame 对象中。然后，我们提取地区和买家实际支付金额列，并将它们存储在列表中。接下来，我们可以使用 Matplotlib 库中的 bar() 函数绘制地区分布图，其中地区作为类别标签，买家实际支付金额作为每个类别的计数。最后，我们添加标题、x 轴标签和 y 轴标签。代码如下：

```
import pandas as pd
import matplotlib.pyplot as plt
# 读取 CSV 文件
df = pd.read_csv(r'f:\ 数据分析技术教材 \ 数据集 \2023 年数据分析技术表
2.csv',encoding="ANSI")
```

```
# 提取地区列
regions = df['地区'].tolist()
# 提取销售额列，并按销售额降序排序
sales = df['买家实际支付金额'].tolist()
sales.sort(reverse=True)
# 绘制地区分布图，使用地区作为类别标签，销售额作为每个类别的计数
plt.plot(regions,sales)
plt.xticks(rotation=90)
plt.title('支付金额地区分布')
plt.xlabel('地区')
plt.ylabel('买家实际支付金额')
plt.show()
```

输出结果如图 5-18 所示：

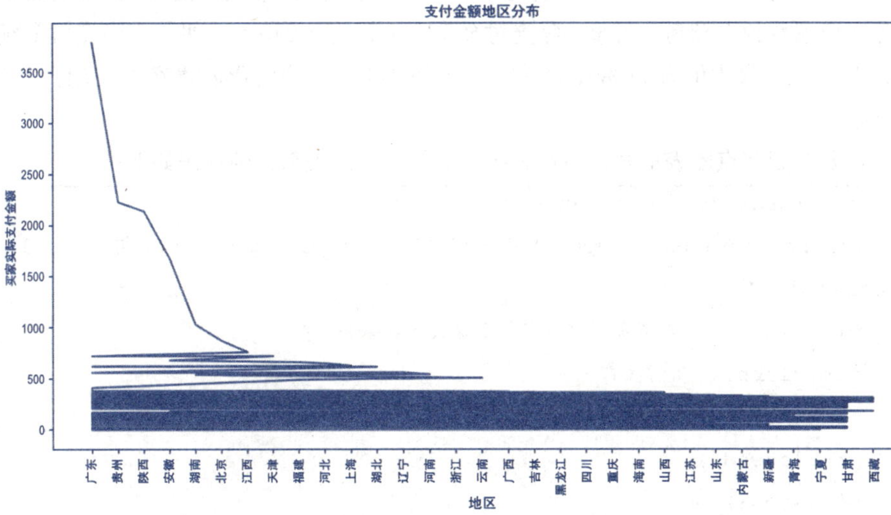

图 5-18　支付金额地区分布

可以看出，广东省、贵州省、陕西省、安徽省和湖南省是店铺商品主要买家所在地，特别地，广东省是店铺客户的主要来源。因此从广告投放角度考虑，可以根据店铺客户的来源合理分配广告投入资金，客户多的地区，广告投入多一些，客户少的地区，广告投入可以相对少一些。

（二）客户消费频次与支付金额分析

我们可以运用 groupby() 进行汇总计算，采用 describe() 进行描述性统计分析，以查看客户消费频次与支付金额分布。代码如下：

```
df2 = pd.read_csv(r'f:\数据分析技术教材\数据集\2023年数据分析技术表2.csv',encoding="ANSI")
con_grouper=df2.groupby(by='网名').agg({'子订单编号':'count','购买数量':'sum','买家实际支付金额':'sum'})
```

```
dstistics = con_grouper.describe().round(2)
print(dstistics)
```

输出结果为：

	子订单编号	购买数量	买家实际支付金额
count	4101.00	4101.00	4101.00
mean	1.57	2.34	375.64
std	8.67	19.65	2061.92
min	1.00	1.00	0.00
25%	1.00	1.00	259.00
50%	1.00	1.00	280.00
75%	1.00	1.00	309.00
max	466.00	1062.00	110891.94

由结果可见，子订单数量均值为 1.57，中位数是 1，最大值是 466，说明极小部分客户消费频次较高。买家实际支付金额中位数只有 280 元，平均实际支付金额为 375.64 元，最大值为 110891.94 元，说明极小部分客户消费金额较高，图像呈右偏分布。

若要绘制散点图表示客户消费频次与支付金额的关系，则代码如下：

```
plt.rcParams['font.sans-serif']=['KaiTi']
plt.scatter(con_grouper['买家实际支付金额'],con_grouper['购买数量'],
label='订单')
plt.title('客户消费频次与支付金额关系散点图')
plt.xlabel('支付金额－元')
plt.ylabel('客户消费频次')
plt.legend()
plt.show()
```

输出结果为：

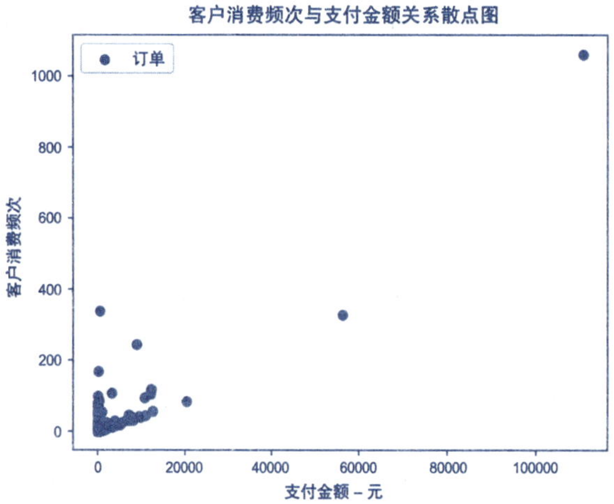

图 5-19 客户消费频次与支付金额关系散点图

由图可知，支付金额和消费频次并不呈线性关系。绝大多数客户在低价商品上购买比较多，高价商品的消费频次可能只有一两次。这表明大多数客户在小金额范围进行多次付款。

（三）客户消费贡献率分析

若要绘制直方图，通过直方图的分布密度查看支付金额的数据分布，则代码如下：

```
plt.rcParams['font.sans-serif']=['KaiTi']
plt.hist(con_grouper['买家实际支付金额'],bins=60,label='支付金额')
plt.title('支付金额分布')
plt.xlabel('支付金额 - 元')
plt.ylabel('密度')
plt.legend()
plt.show()
```

输出结果如图 5-20 所示：

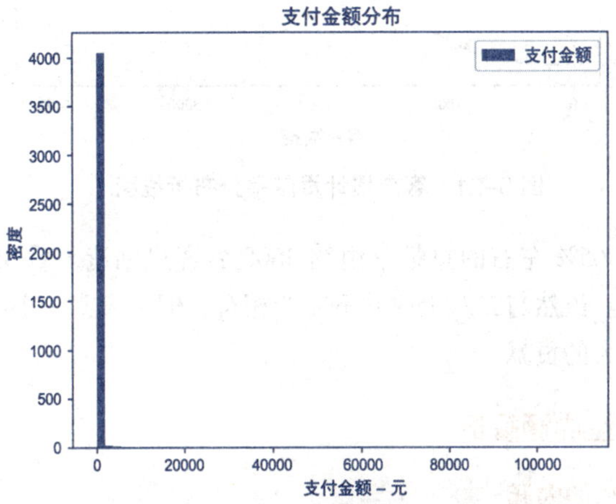

图 5-20　支付金额分布直方图

由图可知，支付金额呈左偏分布，存在极大值。这表明大多数客户在小金额范围进行多次付款。为了更好说明问题，我们特意计算客户累计消费金额占比分布。在计算累计消费金额前，一定要按金额升序排序，可通过 sort_values() 方法实现。代码如下：

```
df2 = pd.read_csv(r'f:\数据分析技术教材\数据集\2023年数据分析技术表2.csv',encoding="ANSI")
plt.rcParams['font.sans-serif']=['KaiTi']
user_ts = df2.groupby(by='网名')['买家实际支付金额'].sum().sort_values().reset_index()
user_ts['累计金额'] = user_ts['买家实际支付金额'].cumsum()
```

```
    user_ts.round(2)
    amount_total = user_ts['累计金额'].max()
    user_ts['累计贡献率']=user_ts.apply(lambdax:x['累计金额']/amount_
total,axis=1)
    user_ts['累计贡献率'].plot()
    plt.show()
```

输出结果如图 5-21 所示：

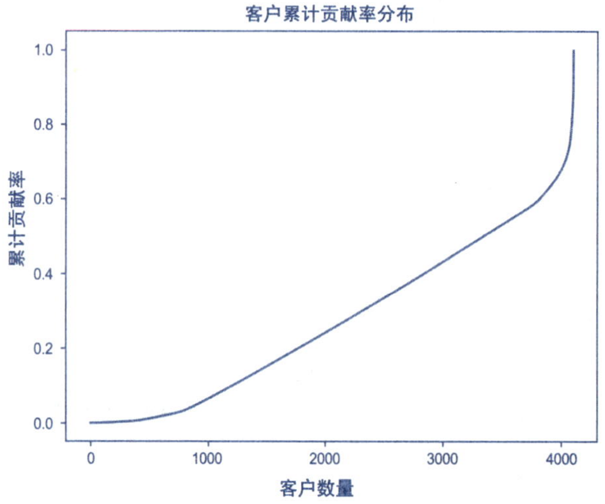

图 5-21 客户累计贡献率分布折线图

由图可知，前 65% 左右的贡献率由约 3600 名客户创造，后 35% 的贡献率由约 400 名客户创造。虽然与二八定律并不完全相符，但也表明一小部分客户对店铺销售业绩做出了较大的贡献。

二、RFM 模型内涵解析

（一）RFM 模型的内涵

店铺经营业务应以客户需求为导向，坚持以客户为中心的服务理念，通过增强客户对产品和品牌的黏性，提高购买转化率。为此，许多店铺会开展各种营销活动、定期上新及推广热销产品、回访并回馈老客户，同时持续拓展新客户。这些举措的实际效果往往不及预期，导致精力、时间与物资的浪费——原因在于这些举措大多依赖经验的粗放式运营，难以充分发挥活动效用。解决这一问题的关键在于客户价值分析：通过精准识别高价值客户，将企业资源集中投向这部分群体，既能有效提升竞争力，又能帮助企业抢占更多市场份额。解决的方法很简单，就是客户精细化运营。通过各类运营手段提高不同类型的客户在产品中的活跃度、留存率和付费率。而如何从客户中选出特征比较明显的群体，就是客户精细化运营的关键所在。RFM 模型就是其中一个很重要的分析和筛选工具，广泛应用于客户管理领域。

RFM 模型是客户价值分析领域的经典模型，用于量化评估客户价值及创造收益的能力。其三个指标的含义如下：

（1）R（Recency，最近消费间隔）：指客户最近一次消费时间的间隔。R 值越大，说明客户距上次消费越久，反之则说明客户近期有消费行为。

（2）F（Frequency，消费频次）：指客户在特定时间内的消费总次数。F 值越大，说明客户消费越频繁，反之则说明客户消费不够活跃。

（3）M（Monetary，消费金额）：指客户在特定时间内的累计消费金额。M 值越大，说明客户价值越高，反之则表明客户价值越低。

（二）RFM 模型的客户价值分类

RFM 模型是衡量客户价值和创造收益能力的经典工具，依托于客户最近消费间隔、消费频次和消费金额。在应用 RFM 模型时，需具备基础的客户消费数据，至少包含客户标识、消费金额和购买时间这三个字段。根据 R、F、M 这三个维度，可以将客户分为以下 8 种类型，如表 5-1 所示。例如，某客户最近一次消费时间较近、一段时间内的消费频次和累计消费金额都很高，这说明该客户是 RFM 模型中的重点保持客户，需要针对这种类型的客户设计特定的运营策略，这也是 RFM 模型的核心价值。

表 5-1 RFM 模型客户价值分类表

R	F	M	客户类型	运营策略
高	高	高	高价值客户	保持优质服务，重点维护
高	低	高	重点发展客户	着重提升消费频次，争取发展成为高价值客户
低	高	高	重点保持客户	加强客户联系，提醒客户消费
低	低	高	重点挽留客户	加大促销力度
高	高	低	通常价值客户	提升客单价
高	低	低	通常发展客户	提升新用户消费频次
低	高	低	通常保持客户	提醒客户消费
低	低	低	潜在客户	流失风险大，使用促销、优惠方式召回

三、RFM 模型的构建及评析

（一）RFM 模型的构建

RFM 模型构建完成后，便可针对不同特征的客户群体，采取针对性的运营策略进行精细化推广与管理，进而提升客户价值和销售业绩。代码如下：

```
import pandas as pd
import NumPy as np
```

```
from datetime import date
import datetime
from time import gmtime, strftime
from dateutil import parser
df2 = pd.read_csv(r'f:\数据分析技术教材\数据集\2023年数据分析技术表2.csv',encoding="ANSI")
df2['订单创建时间']= pd.to_datetime(df2.订单创建时间)
df2['订单创建日期']= df2['订单创建时间'].dt.date
# 从日期距离中获取天数
df2['Jdate'] = pd.to_datetime(datetime.datetime.now().date()) - df2['订单创建时间']
df2['JDay']= df2['Jdate'].dt.days
print(df2['JDay'])
# 统计每一个客户距离指定日期有多久没有消费了，即找出最小的最近消费距离
grouped_df_d = df2.groupby(by=['网名'],as_index=False)['JDay'].agg('min')
ram_data1 = grouped_df_d.reset_index().rename(columns={'value1':'R'})
print(ram_data1)
# 计算消费频率
grouped_df_f = df2.groupby('网名',as_index=False)['子订单编号'].agg('count')
ram_data2 = grouped_df_f.reset_index().rename(columns={'value2':'F'})
print(ram_data2)
# 计算消费金额
grouped_df_M = df2.groupby('网名')['买家实际支付金额'].agg('sum')
ram_data3 = grouped_df_M.reset_index().rename(columns={'value3':'M'})
print(ram_data3)
ram_data = ram_data1.merge(ram_data2).merge(ram_data3)
print(ram_data)
# 构建新Dateframe，并更改列名
rfm_data.columns = ['网名','R','F','M']
# R、F、M值构造
ram_data['JDay']= ram_data['JDay'] - ram_data['JDay'].mean()
ram_data['R']= ram_data['JDay'].map(lambda a:1 if a>0 else 2)
```

```
    ram_data['子订单编号']= ram_data['子订单编号'] - ram_data['子
订单编号'].mean()
    ram_data['F']= ram_data['子订单编号'].map(lambda a:2 if a>0
else 1)
    ram_data['买家实际支付金额']= ram_data['买家实际支付金额'] -ram_
data['买家实际支付金额'].mean()
    ram_data['M']= ram_data['买家实际支付金额'].map(lambda a:1 if
a>0 else 2)
    # 计算并筛选出综合得分前 10% 的客户，可以根据实际情况调整权重值
    weight_R = 0.3
    weight_F = 0.2
    weight_M = 0.4
    '''
    for index in range(len(df2)):
        ram_data['R_J'] = ram_data['R'][index]  * weight_R
        ram_data['F_J'] = ram_data['F'][index]  * weight_F
        ram_data['M_J'] = ram_data['M'][index]  * weight_M
    '''
    ram_data['total_score'] = ram_data['R']*weight_R+ram_
data['F']*weight_F + ram_data['M']*weight_M # 计算每个客户的综合得分
    top_c = ram_data['total_score'].sort_values(ascending=False)
[: int(len(ram_data['total_score'])*0.1)]
    top_s = ram_data[ram_data['index'].isin(top_c.index)]
    # 将综合得分最高的客户筛选出来
    top_sl = top_s[['网名','R','F','M','total_score']]
    print(top_sl)
    # 客户分类汇总
    # 计算 RFM 综合分值
    ram_data['RFM'] = 100*ram_data['R']+10*ram_data['F']+1*ram_
data['M']
    ram_data['RFM'] = list(map(int,ram_data['RFM']))
    print(ram_data['RFM'])
    # 定义 RFM 综合分值与客户类型的对应关系表
    data={'RFM': [111,112,121,122,211,212,221,222],
          'Type': ['潜在客户','重点挽留客户','通常保持客户','重点保持客
户','通常发展客户','重点发展客户','通常价值客户','高价值客户']}
    CST = pd.DataFrame(data)
```

```
ram_data = ram_data.merge(CST)
'''
查看每一个类别的客户数是多少，代码如下：
'''
groupzb = ram_data.groupby(by=['RFM','Type'])[' 网名 '].agg('count')
print(groupzb)
```

输出前 10% 的 top 买家结果：

	网名	R	F	M	total_score
0	*敏	2	1	2	1.6
900	何*霞	2	2	2	1.8
920	余**	2	2	2	1.8
965	偶**	2	2	2	1.8
986	兰*	2	2	2	1.8
...	...	...	...	...	...
3597	郭*红	2	1	2	1.6
3697	阿*	2	2	2	1.8
3741	陈*梅	2	2	2	1.8
3829	陌**	2	2	2	1.8
3930	马**	2	2	2	1.8

输出客户分类汇总：

RFM		Type
111	潜在客户	8
112	重点挽留客户	1658
121	通常保持客户	32
122	重点保持客户	16
211	通常发展客户	9
212	重点发展客户	2055
221	通常价值客户	289
222	高价值客户	34

Name：网名，dtype：int64

（二）基于 RFM 模型的客户价值运营策略

对于 RFM 综合得分排名前 10% 的客户，需重点维护与深耕。针对不同类型的客户，应参照 RFM 模型客户价值分类表（见表 5-1）制定差异化管理策略及配套政策。无论采取什么样的营销策略，目的都是加速潜在客户向高价值客户转化，同时延缓高价值客户向低价值客户流失，最终实现平台客户规模的积累，提升整体流量质量与客户购买转化率。

课堂思考

RFM 模型中的 R、F、M 分别有哪些处理方法?

课堂讨论

如何根据客户的消费特征采取相关措施?

工匠精神

优化分析方法: 针对已识别的销售波动，通过引入节假日、促销活动、用户画像等更多影响因素，提高分析的准确性和可靠性。同时与技术专家合作，开发更高效的算法以处理和分析数据。

多维度验证和预测: 采用交叉验证、滚动预测等方法提高预测精度，定期评估分析模型的有效性并迭代优化。同时定期召开会议，分享数据和分析结果，推动部门协作，制定优化策略。

项目练习

一、单项选择题

1. 在 Python 数据分析中，以下哪个库通常用于数据清洗和预处理？（　　）

A.NumPy　　B.Pandas　　C.Matplotlib　　D.SciPy

2. 在 Pandas 中，以下哪个函数用于读取 CSV 文件？（　　）

A.read_csv()　　B.load_csv()　　C.import_csv()　　D.get_csv()

3. 在 NumPy 中，以下哪个函数用于计算数组的均值？（　　）

A.mean()　　B.average()　　C.sum()　　D.median()

4. 在 Matplotlib 中，以下哪个函数用于绘制折线图？（　　）

A.plot()　　B.bar()　　C.pie()　　D.scatter()

5. 在 Pandas 中，DataFrame 的哪一属性可用于查看数据的前几行？（　　）

A.head()　　B.tail()　　C.info()　　D.shape()

6. 在 NumPy 中，以下哪个函数可用于创建等差数列？（　　）

A.arange()　　B.mean()　　C.logspace()　　D.random.rand()

7. 在 Pandas 中，以下哪个方法可用于删除 DataFrame 中的某一列？（　　）

A.drop()　　B.delete()　　C.remove()　　D.pop()

8. 在 Pandas 中，以下哪个函数可用于数据分组和聚合？（　　）

A.groupby()　　B.merge()　　C.concat()　　D.append()

9. 在 NumPy 中，以下哪个函数可用于生成一个随机整数数组？（　　）

A.random.randint()　　B.random.rand()

C.random.choice()　　D.random.shuffle()

10. 以下哪个库不是专门用于数据可视化的？（　　）

A.Matplotlib　　B.Seaborn　　C.Plotly　　D.Scikit-Learn

二、问答题

1. Python 数据分析有哪些步骤？

2. 在进行数据分析时，如何处理缺失值？

三、编程题

1. 给定一个包含销售数据的 CSV 文件（sales_data.csv），其中包含以下列：日期（date），产品名称（product_name），销售额（sales_amount）。请完成以下任务：

（1）读取 CSV 文件并加载数据到一个 DataFrame 中。

（2）计算每个产品的总销售额，并按总销售额降序排序。

（3）绘制一个条形图，展示每个产品的总销售额。

2. 给定一个包含用户信息的 CSV 文件（user_data.csv），其中包含以下列：用户 ID（user_id），用户名（username），年龄（age），性别（gender），邮箱地址（email）。请完成以下任务：

（1）读取 CSV 文件并加载数据到一个 DataFrame 中。

（2）清洗数据：删除包含缺失值的行；将年龄列中的非数字值转换为缺失值（NaN），并删除包含这些缺失值的行；将性别列中的值转换为小写，并检查是否存在非 'male' 和 'female' 的值，如果存在则替换为 'unknown'。

（3）预处理数据：创建一个新列 is_email_verified，如果邮箱地址包含 @FULI.com，则值为 False，否则为 True。

四、赛证融通题

1. 模拟商务数据分析与应用国赛赛题，运用 Python 画出书中所提供数据的销售额分布地图。

2. 运用 Python 分析店铺浏览量与直通车消耗的关系。

项目六 数据分析报告撰写

数据分析报告是一种系统地收集、处理、分析数据，并将分析结果以书面形式呈现的文档。它通过对数据的深入研究，揭示潜在的趋势、模式和关系，为决策者提供洞见和建议。数据分析报告通常包含数据的可视化表示，例如图表和图形，以及对数据分析结果的详细解释和推荐行动方案。数据分析报告在商业、科学研究、政策制定等多个领域中发挥着至关重要的作用。

学习目标

★**知识目标：** 培养数据分析流程思维，熟悉数据分析报告的结构。

★**技能目标：** 掌握数据采集、数据分析等前导技能，能根据需求撰写简洁明了的数据分析报告。

★**素质目标：** 具备逻辑框架的系统性全局思维，具备内容归类整理能力，具备文字综合运用能力。

学习导图

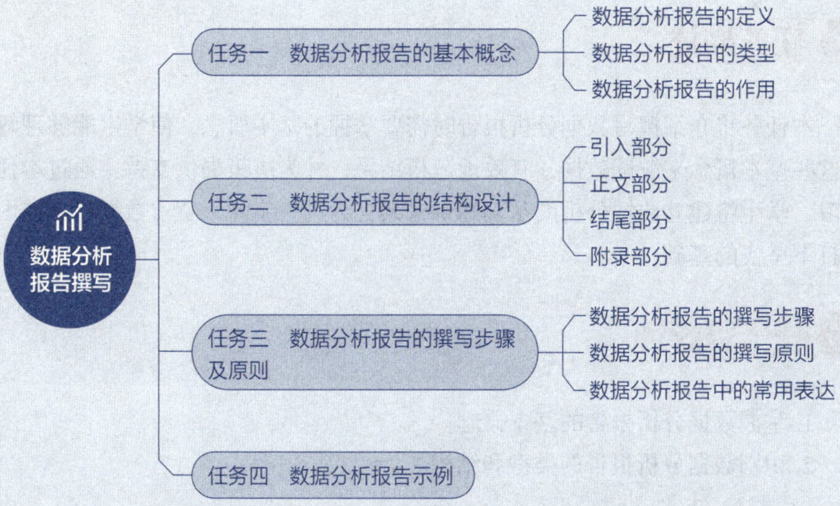

数据分析报告撰写
任务一　数据分析报告的基本概念
数据分析报告的定义
数据分析报告的类型
数据分析报告的作用
任务二　数据分析报告的结构设计
引入部分
正文部分
结尾部分
附录部分
任务三　数据分析报告的撰写步骤及原则
数据分析报告的撰写步骤
数据分析报告的撰写原则
数据分析报告中的常用表达
任务四　数据分析报告示例

任务一 数据分析报告的基本概念

任务描述

本任务将介绍撰写数据分析报告时需要掌握的基本概念，使学生能够理解和运用这些基本概念来解读数据，有效地分析结果，并为决策提供支持。通过本任务的学习，学生将建立数据分析的基础知识框架，为进一步深入学习数据分析技术和方法打下坚实的基础。

任务目标

1. 掌握数据分析报告的基本概念。
2. 识别数据分析报告的类型和结构。

知识准备

1. 具备逻辑思维能力：能够理解并应用逻辑推理来分析数据，识别数据间的潜在联系。

2. 具备软件操作技能：对 Excel 或其他数据分析软件有初步的了解和使用经验。

一、数据分析报告的定义

数据分析报告将原始数据转化为有意义的信息，使决策者能够理解数据背后的信息。这不仅涉及数据的收集和清洗，还包括使用统计学、机器学习和数据挖掘技术去探索数据。数据分析报告的核心目的是解答特定的问题或假设，支持数据驱动的决策制定过程。

（一）重要性

数据分析报告的重要性在于其能力：可以帮助企业理解复杂的数据集合，发现数据中的隐含模式，预测未来的趋势，以及识别业务运营中的潜在问题和机会。它为企业提供了一种基于证据的决策制定方式，大大降低了基于直觉决策的风险。通过对数据的深入分析，企业可以优化运营效率，提升客户满意度，增强竞争力，从而推动业务增长。

（二）必要性

在信息时代，数据无处不在，但未经分析的数据对于决策者而言价值有限。数据分析报告的必要性在于它提供了一种结构化的方法来理解和利用数据。无论是在市场营销策略的制定、新产品的开发、客户行为的分析中，还是在预算规划和资源分配中，数据分析报告都是不可或缺的。它确保了企业能够在复杂多变的市场环境中保持敏感和适应性，深入地洞察数据而非凭直觉作出决策。

二、数据分析报告的类型

数据分析报告可以根据多个维度进行分类，反映出数据分析的不同目标、方法和应用场景。

（一）根据目的或应用划分

根据目的或应用划分，数据分析报告可划分为描述类报告、因果类报告、预测类报告和资讯类报告。

描述类报告通常是对业务数据的客观展现，例如每月的销售额和用户留存数量。描述类报告类似于记叙文，只描述实际发生的事情，深度不够但面很全。

因果类报告在描述类报告的基础上增加了探寻背后原因的研究，例如上个季度利润额下降的原因是什么。

预测类报告是在因果类报告的基础上增加了对未来走势的预测，例如根据近几个月的销售数据，可大致推测接下来几个月的走势。

资讯类报告的最终环节是给出建设性的意见，例如分析数据得出结论，给出预测，提供有价值的信息和决策方向。

（二）根据数据来源或类型划分

根据数据来源或类型划分，数据分析报告可划分为财务分析报告、市场分析报告、运营分析报告和客户分析报告。

财务分析报告专注于分析财务数据，例如利润、成本、收入等，通常用于评估企业的财务状况和投资价值。

市场分析报告主要研究市场条件、竞争对手行为、消费者需求等，帮助企业制定市场策略。

运营分析报告旨在评估企业运营效率和优化流程，涉及生产、供应链、库存管理等方面。

客户分析报告重在深入了解客户行为、偏好和满意度，用于改善客户体验和提高客户忠诚度。

（三）根据呈现方式划分

根据呈现方式划分，数据分析报告可划分为静态报告、动态报告和口头报告。

静态报告是以文档形式呈现的固定报告，不包含交互元素，适用于一次性的分析呈现。

动态报告通常以在线仪表板或交互式报告的形式呈现，允许用户根据需求对数据进行过滤、钻取和探索。

口头报告通过演讲或会议形式呈现数据分析结果，通常伴有幻灯片和视觉辅助材料。

（四）根据复杂度或深度划分

根据复杂度或深度划分，数据分析报告可划分为基础分析报告和深度分析报告。

1. 基础分析报告

基础分析报告关注简单的数据和指标，适用于日常业务监控和初步数据探索。

（1）呈现模式：具有固定的时间周期，以日报、周报、月报、季报和年报的形式呈现，定期对某一业务场景进行数据分析。

（2）目的：反映日常业务计划的执行情况，通过各种维度反映业务现状，并分析其影响和原因。

（3）内容：例如描述类报告，需要客观展现各类业务日常数据，to C 系统关注本日 / 周 / 月 / 销售额、平均每天的用户流失和同比 / 环比增长的用户量等衡量维度；to B 系统则关注系统使用量、使用人员的身份同比变化和系统收集的单据数目等衡量维度。但无论是 to B 系统还是 to C 系统，都要注意在陈列数据后对现象和原因进行分析和判断，预测未来发展趋势，并给出一定的可行性建议。重点落在宽度而不是深度。在撰写此类数据报告时，需要贴合业务场景，搭建符合业务场景的指标体系，并需要注意以下几点：列明重点关注的数据指标，有波动异常的数据需注明原因，对于近期关注的重点动作注明进展。

（4）特点：内容宽泛，具有时效性，涵盖各类核心指标，快速出具结果。这类报告往往时效性较强，可以帮助决策者掌握业务线的最新动态。

（5）组成：这类报告在撰写时的格式是大范围陈列核心指标数据（收集以时间为单位且尽可能覆盖面广的核心指标数据）+ 结论（针对波动较大的数据分析其原因）+ 建议（尽可能以管理者视角，利用发散性思维，提出合理可行的建议）。这类报告较为简单，往往利用普通的 Excel 表格和一定的文字说明，即可完美呈现。

2. 深度分析报告

深度分析报告涉及复杂的数据处理、统计测试和模型建立，为解决特定业务问题提供深入洞见。

（1）呈现模式：无固定时间周期，有一个大方向目标，围绕某一问题进行专门研究分析。

（2）目的：为决策者制定某项政策、解决问题进行专门研究。

（3）内容：例如专题性分析报告，需要针对某一问题进行具体的描述，分析问题出现的原因，并提出可行的解决办法。与日常分析报告不同，这类报告撰写时需要撰写报告人员对业务有深入的了解，需要对数据进行一定的挖掘，注重深度而不是宽度。

（4）特点：内容单一，重点突出，旨在解决核心问题。

（5）组成：这类报告不是简单地罗列数据，而是需要对数据进行整合和分析，利用一些常见的分析模型（例如沙漏模型、事件分析模型）对数据进行整合处理，并绘制相应的图表使数据展示得更加清晰直观。在对数据进行总结时涉及的原因分析要更加宽泛。例如针对一个电商 App，不可以只考虑系统本身功能，还需要考虑运营或产品的影响力，最终提出一个能够改善或优化的合理化建议。因为需要陈列各类图表，设计的业务层更多，所以比起纯文字类文件，此类报告更适合以 PPT 或者 PDF 的形式展示。

不同类型的数据分析报告适用于不同的业务需求和决策场景。明确报告的类型有助于在设计和执行数据分析项目时，更加有针对性地收集数据、选择分析方法和呈现结果。

三、数据分析报告的作用

数据分析报告在各个领域和行业中扮演着至关重要的角色，是连接数据与行动的桥梁，不仅可以帮助企业深入理解业务和市场，还可以为实现数据驱动决策提供强有力的支持。在信息量日益增长的时代，有效的数据分析报告是不可或缺的，是推动业务发展、提升竞争力和实现可持续增长的关键工具。数据分析报告的作用可以归纳为传达分析结果、验证分析质量和提供决策参考，如图 6-1 所示。

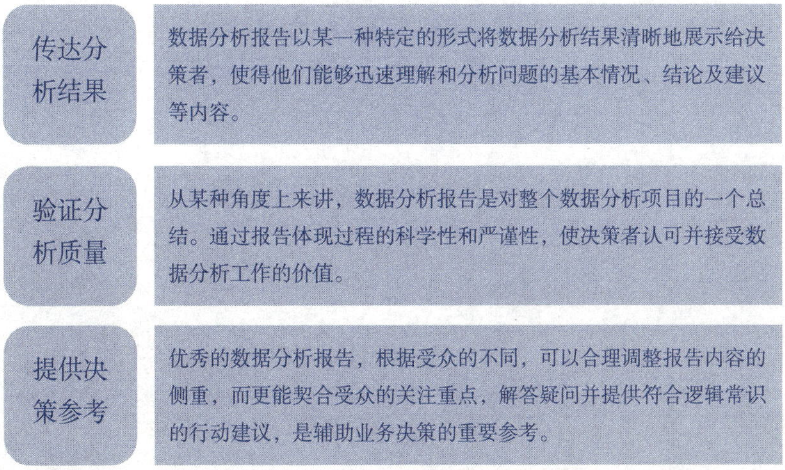

图 6-1　数据分析报告的作用

总之，数据分析报告是连接数据与决策的桥梁。它通过提炼和解释数据，使企业能够洞察当前的业务表现，预测未来趋势，并制定有效的战略和行动计划。在这个以数据为中心的时代，能够高效利用数据分析报告的企业将更有可能在激烈的竞争中脱颖而出，实现持续的成功和增长。

课堂思考

如何精准地判断客户需要的数据分析报告的类型?

课堂讨论

数据分析报告的专业术语是否可以用更简洁、易懂的词汇代替?

工匠精神

不断学习：持续关注最新的数据分析技术、工具和行业趋势，不断提升个人的专业技能和知识水平。

创新思维：在分析方法和报告设计上保持创新，勇于尝试新的思路和技术，以提供更有价值的建议。

任务二　数据分析报告的结构设计

任务描述

撰写数据分析报告的前提是考虑报告的受众是谁，他们对报告中的什么内容感兴趣，以及报告的最终目的是什么。确定报告受众和分析目的是数据分析报告撰写过程中的基石。它不仅影响数据收集和分析的方式，还决定了报告的内容和呈现形式。通过深入了解受众的需求和设定清晰的分析目标，可以确保数据分析工作能够有效地支持决策制定，帮助企业实现业务目标。因此，在撰写数据分析报告前，需要做好结构设计。

任务目标

1. 掌握数据分析报告的结构设计。
2. 了解数据分析报告的组成部分。

知识准备

具备撰写数据分析报告的基本知识，例如数据分析的流程和数据分析报告的基本结构。

一、引入部分

（一）标题页

标题页是报告的“门面”，其设计和内容直接影响读者对报告的初步评价和阅读兴趣。标题页一般有以下四种类型：

（1）交代型：这种标题页提供分析的主题和关键信息，例如时间、地点和对象。它向受众介绍分析的背景，为他们打开分析话题的大门，让他们知道可以在报告中期待什么。

（2）提问型：以问题形式提出标题的做法能够激起读者的好奇心，例如“2024年纺织品网店销售额下降的原因是什么？”直接引入了报告将要解答的主要问题。

（3）概括型：这种标题页通过简洁叙述，直接向读者传达报告的核心内容，例如“纺织品网店的销售分析：市场趋势与客户行为”。

（4）直接型：这种标题页明确无误地表达报告的核心观点或结论，告诉受众报告的中心议题，例如“纺织品网店销售额下降：价格敏感度上升为主要原因”。

在设计标题页时，要确保标题清晰、引人入胜，并能够简洁地概括报告的主要内容。同时，标题页还应该包括报告的作者、报告完成的日期以及企业或机构的名称，以体现报告的正式性和权威性。

（二）目录页

目录是报告中各部分内容索引和附录的顺序提要，方便读者了解报告的内容。如果是在 Word 中撰写报告，则需要在目录中加上对应的页码，对于比较重要的二级目录，也可以列出。从另外一个角度看，目录相当于数据分析大纲，可以体现报告的分析思路。但是目录也不必太过详细，以免使读者觉得冗长、耗时。目录页的编辑应当遵循以下四点要求：

（1）体现结构：清晰地展示报告的结构，使读者能够一眼看出报告的组成部分，这包括章节标题、重要的子标题以及它们在报告中的位置。

（2）便于导航：在数字化报告中，目录页应包含可点击的链接，便于直接跳转到相应的报告部分。对于纸质报告，提供精确的页码是必要的。

（3）突出重点：对于关键章节或分析的重点，可以通过加粗或不同的字号进行突出，使读者快速把握报告的重点。

（4）保持简洁：目录页应简洁有序，避免过多的细节使读者感到冗长和复杂。

（三）前言页

1. 分析背景

分析背景旨在使读者对整个分析研究的背景有所了解，主要阐述此项分析的主要原因、分析的意义以及其他相关信息。在这部分，撰写者需要阐明为何进行这项分析，是由于行业趋势变化、企业内部需要，还是响应外部的市场需求。例如，对于纺织品网店而言，可能是新的竞争对手的出现，或者消费者行为的转变促使对销售策略的重新审视。分析背景应该提供足够的信息，使读者能够理解报告的研究背景，为后续的分析内容做好铺垫。

2. 分析目的

分析目的旨在使读者了解开展此项分析可以带来何种效果，解决什么问题。分析目的不仅是为了给读者一个预期，同时也是为了给后续的分析提供一个评价标准。对于纺织品网店而言，分析目的可能是提高转化率、减少库存积压或者优化用户购物体验。

3. 分析思路

分析思路可以指导数据分析人员如何进行完整的数据分析，即确定需要分析的内容或指标。分析思路部分将展现数据分析人员的工作方法和逻辑思维。分析思路部分应当描述使用的数据分析方法、工具和技术，以及如何通过这些去探索数据、挖掘信息，并得出最终结论。这部分内容对于建立报告的专业性至关重要，因为它不仅展示了数据分析人员的专业技能，还为读者解释了报告中数据和结论是如何产生的。

前言页不宜过长，但需要包含足够的信息，使读者对报告的整体框架和深入内容有一个基本的了解。此外，前言页也是一个展示报告撰写者对于报告主题深度理解和分析的严谨态度的机会。

二、正文部分

正文是数据分析报告中最为重要的部分，因为它承载了整个报告的分析内容和核心价值。高质量的正文不仅需要严谨的数据支持和合理的逻辑论证，而且应该结构清晰，易于读者理解。正文部分要以图文并茂的方式将数据分析过程与分析结果进行展示，不仅需要美观，还需要统一，不必加入太多的样式，避免给读者留下不严谨的印象。正文在撰写过程中应注意以下五个方面：

（一）科学严谨

每个观点和结论必须基于充分、准确的数据分析。在报告中，任何一个数据点或分析结果都需要有足够的数据支持。这意味着数据分析人员需要进行详尽的数据探索，包括但不限于：数据的收集过程必须透明，并遵循行业标准；在数据预处理阶段，例如清洗和整理，必须谨慎执行，以保证分析的准确性；选择适宜的统计模型和算法，并充分解释选择理由和适用条件；对于分析过程中的每个步骤，都应详细记录，确保可追溯性和可复制性。

（二）结构清晰

报告的结构应该是逻辑清晰、层次分明的。引言部分应简要回顾前言中提出的分析背景和分析目的，为正文做好铺垫。方法论部分应详细介绍采用的数据分析方法，包括数据采集、预处理、分析模型选择等。数据分析部分应逐步呈现分析过程，从数据描述统计开始，到复杂的数据挖掘或模型预测结束，每一步都应清晰地展示。结果解读部分应对分析结果进行深入解读，解释背后的业务含义和可能的经济学或心理学原理。讨论部分应对分析结果进行批判性讨论，包括可能的局限性、假设的有效性以及结果的不确定性。结论部分基于数据分析的结果，应清晰、准确，直接回应前言中提出的分析目的。

（三）结论明确

报告的每一个分析结果和建议必须是数据驱动的，确保每一个结论都是基于数据分析得出的。要做到这一点，结论必须由数据直接支持，数据之间的关联和因果关系必须经过统计验证。结论必须与分析过程的逻辑保持一致，避免无端的推测。结论要与业务目标相结合，确保对实际业务运营有实质性的帮助。

（四）可视化

将复杂的数据分析结果转化为直观的图表，可以极大地提高报告的可读性。在可视化数据时，必须确保图表反映的信息准确无误、数据点清晰、坐标轴标记完整。图表应美观、统一，颜色搭配恰当，避免过度修饰，确保不影响信息的传达。根据数据特性和分析目的选择最适合的图表类型，例如柱形图、折线图、饼图或散点图。每个图表都应有清晰的标题、图例说明和必要的数据标签，以便读者理解。文本描述与可视化数据相结合可以为读者提供双重解释。

（五）术语解释清晰

数据分析报告中出现的所有专业术语都应解释清楚，尤其是非专业读者不熟悉的概念。术语解释应放在相应的上下文中，确保读者在阅读过程中能够及时理解。尽量使用简单的语言解释复杂的概念，如有必要，可以通过举例或比喻帮助理解。

三、结尾部分

结尾部分是对整个数据分析报告的综合与总结，是得出结论、提出建议、解决矛盾的关键，起到画龙点睛的作用。好的结尾可以帮助读者加深认识、明确主旨、引起思考。在撰写结论和建议的过程中，语言和措辞的选择至关重要。使用积极、具体、权威的语言能够提高报告的说服力，使得报告的结论更容易被接受，建议更容易被执行。

（一）结论

在数据分析报告的结论部分，撰写者应从宏观和微观两个层面综合整个分析的结果，向决策者提供可行的方案。结论部分应概括整个分析过程中得出的重要数据洞见，并涵盖两个方面内容：一是直接回答旨在探索的问题；二是明确指出现象发展的趋势、模式。

首先，结论部分应明确指出发现的主要问题。例如，如果发现某一纺织品网店的销售业绩在某一季度出现显著下降，结论中应明确指出这一现象，并且尽可能地量化。

其次，结论部分应分析和解释导致上述问题的内外因素，例如价格策略调整、市场需求变化或竞争对手行为的变化。结论要简洁有力，足以让决策者对情况一目了然。

最后，结论部分应指出发现的发展趋势，并展望未来，考虑行业趋势和可能的市场变动，预测分析结果可能带来的长远影响。例如，数据分析人员可以基于当前的数据趋势推测未来的市场发展，并指出企业应调整战略以适应变化。

（二）建议

建议部分应以结论为基础，提出切实可行的策略或行动步骤，以帮助企业解决问题或抓住机遇。

第一，撰写者应以数据为支撑，针对发现的问题，提出具体的改进措施。这些措施应该是可操作的，并且能够带来积极的业务影响。例如分析指出销售下降部分原因是产品定价不当，建议可以是重新评估定价策略，并考虑市场定位、成本和消费者支付意愿等因素。例如分析揭示竞争对手的市场策略正在影响销售，建议可以是调整营销策略，通过增加品牌宣传和在线营销活动，或者通过提供差异化的产品减少直接竞争。又如某些产品的库存积压或客户流失率高，对此提出具体的解决策略，建议可以是优化库存管理或提高客户忠诚度。

第二，建议部分应进一步扩展到如何利用分析中识别的优势。例如，如果数据显示某个特定产品线在特定客户群体中表现良好，建议可以是针对这些特定客户定制营销活动，或者扩大这一产品线的市场覆盖范围。

第三，建议部分应根据发展趋势考虑长期和短期目标的平衡。短期内可能需要紧急措施以应对突出的问题，例如销售额的急剧下降；而基于市场趋势等，长期建议则应聚焦于可持续发展，例如通过产品创新、客户关系管理改进或供应链优化来提升整体业务的竞争力。建议可以包括进一步的数据收集和分析，特别是在那些数据不充分或不明确的领域，以强化数据分析的深度和广度，确保企业能够及时响应未来市场变化。

第四，建议部分应提供一个清晰的行动计划，该计划应包括所提建议的优先级，以及实施这些建议所需的资源和预期时间框架。这不仅可以帮助决策者理解每项建议的紧迫性和重要性，而且还提供了实施的路线图。同时，为确保所有的建议都是可衡量和可执行的，应设定清晰的时间表和负责人，以便跟进实施效果并作出必要的调整。

第五，建议部分应包含注意事项，提醒决策者关注任何潜在的限制因素和外部变量，这些可能会影响建议的实施效果。例如，在提出价格策略调整的同时，应当指出这种调整可能会受消费者信心、经济环境变化或竞争对手市场策略的影响。对这些外部因素的监控和适时的策略调整，应作为持续管理的一部分。

四、附录部分

在数据分析报告中，附录并不是必备的，需要根据需求进行撰写，且每项内容都需要编号，以备查询。一般而言，在附录中补充正文用到的分析方法、展示图形、专业术语、重要原始数据等内容，可以帮助读者更好地理解数据分析报告的内容，也为读者提供了一条深入研究数据分析报告的路径。

总之，数据分析报告的撰写是一个细致且复杂的过程，它要求数据分析人员不仅精通数据解读，还具备清晰的表达能力和高效的信息传达技巧。一篇优秀的报告在内容上是充实的，在表达上则是精准而有力的。它遵循严密的逻辑，条理分明地展现分析思路，使读者能够轻松跟随撰写者的思维脉络。此外，有效的图表和数据可视化工具可以增强报告的解释能力。将复杂的数据以简单直观的方式呈现，可以帮助读者快速把握报告的核心内容。在报告的最终呈现中，用词的准确性和文字的流畅性也是至关重要的。专业术语应准确无误，避免歧义；句子结构应简洁有力，便于阅读；排版布局应整洁有序，确保视觉上的舒适度。在报告提交前，彻底的校对和细致的修改是不可或缺的步骤，以确保每个数据点的准确性，每段文字的正确性，每张图表的清晰度。一份经过精心撰写和呈现的报告，不仅传递了数据分析的结论，更体现了数据分析人员的专业水平。

课堂思考

可以用哪些软件帮助构建数据分析报告的结构?

课堂讨论

从数据分析报告的结构可以总结出哪些写作通用法则?

工匠精神

文字的精炼和准确： 在报告撰写中，精炼地表达分析发现，避免冗余和模糊，确保每句话都有价值和意义。

不断地修订和优化： 在报告初稿完成后，应进行多轮的修订和优化，甚至重新设计某些部分，以追求更高的质量和更佳的表达效果。

对细节的关注： 从报告的字体选择到格式排版，从数据的精确度到图表的清晰度，每一个细节都体现对完美的追求。

任务三　数据分析报告的撰写步骤及原则

任务描述

本任务将详细介绍数据分析报告的撰写步骤及原则，旨在指导学生如何系统地准备、组织和展示数据分析的工作，从而撰写出清晰、准确、有影响力的报告。这一过程不仅包括数据的收集和分析，更重要的是介绍了如何将分析结果转化为可行的商业策略和决策支持。

任务目标

1. 培养准确表达数据分析结果的能力，包括选择恰当的统计方法、使用合适的图表以及清晰地解释数据分析的意义。

2. 能够从数据分析结果中提炼关键的业务洞见，并将这些洞见转化为对策略或决策有实际帮助的建议。

知识准备

1. 具备商务写作的相关知识。

2. 具备数据分析报告撰写的相关知识。

一、数据分析报告的撰写步骤

（一）明确报告业务目标

1. 报告业务目标的确定

在撰写数据分析报告时，确立一个清晰的目标对于指导整个分析过程至关重要。首先，我们需要准确定义报告的业务目标。这些业务目标可能包括增加销售收入、提高客户满意度、减少运营成本、优化营销策略等。具体业务目标的设定应根据企业的战略方向和当前面临的挑战而确定。

在数据分析报告的撰写过程中，一旦我们已经确定最终的业务目标和受众，接下来就是对问题进行详细的拆分，以便采取结构化的分析方法。这涉及将宏观目标分解为可以操作的微观问题，每一个问题都指向特定的数据需求和分析目的。例如，如果业务目标是增加销售收入，我们可能需要拆分为以下问题：哪些产品类别或客户细分市场的销售表现不佳？促销活动的效果如何？哪些流量来源最有效？这样的拆分有助于我们更系统地收集和分析数据，以及更精确地定位问题。

2. 报告业务目标的指标呈现

报告业务目标按照核心内容和重点分析方向可以归纳为以下五种类型，每种类型需要的指标各异。

（1）业务表现评估：通过数据分析评估网店在过去一段时间内的表现，指标包括销售额、访客流量、转化率等。

（2）市场和消费者洞察：深入了解市场趋势、消费者偏好、购买行为模式，以及竞争对手的表现。

（3）产品分析：评估不同类别产品的销售表现，识别高销量和低销量产品，为库存管理和产品规划提供依据。

（4）营销效果分析：量化营销活动的效果，分析不同营销渠道和策略的投资回报率，为未来的营销活动提供数据支持。

（5）预测和趋势分析：基于历史数据和分析发现，预测未来的销售趋势和市场变化，为战略规划和决策制定提供参考。

（二）明确报告受众

报告的受众是指那些将会阅读和使用报告的人。在数据分析的背景下，受众可能涵盖网店所有者、管理人员、营销人员、产品开发人员以及客户服务人员。每一类受众对数据的需求和关注点都不相同，因此在报告撰写之初，明确受众是至关重要的。网店所有者、管理人员、营销人员、产品开发人员、客户服务人员的需求和关注点分别如下：

（1）网店所有者和管理人员关注的是报告如何帮助他们从宏观层面了解业务表现和制定战略决策，例如投资回报率、市场扩张或资源分配。

（2）营销人员可能更关注消费者行为的分析、市场趋势、广告活动的效果，以及如何利用这些信息吸引潜在客户和提升转化率。

（3）产品开发人员需要了解哪些产品更受欢迎，消费者对新产品的反馈，以及未来的产品开发方向。

（4）客户服务人员则可能利用分析结果来改善客户体验，提高客户满意度和忠诚度。

（三）确定报告逻辑，设计报告结构

如果业务目标是提高在线零售平台的销售额，我们可能需要将这一目标拆分成以下问题：哪类产品的销售增长潜力最大？不同的市场渠道对销售的贡献如何？客户的购买行为有哪些模式？这些具体的问题将引导我们收集相应的数据，例如产品销售历史数据、渠道流量统计、客户购买频次等。

在明确了这些具体的问题后，我们需要确定合理的报告逻辑。这个逻辑应该沿着由浅入深的路径，从整体市场和销售的宏观趋势开始，逐步深入产品层面和客户层面。这样的逻辑不仅可以保证报告内容条理清晰，而且可以确保每部分内容都紧密相关、相互印证。在确定了清晰的报告逻辑后，我们需要对每部分内容进行细化和补充。这包括怎样使用数据可视化来展示趋势，使用什么样的应用统计模型来识别和验证模式，以及如何运用科学的分析技术来预测未来的变化。我们需要确保读者能够理解每个结论是如何得出的，以及它们对业务目标的具体影响。最终，报告应该包含所有必要的数据结果和分析结论，直接对应拆分的问题。这些结果和结论不仅要提供洞见，还应包括具体的建议和行动计划，以便决策者能够采取明确的措施以达成业务目标。

总而言之，一份优秀的数据分析报告的逻辑，应该围绕明确的业务目标展开，通过结构化问题拆分，以及对每个问题进行详细的分析和细化，最终提供有力的数据支持和具体的业务洞见。这种方法论确保了报告不是对数据的简单堆砌，而是对业务目标有实际且具体的指导作用。

（四）选择合适的报告呈现形式

在数据分析报告的撰写过程中，选择合适的数据和图表以及整体设计和美化对于报告的准确性和吸引力至关重要。

1. 选择合适的数据

在众多可用的数据中挑选出最能够反映核心问题并支持业务决策的数据集至关重要。这一过程要求数据分析人员深入理解业务目标、问题的本质，以及数据的相关性、准确性和时效性。为了确保所选数据的有效性，数据分析人员需要做到以下三点：

（1）确保数据与业务目标紧密相关：数据集应直接对应于业务目标和分析问题的具体要求，这样的数据能够为决策提供坚实的支持。

（2）多角度展示问题：数据应能从各个角度全面展示问题，包括但不限于时间序列分析、群组间比较或因果关系探究，这有助于揭示问题的多维度特征。

（3）来源可靠且经过验证：数据应有可信赖的来源，并且经过严格的数据清洗和预处理工作，以确保数据的质量和可用性。

2. 选择合适的图表

数据可视化是将复杂数据转化为易于理解和分析的图表，是数据分析不可或缺的部分。选择合适的图表可以极大地提高数据的解读效率。数据分析人员应注意以下三点：

（1）根据数据类型和分析目标选择图表：不同的图表类型适合展示不同类型的数据和分析目标，例如柱形图适合比较不同类别的数据，折线图则适合展示随时间变化的趋势。

（2）图表设计应简洁明了：避免使用过多的修饰元素，以免分散读者的注意力。图表应简洁、清晰，方便读者快速捕捉信息。

（3）使用一致的设计元素：例如颜色、标记等，以便观众能够轻松识别和比较数据点。这种一致性有助于增强数据的可读性和比较性。

3. 整体设计和美化

报告的整体设计和美化对于提升读者的阅读体验和维持其兴趣有着不可忽视的

作用。报告的整体设计和美化不仅能够使报告看起来更加专业，而且还可以增强报告的说服力和吸引力。报告的整体设计和美化的要求如下：

（1）采用统一和专业的版式设计，包括恰当的字体选择、颜色方案和页面布局。这些元素应该相辅相成，创造出既美观又方便阅读的页面效果。

（2）在文本和图表之间保留适当的空间，避免布局过于拥挤。适当的空间可以让读者更容易地理解和吸收信息。

（3）利用图形和图标强调重点。在解释复杂概念或强调关键信息时，合理使用图形和图标可以大大提高信息的传达效率。

（4）保持设计风格一致性。整个报告的视觉元素，包括但不限于图表的风格、使用的颜色、字体选择等，都应该保持一致。这种一致性有助于提升报告的专业性和整体观感，使读者在阅读过程中感到舒适和连贯。

此外，对于报告的整体设计和美化，还应注意以下四点：

（1）选择适合目标受众的设计风格：了解读者群体，根据他们的偏好和阅读习惯来调整报告的设计。例如，对于有技术背景的读者，可能需要更多的图表和数据展示；而对于业务决策者，可能更应注重结论和建议的直接展示。

（2）优化图表的解读性：在设计图表时，考虑加入图例、标签和注释，这些元素能够帮助读者更好地理解数据图表代表的含义。同时，选择合适的图表尺寸和分辨率，以确保图表在不同设备上的可读性。

（3）适度利用视觉引导：通过高亮、对比色或者路径指示等视觉技巧，引导读者的注意力到报告中的关键信息或数据点上。这种方法能够在无形中增强信息的传递效率，并改善读者的阅读体验。

（4）反复测试和优化：在报告最终版发布之前，应进行多轮的内部审核和测试，以确保报告的设计在不同平台和设备上都能够保持良好的阅读效果。收集反馈信息并据此进行调整，可以不断提升报告的质量和效果。

通过综合考虑数据的选择、图表的使用以及报告的整体设计和美化，可以制作出既内容丰富又视觉吸引力强的数据分析报告。这样的报告不仅能够有效地传达关键数据和洞见，还能够激发读者的兴趣，提升信息的接受度和影响力。最终，一份经过精心设计和制作的数据分析报告将成为连接数据分析人员和决策者之间的重要桥梁，助力业务决策和战略规划。

二、数据分析报告的撰写原则

在撰写数据分析报告时，遵循一定的原则不仅能提高报告的专业度和可信度，还能确保报告内容准确、有序且富有洞见。

（一）规范性原则

规范性是数据分析报告的基石，它要求报告中使用的数据单位、专业术语等严格遵循业界标准和约定，确保目标受众能够准确无误地理解报告内容。为了遵循这一原则，报告撰写者应做到以下三点：

（1）统一专业术语：在报告的起始部分定义所有术语和缩略语，确保全文中的术语使用前后一致，与行业内公认的标准相吻合。

（2）明确数据来源：详细说明数据的来源和采集方法，包括数据管理系统的名称、现场测量的具体操作步骤、抽样方式、抽样量、测量时间段等，以增加报告的透明度和可信度。

（3）注明数据单位：清楚标明数据单位，对于可能存在的单位转换，需提供转换方法和原因，避免因单位混淆导致数据解读错误。

（二）突出重点原则

数据分析报告一定要突出数据分析的重点。在各项数据分析中，应根据分析目标重点选取关键指标，科学且专业地进行分析。此外，针对同一类问题，分析结果应当按照问题重要性的高低来分级阐述。数据分析报告的目的在于传达关键信息和洞见，因此突出重点是撰写报告时的核心原则之一。为了遵循这一原则，报告撰写者应做到以下三点：

（1）聚焦分析目标：在报告中明确指出分析的目标和目的，确保所有分析活动围绕这一目标进行。

（2）选择关键指标：基于分析目标，选择最能体现问题核心的关键指标进行分析，避免信息过载，确保报告的内容重点突出、清晰明了。

（3）分级展示结果：针对重要性程度不同的问题，采取分级阐述的方式，优先展示最关键的发现和建议，逐步深入到具体的细节分析，以引导读者按重要性顺序理解和吸收信息。

（三）谨慎性原则

数据分析报告的撰写过程一定要谨慎，基础数据必须真实、完整，分析过程必须科学、合理、全面，分析结果要可靠，内容要实事求是，不可主观臆测。为了遵循这一原则，报告撰写者应做到以下三点：

（1）确保数据真实、完整：在分析前验证数据的准确性和完整性，排除任何可能导致偏差的错误或遗漏。

（2）采用科学的分析方法：选择合适的数据分析方法和技术，确保分析过程合理、科学，分析结果全面反映问题的各个方面。

（3）实事求是地报告结果：避免基于主观假设的推断，确保所有结论和建议严格基于数据分析的结果，可靠且客观。

（四）创新性原则

对于数据分析报告的创新性，一是要适时引入新的分析方法和研究模型，在确保数据真实的基础上，提高数据分析的多样性，从而提高质量，一方面可以用实际结果来验证或改进它们，另一方面也可以让更多的人了解全新的科研成果；二是要倡导创新性思维，在考虑企业实际情况的基础上，提出的优化建议要有一定的前瞻性、操作性、预见性。为了遵循这一原则，报告撰写者应做到以下五点：

（1）引入新的分析方法和研究模型：不断探索和尝试新的数据分析方法、工具和模型，以提高分析的深度和广度。对于新引入的分析方法和研究模型，应在报告中详细说明应用的背景、理论基础、操作过程以及预期效果，同时通过实际案例验证其有效性。这不仅能提升报告的创新性，还能促进行业内的知识共享和技术进步。

（2）倡导创新性思维：在分析过程中，鼓励使用创新性思维探索数据背后隐藏的新问题和新机会。这要求数据分析人员不仅要关注数据和结果，还要基于数据展开深入思考，探索潜在的趋势、关联和影响因素。创新性思维能够帮助企业发现未被充分利用的资源、新的业务机会以及潜在的市场竞争优势。

（3）提出具有前瞻性的优化建议：在报告的结论和建议部分，结合企业的实际情况和未来发展趋势，提出具有创新性和前瞻性的解决方案和优化措施。这些建议应当不局限于解决当前问题，还应考虑到长期发展，具备可行性、可操作性，并能为企业带来实质性的改进和价值。

（4）采用可视化和故事讲述的方式展示分析结果：利用创新的数据可视化工具和技术，将复杂的数据分析结果转化为直观、易理解的图表。同时，通过构建数据故事，将分析结果串联起来，以更加生动、更有吸引力的方式向读者展示，这能够提高报告的可读性和影响力。

（5）持续学习和适应新技术：数据分析是一个快速发展的领域，新的工具、技术和理论不断涌现。报告撰写者应持续关注行业动态，学习和尝试应用新技术，以保持报告内容的先进性和创新性。

三、数据分析报告中的常用表达

数据分析报告中的常用表达（见表 6-1）通常应具有专业性，以确保报告的准确性、专业性，并易于理解。使用行业内的常用表达不仅可以增加报告的准确性和专业性，还能够帮助目标读者（无论是同行专业人士还是决策层）更快地理解和接受报告中的分析结果和建议。这种常用表达的运用，使得报告不仅传达了数据背后的深层含义，而且通过标准化的语言减少了误解的可能性。它作为一种通用语言，帮助沟通者和接收者在复杂的数据分析领域中建立有效的沟通桥梁。

表 6-1 数据分析报告中的常用表达

现状	对比	构成
数据显示……	环比、同比、增长、下降	市场占有率达……
从图表可以看出……	离目标进度还有……	主要集中在……
……报告数据显示……	相对较好（高）、较差（低）	数据呈……分布
基于……我们判断……	数据增幅、降幅达……	
趋势	**原因**	**建议**
从上表 / 图可以看出……	数据上涨 / 下跌的原因如下：	未来需要优化 / 扩大的地方如下：

续表

趋势	原因	建议
对比数据可得……	主要原因包括：（1）……（2）……（3）……	建议一方面……另一方面……
趋势平缓、回落	主要由……引起	后期应着重……
数据呈上升 / 下降趋势		提高……缓解……改善……

正确使用这些常用表达能够展示数据分析人员的专业性和对数据处理流程的深入理解，提升报告的可信度。同时，它也促进了报告在专业领域内的通用性和标准化，使得报告的发现和建议能够被广泛接受和应用。

因此，在撰写数据分析报告时，明智地选择并使用常用表达，是确保报告有效传达信息、增强报告说服力的关键。为了达到这一目的，撰写者应当确保所用表达的准确性，并在必要时为不熟悉这些表达的读者提供简要解释，以保证报告的可读性和影响力。

课堂思考

如何精准使用词汇来表达数据的含义？

课堂讨论

选择一个行业或问题，讨论如何收集数据、分析数据、撰写报告。

工匠精神

精确度： 在数据处理和分析中，精确度至关重要，一般可以通过反复校验和验证来提高精确度。

创新性： 在数据分析报告撰写的过程中，应适时引入新的分析方法和研究模型以及倡导创新性思维，以提高报告的吸引力和说服力。

任务四 数据分析报告示例

任务描述

本任务提供了一份数据分析报告示例，可以帮助学生理解和掌握如何撰写数据分析报告。

任务目标

1. 设计一份数据分析方案。
2. 撰写一份数据分析报告。

知识准备

具备撰写数据分析报告的相关知识，包括数据分析报告的基本概念、数据分析报告的结构、数据分析报告的组成部分、数据分析报告中的常用表达。

某网店数据分析报告

一、分析背景与目的

在电子商务蓬勃发展的时代，网店作为零售的一个重要渠道，其运营效率和销售业绩成为商家关注的焦点。数据分析不仅能帮助网店所有者了解过往业绩表现，还能预测未来趋势，从而为制定有效的营销策略和提高客户满意度提供支持。报告基于纺织品网店进行分析，旨在为改善店铺运营提出有针对性的建议。

二、分析思路

运用数据分析方法，基于价格、支付日期等字段数据，分析支付金额等整体销售业绩指标，探索支付金额变动的情况。根据浏览量、直通车费用、淘宝客费用等分析变动原因。

三、销售收入变动分析

（一）销售收入（支付金额）与月份的关系

为了便于分析每月销售收入数据，按月统计电子商务数据集。根据 2023 年数据分析技术表中的支付金额数据，可以看出：2023 年 6 月至 8 月，店铺的销售收入（支付金额）有略微的上涨；2023 年 9 月，店铺的销售收入（支付金额）明显上涨；2023 年 9 月至 10 月，店铺的销售收入（支付金额）有略微的下降；而 2023 年 11 月，店铺的销售收入（支付金额）又有明显上涨（见图 6-2）。

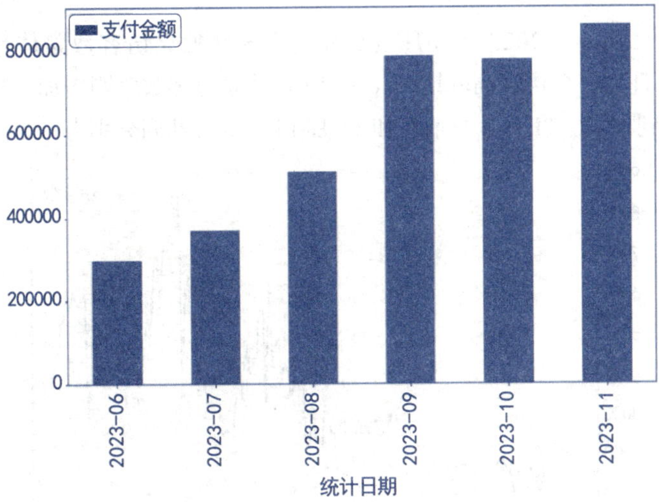

图 6-2 按月分析支付金额

（二）销售收入（支付金额）与具体日期的关系

2023 年 6 月至 9 月按天支付金额整体呈上升趋势（见图 6-3）。9 月 13 日为一个销售高峰期，10 月 12 日为一个销售高峰期，10 月 15 日以后的销售明显呈下降趋势。11 月 1—11 日的销售收入明显上涨，11 月 11 日以后又开始下降，原因同销售收入（支付金额）和月份的关系。其余时间支付金额呈回归趋势。

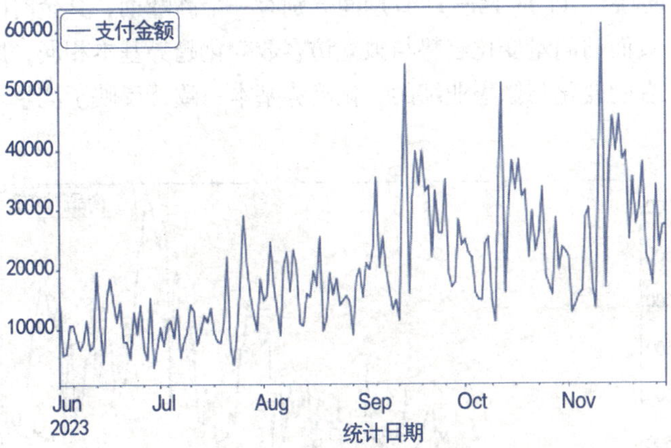

图 6-3 按天分析支付金额

四、浏览量变动分析

数据分析报告的内容聚焦于使用独立访客数（UV）和页面访问量（PV）这两个关键网站指标来分析用户访问的趋势及规律。通过对特定时间段内的数据进行分析，尤其是关注“双十一”这一电商大促期间的数据变化，旨在深入理解促销活动对网店经营业绩的影响，并据此优化未来的营销策略。

（一）独立访客数（UV）与统计日期的关系

如图 6-4 所示，2023 年 6 月至 9 月按天统计独立访客数整体呈上升趋势。9 月 13—15 日为一个访客高峰期，10 月 13 日独立访客数急剧增加，10 月 15 日独立访客数达到顶峰，11 月 4 日前后和 11 月 14—20 日期间分别有一个高峰期。

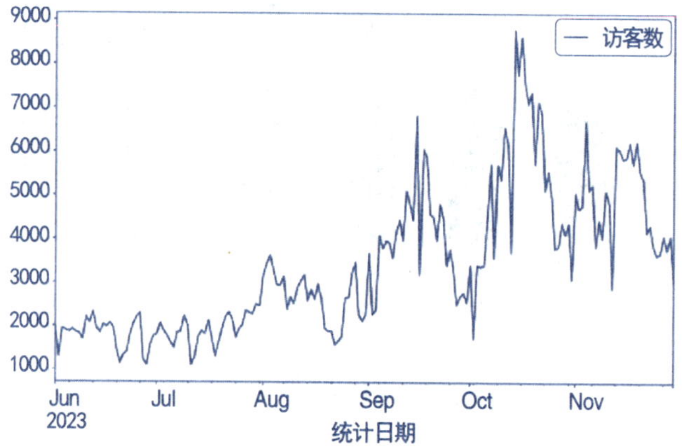

图 6-4 按天统计独立访客数

（二）页面访问量（PV）与统计日期的关系

如图 6-5 所示，2023 年 6 月至 9 月按天统计页面访问量整体呈上升趋势。9 月 14—23 日是一个页面访问量小高峰，10 月 15—23 日的页面访问量达到一个峰值，11 月 4 日前后、11 月 14—21 日期间分别有一个高峰期，其余时间页面访问量呈回归趋势。页面访问量变化趋势与独立访客数变化趋势基本相同，原因也基本相同；而且这二者的变化与销售业绩的变化趋势基本一致，反映了流量对销售业绩的重要性。

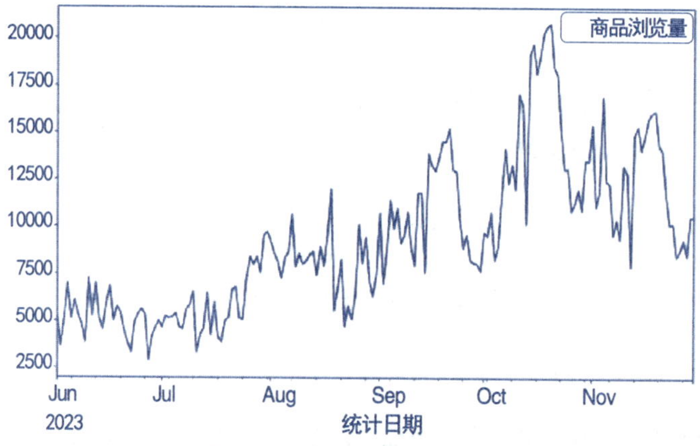

图 6-5 按天统计页面访问量

五、广告投入与销售业绩变动分析

通过折线图可以发现，6月至9月，直通车消耗与支付金额两组数据的变化和趋势大致相同，直通车消耗呈上涨趋势，销售收入（支付金额）也呈上涨趋势。9月至11月之间，从整体的趋势来看，直通车消耗呈下降趋势，并且从10月开始，下降速度加快。支付金额9月至10月呈下降趋势，10月至11月呈快速上涨趋势。从规律性来看，9月至10月直通车消耗与支付金额变化趋势一致，10月以后店铺的支付金额呈快速上涨趋势。原因在于：6月至7月，春夏款的销售接近尾声，推广力度会减弱；8月至9月是秋冬款的推广关键期，因此会猛推直通车，这两个月直通车消耗是为了10月的店铺权重和商品权重增加，从而获取免费流量，也是为了“双十一”的获客和订单。只有有了这两个月的直通车发力，才会有10月至11月的销售高峰。

六、结论及建议

（一）结论

本报告通过对2023年网店数据的深入分析，发现销售收入受季节变化、促销活动和广告投入的影响较大。特别是在换季和“双十一”等关键时期，通过增加广告投入，特别是直通车投入，可以显著提升销售业绩。

1. 销售收入（支付金额）与月份和日期的关系

在7月底至8月初开始推广秋冬款有助于8月的销售收入（支付金额）提升。9月，北方地区的客户逐步开始换季采购，因此会有一波销售高峰。受到国庆黄金周和“双十一”销售延后的影响，11月是全年最核心的销售时段。

2. 独立访客数和页面访问量与统计日期的关系

8月开始推广，流量逐步提升。9月的付费流量会抬升10月的免费流量。10月13—15日，整个平台和各店铺都在为“双十一”蓄客做准备，所以独立访客数会达到一个高峰，甚至比11月还高，流量来自付费流量和免费流量。10月以后整体付费流量开始逐步撤离，表现为直通车费用降低，11月以后流量逐步降低。

3. 直通车消耗与支付金额的关系

8月至9月是秋冬款的推广关键期，直通车推送力度加强，这两个月直通车消耗是为了10月的店铺权重和商品权重增加，从而获取免费流量，也是为了“双十一”的获客和订单。只有有了这两个月的直通车发力，才会有10月至11月的销售高峰。

（二）建议

1. 运营策略

（1）增加关键季节广告投入：利用大数据确定关键季节的起始和结束时间，以及消费者的购买意向高峰期，有针对性地增加广告预算。在直通车和淘宝客渠道实施定向广告，针对购买历史和搜索行为表现出兴趣的潜在客户进行精准推广。

（2）制定网站内容营销策略：创造高质量的原创内容，结合品牌故事、产品特点和用户需求，提高内容的吸引力和分享性。利用视觉元素（例如精美的图片和视频）提升内容的吸引力，增加客户的停留时间和互动频率。开展话题营销，参与或创造与品牌相关的热门话题，利用社交媒体的传播力扩大品牌影响力。

2. 库存管理

（1）规划季节性库存：基于往年销售数据和趋势预测，提前规划库存，确保季节热销商品的供应，避免断货或库存过剩。

（2）动态调整库存：利用实时销售数据，动态调整库存水平，快速响应市场需求变化。

3. 产品策略

（1）建立数据监控系统：开发或采用先进的数据分析工具，实时监控商品的浏览量、点击率、销售量等关键数据。这些数据可以帮助企业了解哪些产品受欢迎，哪些产品表现不佳。

（2）定期出具报告并进行会议讨论：设定周期（例如每月或每季度）对销售数据进行详细分析，生成报告，并在团队会议中讨论。

（3）评估产品线的表现，确定需要优化或淘汰的产品：对于表现不佳的产品，首先分析原因（例如价格、质量、市场定位等），然后决定是进行优化还是直接淘汰。对于优化，可以改变营销策略、调整价格或改善产品质量和包装；淘汰指及时将产品从产品线中移除，以免继续消耗资源。

4. 客户与市场分析

（1）深入研究客户行为：通过数据分析工具深入了解客户行为和购买偏好，根据分析结果定制营销策略，增强客户黏性。

（2）监控市场趋势：持续监测行业动态和消费者趋势，通过市场研究报告、社交媒体、时尚博客等渠道，捕捉最新的消费趋势和偏好。关注竞争对手的动态，以及时调整营销和产品策略、适应市场变化。

5. 投资与回报监测

（1）关注投资回报率：持续监测各广告渠道和营销活动的投资回报率，确保广告投入能产生最大的销售增长。

（2）优化广告预算：基于性能数据，不断调整预算分配，找到广告投入和销售收入的最佳平衡点。

项目练习

一、单项选择题

1. 在撰写数据分析报告时，确立业务目标的主要作用是什么？（　　）
   A. 提升报告的排版效果　　B. 指导分析过程和数据收集方向
   C. 确保数据的准确性　　D. 突出数据的美观性
2. 以下哪个不是问题拆分的常见方法？（　　）
   A. 将宏观目标分解为具体问题　　B. 直接分析所有数据而不设定问题
   C. 根据数据需求设定问题　　D. 确定具体的数据输出结果
3. 针对不同受众设计数据分析报告时，以下哪项描述是正确的？（　　）
   A. 对有技术背景的读者应减少数据展示
   B. 对业务决策者应强调数据细节而非结论
   C. 对产品开发人员应注重产品表现的分析
   D. 所有受众的报告设计方式相同
4. 以下哪种方法可以优化图表的解读性？（　　）
   A. 增加图表的数量　　B. 在图表中使用过多颜色
   C. 添加图例、标签和注释　　D. 减少图表的分辨率
5. 关于报告的反复测试和优化，以下说法正确的是哪一项？（　　）
   A. 在最终发布前进行多轮审核和测试
   B. 忽略平台和设备的适配性
   C. 不需要收集反馈
   D. 测试报告的重点是内容而非设计

二、判断题

1. 问题拆分的主要目的是更加系统地收集和分析数据，并精准定位问题。（　　）

2. 在报告设计中，视觉引导的作用是分散读者的注意力，从而增加信息复杂度。（　　）

3. 报告受众的需求和关注点不同，因此报告的内容和设计方式也应有所调整。（　　）

三、简答题

1. 为什么在撰写数据分析报告时需要进行问题拆分？请结合示例说明。
2. 请列出优化数据分析报告设计的三种方法，并简要说明其重要性。

参考文献

[1] 王顺民，宋巍. 电商数据分析：微课版 [M]. 北京：人民邮电出版社，2021.

[2] 周三多，陈传明，龙静. 管理学原理 [M]. 南京：南京大学出版社，2020.

[3] 卢俊峰，龚小庆. 统计学 [M]. 杭州：浙江工商大学出版社，2020.

[4] 马秀麟，邬彤. SPSS 数据分析及定量研究 [M]. 北京：北京师范大学出版社，2020.

[5] 杨子武. 商务数据分析 [M]. 北京：高等教育出版社，2021.

[6] 练金，苏重来. 大数据基础与实务 [M]. 北京：高等教育出版社，2021.

[7] 梁琛，马天鸣. Python 数据分析在商业领域的应用 [J]. 现代信息科技，2024（03）.

[8] 刘宇峰. 大数据分析在生态环境领域的应用 [J]. 数字技术与应用，2023（03）.

[9] 张雪萍. 大数据采集与处理 [M]. 北京：电子工业出版社，2021.

[10] 马国俊. Python 网络爬虫与数据分析：从入门到实践 [M]. 北京：清华大学出版社，2023.

[11] 刘何秀，穆建平. 数据采集技术（初级）[M]. 北京：机械工业出版社，2024.

[12] 林子雨. 数据采集与预处理 [M]. 北京：人民邮电出版社，2022.

[13] 刘丽敏. 大数据采集与预处理技术 [M]. 长沙：中南大学出版社，2023.